中国创新社会

拯救人类危机

——创新社会管理

董志龙 编著

当代世界出版社

图书在版编目（CIP）数据

拯救人类危机——创新社会管理／董志龙编著．—北京：当代世界出版社，2011.8

ISBN 978 – 7 – 5090 – 0773 – 0

Ⅰ．①拯…　Ⅱ．①董…　Ⅲ．①社会管理—研究　Ⅳ．①C916

中国版本图书馆 CIP 数据核字（2011）第 170197 号

书　　名：	拯救人类危机——创新社会管理
出版发行：	当代世界出版社
地　　址：	北京市复兴路 4 号（100860）
网　　址：	http://www.worldpress.com.cn
编务电话：	（010）83907332
发行电话：	（010）83908410（传真）
	（010）83908408
	（010）83908409
经　　销：	新华书店
印　　刷：	北京中创彩色印刷有限公司
开　　本：	710 毫米×1000 毫米　1/16
印　　张：	16
字　　数：	172 千字
版　　次：	2011 年 10 月第 1 版
印　　次：	2011 年 10 月第 1 次
印　　数：	1～6000 册
书　　号：	ISBN 978 – 7 – 5090 – 0773 – 0
定　　价：	32.00 元

如发现印装质量问题，请与承印厂联系调换。

版权所有，翻印必究；未经许可，不得转载！

前　言

目前的世界，全球性危机屡现不绝，天灾人祸并存，种种社会危机同现。诸如金融海啸、气候异常、核事故、能源枯竭、环境恶化、食品安全、人口老化、通货膨胀、世界范围内的经济发展失衡等重大问题不期而至，凡此种种，不仅构成了严重的经济社会危机，亦是一种人类生存与发展的危机。危机不但考验着人类的智慧，也在考验着社会管理创新能力！而积极寻找应对之道，拯救种种社会危机不仅是世界各国共同的努力目标，也是一种拯救人类的光荣使命！

从全球性气候变化问题纳入世界的视野之时起，中国社会即酝酿着经济社会发展模式的转变，中共十七大发出的建设生态文明、构建和谐社会就是这样一种内涵丰富的信号。目前，中国经济社会全面转型发展已进入开局阶段，这是中国社会历史上一个重大事件。全面转型不仅意味着转变经济发展方式，也意味着中国经济社会发展理念有了重大进步。这种重大进步集中表现在全面协调、可持续发展的科学发展观的提出，以及积极构建和谐社会、建设生态文明理念正在成为支撑经济社会全面转型的理论基石等方面。而由此延伸出来的构建一个持久和平、共同繁荣的和谐世界的中国式宏愿亦堪称为世界带来了一种全新的人类发展观，其深厚的内在思想不但蕴涵着中华民族数千年来积淀而成的传统文化的精髓，亦蕴涵着广为世人赞赏的以人为本、科学发展的全球性共识。

以人为本即是承认生命的首要价值，即是经济社会发展要从人类的健康发展出发。俄罗斯总统梅德韦杰夫曾说："没有什么东西能够高于人的生命的价值。"以此而言，以人为本也是"完善生命权"的需要，亦是以民生为重的社会运行模式的首要的基本出发点。由此可见，积极构建一种全新的，有利于人类永续经营的经济社会发展模式是对人类的一大贡献。

所以，拯救人类，不仅惟拯救人类面临的种种全球性危机，亦是拯救人类的发展理念与经济社会的发展模式。所以，我们的世界应当首先重视社会管理创新，促进思维领域的革命，并以博大的胸怀与全球视野为人类的永续经营、健康发展做出卓有成效的探索与努力！

本书将尽可能从全球视角解读关乎衣、食、住、行、文化教育等最基本的社会与民生问题所面临的世界性危机，广泛汇集不同声音，深入分析危机产生的根源与危害，力求从民生角度完整准确地表达出创新社会管理的诸多内涵，为我们的社会健康发展，为人类文明的健康发展做出应有的努力！囿于相关条件所限，不当之处尚希各界专家与学者批驳指正，肤浅之处请各界专家学者不吝赐教！

目 录

第一章 棉花产业危机四伏 / 1

棉花是重要的民生物资与战略物资,棉花生产与流转机制是保证棉花产业稳定发展的前提。不论是计划经济时代还是市场经济时代,棉花产业都是国民经济的重要组成部分,并担负着举足轻重的作用。透视近年来棉花产业发展中的种种异常波动现象,人们不难看到棉花产业面临的系统性危机!并唤起人们对棉花产业这个传统支柱产业未来发展的深入考量。

8亿件衬衫换一架空客380飞机带来的思索 / 1
棉纺业危机凸现 / 3
暗藏玄机的棉花危机 / 23
棉产业危机考量创新管理 / 49

第二章 食品危机谁之过 / 71

食品是最基本的民生,与百姓生活密切相关,在全球经济一体化背景下,食品安全问题早已不是一个国家或地区的孤立事件,而是不可避免地带上全球化色彩。在整个世界都在疯狂追逐经济利益之时,人类最基本的生存需求——食品正经受着前所未有的危机,严重威胁着人类的健康与生存安全。而食品危机折射出的,则是一系列社会管理的缺失与暗淡的灰色人性!

"疯牛病"震惊世界 / 71

"二噁英"让比利时内阁集体辞职 / 75

"沙门氏菌"美国食品的噩梦 / 88

"三聚氰胺"为祸中国 / 93

"塑化剂"祸及子孙 / 103

转基因食品带来的困惑 / 112

828 位科学家倡议封杀转基因作物 / 131

创新食品安全管理 / 139

第三章　房地产危机走远了吗 / 146

　　与众所熟知的金融危机相比，房地产危机也许更能令普通百姓切实感受到危机的存在与威胁。从复杂的经济社会运行机制的角度来说，房地产危机显然是一个经济社会平稳运行的瓶颈问题，回顾历次世界性金融危机，房地产业都是始作俑者。而为什么房地产业总是成为金融危机的导火线则是一个耐人寻味的经济学问题！

金融危机与楼市泡沫 / 146

金融危机爆发后的美国楼市与欧债危机 / 157

迪拜的警示与地产泡沫的症结 / 166

土地财政背离了民生 / 175

房地产新政与管理创新 / 200

第四章　环境交通呼唤低碳生活 / 210

　　环境危机是工业化时代人类生活所面临的最严酷危机，一旦自然生态系统发生不可逆转的失衡，也意味着人类将面临毁灭性灾难。目前全球生态环境问题的焦点即是全球碳排放，而解决这一问题的根本出路就是要正确处理人与自然环境的关系,节能减排,倡导低碳生活。

  全球生态环境危机重重 / 210

  现代化交通工具——和平年代最隐蔽的杀手 / 217

  汽车尾气、城市大气污染与健康 / 221

  创新管理重在创新经济发展模式与社会生活方式 / 227

第五章　文化教育危机与创新文化管理 / 231

  文化是什么?文化是人类的精神与灵魂,也是人类文明发展的精神财富,具有很强的民族性特征。在全球经济一体化背景下,物性经济本能地对文化起到了一种同化作用,但这一过程却让民族文化经受前所未有的考量,全球化与本土化成了一对较为尖锐的矛盾。不同文化之间的碰撞也昭示着文化教育所面临的全球性危机。

  文化教育危机凸现 / 231

  文化危机的现实危害——人性的退化与畸变 / 237

  从人性健康出发构建和谐文化 / 240

  创新文化与文化管理 / 242

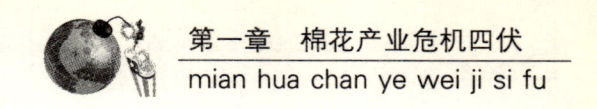

第一章　棉花产业危机四伏

导读： 棉花是重要的民生物资与战略物资，棉花生产与流转机制是保证棉花产业稳定发展的前提。不论是计划经济时代还是市场经济时代，棉花产业都是国民经济的重要组成部分，并担负着举足轻重的作用。透视近年来棉花产业发展中的种种异常波动现象，人们不难看到棉花产业面临的系统性危机！并唤起人们对棉花产业这个传统支柱产业未来发展的深入考量。

8 亿件衬衫换一架空客 380 飞机带来的思索

首先让我们回顾一下十几年来我国棉纺行业的发展历程。计划经济时代，我国的棉花生产是按计划实行的，棉纺行业是我国经济社会发展中最基本的支柱性产业，与粮食、钢铁产业同为我国经济成分中最基础元素。"九五"之前，由于过度发展，棉纺行业存在重复建设、生产能力过剩、包袱过重、效益低下、亏损严重等一系列问题。从 1997 年末开始，国家着手将纺织行业作为国有企业改革脱困的突破口，拟订了用三年时间完成压缩 1000 万落后棉纺锭、下岗分流 120 万职工、实现整体扭亏的三大任务。到 2000 年初，棉纺织行业共压缩了 906 万纱锭，下岗分流了 122 万人，并实现全行业扭亏为盈，行业结构也发生了巨大的、深刻的变化,成为棉纺行业发展历史上规模最大最为彻底的一次产业整合。

加入世贸(WTO)后,棉纺行业开始大显身手,出口量剧增,低廉的价格形成的竞争优势也让棉纺产品成为国际市场上最具竞争力的产品,棉纺行业也成为出口创汇行业中的优势行业。当时,曾有人这样算了一笔账,8亿件衬衫可以换一架空客380飞机。可见,棉纺产品可以说顶起了世贸初期的半边天。在当时情况下,这种情形不能不说是棉纺产品出口史上的一个奇迹。当然,这个现象也说明棉纺产品存在着缺乏品牌效应与产品文化附加值的软肋。国防大学金一南少将曾于2007年5月撰文对"8亿件衬衫换一架空客380飞机"的现象作了一个精辟的评论。金一南少将指出,民族精神与国家安全从来不是静态恒定之物,从来是在动态中不断变化演进的。对我们中华民族来说,这一变化演进过程更加特殊。文章指出,如果说开放就进步、封闭就落后是一个被历史证明的真理,那么在经济全球化、社会信息化的今天,世界各个地区、各个民族、各个国家日益被紧密地联系在一起。谁善于向其他民族学习,谁就会得到更快的发展。海纳百川已经成为民族国家发展的必然选择。与此同时还必须看到,在国际科学技术日新月异迅猛发展的今天,能否在高新技术及其产业化领域占有一席之地,成为国家之间综合国力竞争的新焦点,也是新世纪维护国家主权和发展安全的命脉所在。遍布世界的"MADE IN CHINA"证明中国取得了举世瞩目的发展成就,但我们决不能停留在"8亿件衬衫换一架空客380飞机"的现状。一方面发达国家对我们实行严格的技术封锁,由此出现"中国开到美国的船都是满的,开回来时都是空的"现象,出现中国虽然是波音公司最大客户但该公司的核心技术决不向中国人展示——"你们看不懂也没有必要懂"的现象……。由此可见,仅仅有海纳百川的学习借鉴与包容,发展中国家的"后发优势"仍然不会柳暗花明一般自然实现。经济全球化、社会信息化时代民族精神被注入的全新活力使它具有的壁立千仞作用

——坚定地发展民族支柱产业,坚决地自主研发核心技术。1956年毛泽东在《纪念孙中山先生》一文中说:"1911年的革命,即辛亥革命,到今年,不过45年,中国的面目完全变了。再过45年,就是2001年,也就是进到21世纪的时候,中国的面目更要大变。中国将变为一个强大的社会主义工业国。中国应当这样。因为中国是一个具有960万平方公里土地和6亿人口的国家,中国应当对于人类有较大的贡献。而这种贡献,在过去一个长时间内,则是太少了。这使我们感到惭愧。"

伟人已经远去,后人必须加紧努力。完成这一使命既是中国社会进步的内在需要,又具有世界发展大潮进逼下的时代紧迫性;既是提高我国综合国力、实现跨越式发展的紧迫要求,又是应对国际竞争、确保中华民族在新世纪立于不败之地的战略抉择,更是一个民族自立于世界先进民族之林的必要条件。在此过程中,铸造新世纪中华民族之魂。

由此而言,8亿件衬衫换一架空客380飞机虽然能够表现出棉纺加工业在出口创汇中做出的突出贡献,却也暴露出这种缺乏科技含量的低端产业必将面临产业竞争造成的危机。而大量廉价的棉纺品涌出国门也造成了国内棉产业上下游供需关系的剧烈变化,产生了严重的供需矛盾,产业调整已不可避免。

棉纺业危机凸现

价格低廉的棉纺产品在国际市场上的热销让国内许多商家怦然心动,一股投资棉纺产业的浪潮不期而至,而国内绵花生产与供销的剧烈变化也让供需矛盾更加突出。

2006年9月4日,《经济参考报》的一篇文章报道了这种由计划经济向市场经济转型过程中不可回避的棉产业危机。

新闻回顾

棉花产业链上下游矛盾激烈
用棉企业买棉贵　棉花企业卖棉难

一方面是用棉企业力争增发170万吨的配额，其理由是进口棉花成本相对低廉；另一方面是棉花企业的反对声音，认为目前国内棉花资源已经能够满足供应，无须再增发配额。是否增发棉花进口配额成了棉花市场的焦点问题。

记者从全国棉花交易市场了解到，上半年棉花进口数量较多，目前市场供应量应该是充足的，之所以出现是否增发棉花进口配额的争论，是因为棉花是产业链延伸最长的农产品，上下游之间存在利益之争，且矛盾对立激烈。中国纺织工业协会公布的《上半年纺织行业运行分析与展望》报告显示，棉花供需缺口和国内外棉价差损害了棉纺产业链的竞争力，当年国内需要进口棉花400万吨左右，目前国内棉花价格比国际棉价每吨高1500元至2000元，而印度四级棉价格比我国要低6000元/吨左右，印度纱在香港市场比我国的纱线价格低2000元/吨，棉价的差异使我国上半年净进口棉纱19万吨。因此，从纺织行业的角度看，应尽早发放棉花配额，充分保障纺织生产企业的用棉，以免影响正常生产。

在用棉企业陷于"买棉贵"的困境时，国内棉花生产也正遭遇"卖棉难"的尴尬境遇。全国棉交易市场总经理王怀贵介绍，2005/06棉花年度，国产棉花全面滞销，全国棉产量570万吨，而在新疆、黄淮海、长江中下游平原三大棉区中，截至7月初，仅黄淮海棉区的河北、河南、山东等地就积压棉花47万吨，占总产量的8%。新疆的情况更严重。2005/06棉花年度，新疆（含兵团）棉花总产量196万吨，但截

至7月5日，只卖出126万吨，占64%。目前国内棉花滞销，直接原因就是受大量进口棉花的冲击。为救棉市，特别是为了支持新疆棉花产业，国家想了不少办法，包括当前的"买一配一"的"搭卖"政策：用棉商家如果买一吨进口棉，就必须买一吨新疆棉。然而，在市场面前，一两项"救市"政策作用很有限。其实，配额的发放与否、增减问题，仅仅是棉花供求缺口的最表象问题，国内棉花产业本质的问题是如何解决日益增加的棉花缺口问题。是依靠进口棉花解决，还是立足发展国内棉花产业解决，这是棉花产业发展中的一个大问题，也是现阶段棉花产业最基本、最核心的问题。中国棉花协会会长周声涛在"2006中国棉业发展高峰论坛"上表示，中国棉业必须利用两种资源，开拓两个市场。首先，棉花流通企业应当转变观念，深化自身改革，创新搞活机制。跳出打价格战、炒棉花的老圈子，转变经营业态，改进经营方式，探索多种形式的产业化经营模式。其次，棉花作为我国的主要经济作物，是农民增收的重要来源，应采取切实措施，如建立良种支持政策，鼓励良种科技创新等，通过稳定面积、提高单产增加我国棉花产能。另外，从长远角度看，应保护棉农的生产积极性，保护棉花产业的长期生产力，有关部门应出台关于棉花收购价格的保护政策，稳定棉农的收益预期。据了解，目前国家正在讨论是否出台棉花收购最低保护价格以保护农民利益。（《经济参考报》2006年9月4日，记者誉红旗）

  报道大体上描述出了当时棉产业上下游之间供需矛盾的事实，一方面棉纺企业力求争取到价格低廉的棉花或棉纱的进口配额，以保持棉纺产品在国际市场上的价格竞争优势，一方面，国家为了保护棉农的积极性而采取了相关的政策性保护措施。而从市场经济的角度来说，政策并不能完全改变棉产业国际市场的现状，只有实现棉产业自身资源的合理配置并打造出一条健康的产业链才有可能有效改变这种供需矛盾，促进棉产业健康发展。而这些并不是在短期内可以完成的，因而棉产业的问题仍旧存在。

一年之后，中国棉纺织行业协会发布的《2007年棉纺织行业经济景气分析报告》显示，2007年1至5月285户大中型国有棉纺织企业亏损面42.46%，同比多亏1.06个百分点，实现利润总额只有0.75亿元，同比降低37.56%；经济效益大幅度下降，产销率下降1.54个百分点。据理事单位以上企业抽样调查，45%的出口企业出口额下降，40%的企业产品价格下降。产品利润低于3%的企业已占棉纺织全行业的64%以上。

对此，中国纺织工业协会副会长、中国棉纺织行业协会会长徐文英表示，除了出口退税率下调、人民币升值、劳动力成本上升、棉价上涨等外部环境的影响，导致棉纺织行业微利、亏损的重要原因还在于行业内部结构性矛盾突出，固定资产盲目投资增长较快，中低档产品供大于求、同质化无序竞争比较严重。而解决这个问题的关键则在于注重品牌建设和技术进步，加快调整产品结构，促进产业升级。

而《2007年棉纺织行业经济景气分析报告》则显示，2007年1至5月我国棉纺织行业实际完成投资247.04亿元，同比增长32.6%。这个数字表明，棉纺行业正在向产业扩张快速迈进。而这种扩张则在一定程度上表现出其盲目性，客观上为棉产业危机打下了伏笔。

记者在采访中了解到，2006年以来，全国中部、东部地区新上棉纺织项目的积极性高涨，各地区新上项目比比皆是，但绝大多数的投资者技术装备水平不高，产品定位不明确，以数量打拼市场，以生产大众产品为主，量大价低，产品档次低，有些甚至以不平等的条件"招商"，加剧了市场的激烈竞争，降低了企业的经济效益。对此，徐文英也发表了他的看法。

"目前中低档的纯棉纱线以及坯布供大于求基本没有利润，"徐文英说，"各棉纺织企业一定要把有限的资金投入到使用先进的棉纺织工

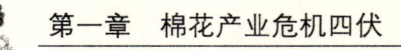

艺技术、推进技术进步中，加速淘汰陈旧落后棉纺织设备。同时，自觉控制棉纺能力的增长，防止产能过剩，改变产品结构。"

业内人士普遍认为，大规模投资低水平纺纱厂的市场风险越来越大，一旦跟不上市场的快速变化，产品供大于求，必将使一批管理相对落后的企业、附加值低的产品、适应性差的棉纺锭被淘汰。

徐文英介绍说，加入世贸以来，我国一些优秀棉纺织企业通过努力，注重经济发展方式的转变和品牌建设，产品附加值得到了提高，涌现出一批像际华集团、鲁泰纺织、安徽华茂、无锡一棉、广东溢达集团、聊城华润等一批行业的佼佼者。

据际华集团董事长刘三省介绍，仅2006年际华在技术改造方面就累计投资6亿多元，已淘汰了全部落后织造设备，开始走上提高产品结构，实现产业升级的发展之路。

然而，即便业内领跑者意识到产业链的缺憾，并致力于企业升级以规避风险，但产业调整却不是一蹴而就的事。棉产业的危机仍旧如同一辆高速行驶的列车，依然按惯性前行。

2007年8月，徐文英就棉纺行业的发展现状发表了看法。他认为，2000年以来棉纺织业已高速运行了7年，到2007年虽然不能说已到了衰落期，或者像有些人所说的到了"拐点之年"，但利润确实已十分微薄，如不及时调整，后果不堪设想。

徐文英介绍说，2007年上半年，棉纺织行业经济运行总体形势较为稳定，主要产品产量继续保持快速增长。该年度1~5月份全行业累计实现营业收入2917亿元，同比增长26.05%；实现利润总额104亿元，同比增长50.52%；行业综合效益较好，产销率同比略有下降。2007年前5个月规模以上企业累计纱产量为741.08万吨，同比增长20.62%；受国家政策及外部环境影响，棉纺织品出口69.56亿美元，同比增长仅为9.39%，增幅下降10.8%；棉制服装出口181.6亿美元，同比增长 32.7%，增幅下降 5%。

虽然行业整体经济运行情况良好，但国有企业经营较为困难，产销率下降。从实际调查来看，企业普遍反映情况不如去年。在棉纺企业抽样调查中，72% 的企业认为市场供大于求，85% 的企业认为生产成本提高、产品价格下降是企业利润率降低的两大影响因素。市场运行质量下降、大众产品竞争加剧、保本运行成为许多企业的现状。

徐文英认为，从 2007 年上半年情况来看，影响企业运营的主要因素是出口退税率下调、人民币升值、棉花进口新滑准税实施、劳动力成本上升等。

2007 年 1～5 月份，我国棉纺织出口在只考虑人民币升值因素的影响下就损失 13.21 亿元。另外，出口退税率的下调也使棉纺织内销企业经营压力增大，出口企业利润缩水，仅棉纺织品的利润总额就减少了 10.6 亿元。

生产能力的不断增加也使棉花供需矛盾加剧。徐文英算了一笔账：按 2007 年纱线生产的增长速度，年底纱产量将超过 2000 万吨，预计全年用棉量将超过 1300 万吨。如果按照国家统计局公布的 2006 年棉花年产量 673 万吨计算，棉花缺口将进一步拉大，这必将导致国内、国际棉价的上涨。棉花在棉纺织产品成本中所占的比例约为 70%，棉花的价格变动、质量状况，以及棉花产业政策和进口政策的调整对棉纺织业乃至纺织全行业都有极大影响。

受国家政策及外部因素影响，2007 年上半年企业大量使用国产棉花，国内棉花市场价格整体运行平稳，呈稳步上升态势，5 月中下旬后价格开始有较大幅度上涨。但新滑准税的实施，使外棉价格基本与国内棉价持平，影响了企业对外棉的使用量，纱布的国际竞争力降低。

此外，徐文英对有些地区的盲目投资热现象尤为担心。他介绍说，2006～2007 年两年来，产品利润率低于 3% 的企业占全行业的 64% 以上。大多数的投资者没有风险意识，依靠产品数量来拼市场，中低档产品出现供大于求的状况，导致行业结构性矛盾突出，并造成了原料、能源、电力、劳动力供应紧张，加大了环保压力。为此，徐文英呼吁行业企业要正视良性发展的必要性，通过行业自律和行业预警，抑制棉纺织行业固定资产投资的过快增长。

徐文英提请企业注意：2007年以来大规模投资低水平纱厂的市场风险越来越大；牛仔布行业中低档产品产能过剩，投资风险大，不宜鼓励发展。但他同时指出，考虑到区域发展不平衡的现状，行业将继续支持东部发达地区企业向中西部转移，但反对低水平重复建设。

徐文英认为，棉纺织企业要加快产品结构调整步伐，重视提高科技贡献率和品牌贡献率，坚持实行以提高"三无一精"比重为主要内容的技术改造，加速推进使用新型、高效的棉纺织工艺设备，提高技术装备和机电一体化水平，加速淘汰陈旧落后的棉纺织设备。

2008年1月，徐文英在《纺织服装周刊》上撰文指出，2008年纺织行业转变发展方式是首要任务。

刚刚过去的2007年对棉纺行业来说是不平凡的，是行业的调整之年，产能继续增长，规模达到一亿锭，棉纱产量提前达到行业规划的2010年的数字，然而各种矛盾表现突出，行业在各种压力下负重前行。

首先是棉花供需矛盾突出，棉价升高，效益下降。因供需缺口较大，国内棉价大大高于国际市场。由于中国还是一个农业人口为主的国家，农民生活水平的提高和农民利益是我国经济发展的基础，过多过快地进口棉花，使有关部门担心影响棉农的利益，对棉花进口实施了滑准税率，使进口的棉花价格与国内棉价平衡，甚至有时高于国内市场。这就出现了国内实际使用的棉价大大高于国际市场的局面，使得我国棉纺织行业竞争力大大下降。

产能迅速增长的同时，市场并不景气。中低档产品供大于求，利润率下降。企业之间的竞争更加剧烈。一些地区为了局部利益和突出政绩的要求，督促企业竞相发展棉纺纱锭，粗放的数量型增长特点十分明显，不仅消耗大量棉花资源，生产的产品档次低，出现中低档产品供大于求的现象。纯棉40支纱线产品基本是无利可图。2007年1～8月，国有棉纺织企业亏损面达到43%，产销率下降1.54个百分点，全行业64%的企业利润率在3%以下。能源电力、劳动力、环保压力增大。近年来，由于增速过快，能源电力供不应求，劳动力短缺，沿海地区停产限电、招工困难等频繁发生，给企业带来巨大损失。

人民币升值、退税率下调、利率上升、能源、原料价格上升严重影响棉纺织企业的持续发展，使行业效益大幅减少，出口下降。企业反映去年利润大幅减少，经营十分困难。

转变发展方式是首要任务

首先，要加快产品创新，提高两个贡献率。现在棉纺织业产能虽然很大，但真正创新的产品并不多，同质化、大路货竞争的后果是企业利润微薄，日子越来越不好过。为改变这种局面，协会鼓励那些有技术、有市场的企业生产高支纱线产品、高支高密服装面料及家纺产品、高档色织提花产品，让开"大路"，占领"高端"，提升产品档次和附加值，提高科技与品牌两个贡献率。

第二，开发使用新型纺织原料，缓解用棉压力。面对棉花缺口加大，价格上涨的不利形势，协会认为棉纺企业应加大差别化纤维、功能性纤维及非棉天然纤维的使用，其中包括天丝、莫代尔、竹纤维以及毛、麻、丝、绒等，通过工艺技术的创新，开发新型功能纺织产品和多种纤维混纺产品，这既是提高科技与品牌两个贡献率的客观要求，也可以有效缓解企业用棉压力。

第三，加快设备升级，提高"三无一精"比重。目前棉纺织行业落后技术装备仍占相当大的比例，加快淘汰落后设备是产业提升的必由之路。协会倡导各棉纺织企业把有限的资金投入到采用先进技术装备上来，继续坚持实施以提高"三无一精"比重为主要内容的技术改造，到2010年全行业清梳联比重达到50%，无结纱比重达到70%，无梭布比重达到70%，精梳纱比重达到30%。

第四，推进使用新型高效棉纺织工艺设备，减少企业用工。要持续不断推进企业技术进步，提高棉纺织机械机电一体化水平，加快信息化建设，实现工艺参数的在线监测，以自动化、连续化和智能化替代棉纺织技术传统技术装备，逐步减少用工，提高效率。目前，带自动落纱的细纱长车、紧密纺纱技术和粗细络联合机等技术设备已趋向成熟，用户反映良好，有条件的企业应积极采用。

积极争取政策支持

棉纺织行业的发展需要国家宏观政策的支持。当前对棉纺企业影响最大的问题：一是进口棉花滑准税的问题，协会将继续向有关部门反映；二是关于棉纺企业进口整机设备的关税政策，为支持企业技术改造，协会将继续向有关部门反映企业的意见和要求，积极争取恢复免税政策。

为企业提供咨询和信息方面的服务是协会的重要工作。今年3月，行业将召开理事会，在总结2007年情况的基础上，制定今年行业的整体发展规划。上半年行业经济运行会议大约在7月召开，行业景气分析报告将在会上发布。9月，协会将举办第六届全国棉纺织行业职工技能大赛，提高职工素质。同时，棉纺织行业市场发展论坛也将召开，胶辊胶圈、牛仔布、浆纱浆料年会和新产品开发年会也将如期举行。此外，今年还将举办筒子染纱技术交流会。（《纺织服装周刊》作者徐文英）

如果说徐文英的文章充满了对行业发展的忧虑的话，那么接下来的事实则证明了他的担心是完全正确的。

2008年3月，《期货日报》的一篇文章详细描述了国内棉花产业的危局。

新闻回顾

我国棉花产业面临的三大困境（节选）

自从 2002 年中国加入了 WTO 后，国际国内的经济发展环境和国际贸易形势都发生了急剧的变化。中国纺织服装业蓬勃发展，产能快速扩张，这导致了国内棉花供需再次严重失衡，并且消费缺口不断扩大。在一串串光环的背后总是掩盖着某些难以挥去的忧虑和难以去除的症结，尽管目前中国是全球最大的棉花生产国、消费国和进口国，但全球棉花定价权却并不在中国。随着中国棉花消费的进口依赖性大幅提高，作为纺织原料的棉花采购不可避免地受制于人，同时，中国市场的逐步开放和国际棉商的深入以及进口棉大幅增加，这些都对中国国内棉花生产经营造成了巨大的影响和冲击。

为了能够摆脱这种困境，棉花期货获批，并且国家实行了棉花进口关税和配额管理、国家棉花收储和抛售等政策，但自给率不足、贸易效率低下、统计数据误差大始终困扰着中国棉花产业。

棉花进口依存度上升，自给率大幅降低

随着纺织业快速发展和产能的快速扩张，中国日益成为世界纺织厂和服装厂，国内的棉花生产、流通以及消费日益市场化、国际化。近几年，中国棉花消费一直保持 10% 以上的增速，消费缺口也日益扩大。

自从 2002 年加入 WTO 后，中国与国际市场日益融合，由于纺织企业的快速扩张，棉花消费需求大增，国内棉花产量已经无法满足需求，消费缺口日益扩大。从 2002~2003 年度至 2006~2007 年度，中国棉花消费缺口分别为 211 万吨、163 万吨、337 万吨、316 万吨，同时，进口量分别达到了 192 万吨、139 万吨、420 万吨、230 万吨。随着外棉的大量进口，中国棉花生产的自给率大幅降低，其中 2005~2006 年度自给率跌至 65%，尽管 2006~2007 年度有所回升，但也只达到了 71%。这样，中国棉花消费就会受制于人，就会不可避免地出现高买低卖的现象。

棉花贸易效率水平较低，"贱卖贵买"成现实

中国棉花需求不断扩大支撑了全球棉花价格，在中国每次大规模进口棉花时，都会出现高价棉的现象。在熟悉和融入国际市场的规则中，中国涉棉企业交足了学费。中国棉花净出口量与国际棉价数据有一种反向波动的联系：在国际棉价较低时中国较多处于净出口国地位和出口较多，在棉价较高时较多处于净进口地位和进口较多，也就是说，我国棉花进出口与价格变化表现出一种"贱卖贵买"的反常形态。

以2003~2004年度为例，由于2003年国庆期间，中国棉花主产区连续阴雨或暴雨，导致棉花产量和品级都大幅降低，2003~2004年度棉花现货价格开始飞涨，在2003年底、2004年初现货价格最高达到了18700元/吨，而纽约期货价格也达到了87美分/磅的高点。为了平抑棉花价格，国家发放了大量的棉花进口配额，由于当时国际棉花价格比较高，在中国棉花进口预期下，纽约棉花期货市场进一步推高了价格。大批中国棉花企业初涉国外市场，就被套在高位，随后就是纽约期货棉花价格大幅回落。大量棉花进口对国内棉花供求产生巨大的冲击，国内棉花现货价格也随之一落千丈。当时，众多涉棉企业棉花进口的成本普遍在17000元/吨附近，而国内棉花销售价格一直跌到了13200元/吨，此后由于国家收储而暂时稳住了价格。2004年，大量中国涉棉企业产生巨额亏损，并有相当一部分破产关闭，整个中国棉花产业受到重创，这就是典型的"贱卖贵买"的案例。

中国棉花产业政策深陷数据谜局

中国棉花种植面积和产量是多少，消费量是多少，消费缺口有多大？每每提起这样的问题，所谓的棉花业内人士总是无比迷惑和头疼，更让政府决策部门无所适从。

从1999年9月1日新的棉花年度开始，中国棉花购销价格由市场形成，国家主要利用棉花储备和进出口等经济手段调控棉花市场。在逐渐发展成为全球的棉花生产、消费和流通市场时，中国棉花市场遭遇到了各种问题。经过近几年的发展，在总结经验和吸收教训的基础上，国家有关部门逐渐建立了全方位调控体系和协作机制。这个体系运作的基础主要来自于对市场和供求的判断，而且供需数据的准确性对国家政策有着很大影响。由于政府各个部门和民间协会棉花产销数据统计方式方法不同，进而造成预测数据也存在很大差异，同时也使得中国棉花数据预测偏差过大，特别是棉花产量数据的争议最大，而且数据修正动辄都是百万吨。中国棉花产业政策的有效性受到了中国棉花数据不准确的极大挑战，这就是笔者所说的数据谜局。

以美国农业部（以下简称"USDA"）对2006~2007年度中国棉花产销数据的调整为例。

USDA在2007年对中国棉花产销数据进行了两次大的调整。第一次是2007年7月，因为中国棉花进口量大打折扣，这时USDA将中国棉花产量由672.8万吨调高34.8万吨至707.6万吨，并大幅调减进口量103.5万吨至244.9万吨；第二次是2007年10月，因为2007年9月28日全国棉花工作会议上，国家发改委修正了中国棉花数据，特别是新疆棉数据严重失真，5年累计少统计220万吨棉花。USDA采纳了这一变动，并将中国棉花产量提高65.3万吨至772.9万吨，并再次调低棉花进口量14.4万吨，期末库存也被大幅调高78.9万吨至407.4万吨。

2006~2007年度，由于前期预计中国棉花消费缺口高达415万吨，所以国家发放了棉花进口配额内89.4万吨和配额外260万吨，共计349.4万吨。而根据海关总署的数据，2007年1~11月份棉花累计进口214万吨，这意味着有100万吨棉花进口配额没有使用。

中国棉花数据的大幅调整是一件很不正常和寻常的事情，将对国家政策产生很大的影响。其中影响最大的就是中国实行的棉花进口滑准税政策，它事关中国棉花产业兴衰的大局。其配额数量多少、发放的时间以及滑准税政策调节都是至关重要的。进口棉对中国棉花产业的冲击是血淋淋的现实，特别是2004年和2006年所发生的真实案例。

2004年在原有89.4万吨基础上二次集中追加150万吨棉花进口配额后导致国内棉价暴跌，行业遭受巨创，2005年开始实行棉花进口滑准税政策。2005年国家实行的是5%~40%的滑准税，锁定进口棉花到港完税后成本价，到了2006年国家继续实行5%~40%的滑准税，但调高了基准价和目标价。棉花进口配额与新体制加工的大包装标准棉花进行了挂钩。

但是，从2006年年初开始，国际棉商赶在美国2006年8月取消棉花出口补贴之前套取补贴，把大量外棉出口到中国，极大地冲击了中国棉花市场，并导致棉花价格一路下滑，中国棉花加工企业大面积亏损，农发行棉花贷款回收不得不推延两个月。根据海关数据，2005~2006年度中国共进口411万吨棉花，纺织企业进口的棉花也大部分处于亏损状态。

总之，经过几年的发展，我国形成了棉花良种补贴、国家收储调节、农发行棉花购销贷款、新疆棉运输补贴、棉花进口滑准税以及配额管理等相结合的全方位的棉花产业调控体系。特别是棉花进口政策事关中国棉花产业兴衰的大局，其配额数量多少、发放的时间以及滑准税政策调节都是至关重要的。另外，国家经济发展及其宏观调控都会对涉棉企业经营和中国棉花产业造成重大影响，行业调控政策必须基于正确判断和准确数据，需要深入全面地评估其给棉花阶段性有效供给和需求带来的影响和作用。另外，如何建立统一而较为准确的棉花产业数据系统，如何能够做到政策的有机协调，并形成有效的协作机制，这都是国家政策部门所应重点考虑的问题。（《期货日报》2008年3月10日，董淑志）

从以上的新闻与资料，人们似乎可以看出，出口创汇的优势行业

——棉纺业似乎充满了"山雨欲来风满楼"的先兆。而从另一个角度人们也似乎可以想象到,脱胎于计划经济时代的棉纺支柱产业在向市场经济过渡过程中,难免会遇到种种预料之中的严苛考验。同时,棉纺业遭遇的困境也预示着一场全球性的经济滑坡即将来临,而在这场风暴中,棉纺业何去何从则成了业内人士以及经济学家们最为关注的重要问题。

2008年,一个让世界难以忘记的年份,人类有史以来最大的金融危机就爆发在这一年。而作为最敏感的行业之一,棉纺业则在这场暴风骤雨中经受了前所未有的洗礼。

2008年8月30日,《证券时报》发表了一篇新华社记者的报道。揭示出棉纺业产业调整的开始。

新闻回顾

纺织业固定资产投资出现三大变化

2008年以来,受行业发展压力不断增加、盈利水平有所下滑等因素影响,纺织企业对行业投资前景信心明显不足。加之受宏观调控影响,企业的资金环境普遍趋紧,纺织行业固定资产投资出现三大明显变化。

投资增速大幅回落

国家统计局最新数据显示,前7月我国纺织行业500万元以上项目固定资产投资虽保持了13.14%的增长,但较上年同期下降了13.15个百分点,也低于同期全国城镇固定资产投资增速约14个百分点;同时,反映投资活跃程度的重要指标——新开工项目数在前7月也较上年同期减少了10.47%。

同时,从投资的资金来源结构看,前7月自筹资金依然是纺织行业投资的重要支撑,占投资总额的79.35%,占比较上年同期提高了0.64

个百分点。同期，纺织行业投资中的外资比重稍有下降，占投资总额的8.54%，较上年同期下降了0.87个百分点。

纺机行业增速回落最为突出

据中国纺织经济信息网行业分析师刘欣介绍，从分行业投资情况来看，除了棉纺行业的投资规模较上年同期有所萎缩，其他行业均呈继续增长之势，但丝绸、制成品、针织、服装、化纤、纺机等行业的投资增速较上年同期都有不同水平的回落。

其中投资增速回落最为突出的就是纺机行业，其投资增速较上年同期大幅回落了30.92个百分点。

"这主要是受今年纺织行业整体发展形势较为严峻的影响，部分生产企业对于技术更新、设备改造等方面无力投入，致使纺机的市场需求表现疲软。"刘欣表示。

此外，服装、针织、棉纺行业的投资增速回落也非常明显，较上年同期均下滑了20个百分点以上。

西部地区投资增速继续加快

东部沿海地区一直是我国的重要纺织省份，但是近年来，受产业区域结构调整持续推进、综合要素成本上涨压力不断加大等因素的影响，东部纺织企业的投资活跃度明显不足，投资步伐不断放缓。

2008年1~7月，我国东部地区500万元以上的纺织项目投资仅增长了3.14%，较上年同期回落了16.89个百分点，占全行业投资总额的比重也下降了6.20个百分点。同期，中部地区投资增速虽然也受到行业整体投资乏力的影响而较上年同期下降了15.45个百分点，但占全行业投资总额的比重却仍然不断加大，较上年同期上升了4.19个百分点；与此同时，西部地区的投资占比也提高了2.01个百分点。

"可见，纺织行业向中西部转移的趋势更加明显，我国纺织行业的区域结构调整步伐正在不断深化。"刘欣说。（《证券时报》2008年8月30日，新华社记者刘菊花、冯晓芳）

做一个形象的比喻，金融危机如同推倒了的多米诺骨牌，所产生的连锁反应必然会牵动整个系统，对于中国来说，绵纺业则是第一个受到冲击的行业，所造成的危害远超自然灾害。

新闻回顾

棉纺织行业洗牌开始 "逾60%棉纱下游企业关闭"

近日，棉花期货持续暴跌，现货价格也出现大幅回落，国家百万吨棉花收储也未能稳住市场。笔者带着这个问题进行了为期五天（11月3日至6日）的苏皖市场调研。

行程第一站选择了棉纺织大省——江苏省。在对一些纺织企业进行调研时，笔者发现，国内纺织市场陷入极度低迷，市场需求严重不足，棉价难以支撑。据企业反映，2008年上半年纺织成品销售总体表现良好，但是进入6月份后，纺织企业订单数量开始大幅减少，有的减幅甚至超过40%。

据了解，出现这种情况的主要原因有：6~8月份是国内纺织行业传统淡季，但是今年这个淡季一直持续到11月；国际汇率波动十分剧烈，贸易风险加大，这大大影响了客商订单周期性；出口退税下调2个百分点，这导致了纺织企业出口利润减少。

2008年以来，欧美纺织品零售市场已经出现了滞销，库存出现积压，消费者大幅缩减在纺织服装等商品上的开支和预算，各大商场开始折价倾销，但是乏人问津。这也使得很多国外客商不敢大量下订单。这是导致国内纺织出口市场低迷的直接原因。

在这样的大环境影响下，棉纱价格下跌幅度大于棉价，纺纱已经开始大幅亏损，而超过60%以上的棉纱下游企业已经关闭，这让库存积压较多的棉纺织企业的处境十分被动，即使棉纱降价也无法销售变现，而下游企业也存在大量库存。由此，棉纺厂纱价、开工率一降再降，大

部分生产线关停，员工工资大幅调低，有的裁员幅度更是超过50%。整个纺织产业链产能过剩，库存大量积压，资金链紧绷，棉纺织企业真正的寒冬来临了。

某纺织厂负责人说，目前市场的问题不是价格，而是消费。有些纺织企业老总悲观地认为，2008～2009年度棉花消费也就在700万吨左右。按照国产800万吨来算，扣除120万吨收储，还有680万吨，再加上89.4万吨的1%关税配额，市场还将供应770万吨棉花。如果真是消费700万吨，那么市场还将是严重过剩。

由于前几年重复建设和同质化竞争，国内棉纺织行业洗牌喊了很多年，直到现在才是真的开始了，并且是刚刚开始，后面会有很多纺织企业因为纺织成品有价无市、库存大量积压、年底银行贷款回收、工人工资和奖金发放等原因，而导致企业现金流干涸，进而出现大面积关停倒闭破产现象。（《东方早报》2008年11月25日，董淑志）

对于许多棉纺人来说，2008年不期而至的金融危机是一种终身难忘的经历。而对于许多中国人来说，也只是第一次亲身经历这种可怕的传统经济学中提及的金融危机。与经济学理论对金融危机的描述没什么不同，伴随金融危机一同光临的还有大批工人的失业与工厂的倒闭。这种现象，在对外依存度较高的棉纺行业表现得更为明显。

中国纺织工业协会公布的统计报告显示，2008年我国纺织行业出现多项负增长：1～11月份，行业投资下滑至多年来的低点，东部地区投资出现2.27%的负增长，其中，棉纺、丝绸行业投资在负数区间；规模以上纺织行业利润总额为1042亿元，增长率为－1.77%；企业利润下滑严重，甚至呈现2003年以来首度负增长；更为明显的是，全行业用工减少13.56万人，出现负增长，增长率为－1.24%。这些数字昭示着一个事实，那就是对外依存度过高的行业注定是一个缺乏安全保障的行业。中国棉纺如何应对，则成了危机中亟待解决的现实问题。棉纺行业如何突出重围重新确定行业发展模式也成了许多专家们思考的重大战略问题。而棉纺行业振兴计划也在危机中浮出水面。2009年2月4日，国务院总理温家宝主持召开国务院常务会议，审议并原则通过"纺织工业和装备制造业调整振兴规划"。会议认为，纺织工业是我国国民经济传统支柱产业和重要的民生产业，也是国际竞争优势明显的产业，在繁荣市场、扩大出口、吸纳就业、增加农民收入、促进城镇化发展等方面发挥着重要作用。加快振兴纺织工业，必须以自主创新、技术改造、淘汰落后、优化布局为重点，推进结构调整和产业升级，巩固和加强对就业和惠农的支撑地位，推进我国纺织工业由大到强的转变。一要统筹国际国内两个市场。积极扩大国内消费，开发新产品，开拓农村市场，促进产业用纺织品的应用。拓展多元化出口市场，稳定国际市场份额。二要加强技术改造和自主品牌建设。在新增中央投资中设立专项，重点支持纺纱织造、印染、化纤等行业技术进步，推进高新技术纤维产业化，提高纺织装备自主化水平，培育具有国际影响力的自主知名品牌。三要加快淘汰落后产能。制定和完善准入条件，淘汰能耗高、污染重等落后生产工艺和设备。对优势骨干企业兼并重组困难企业给予优惠支持。四要优化区域布局。东部沿海地区要重点发展技术含量高、附加值高、资源消耗低的纺织产品。推动和引导纺织服装加工企业向中西部转移，建设新疆优质棉纱、棉布和棉纺织品生产基地。五要加大财税金融支持。将纺织品服装出口退税率由14%提高至15%，对基本面较好但暂时出现经营和财务困难的企业给予信贷支持。加大中小纺织企业扶持力度，鼓励担保机构提供信用担保和融资服务，减轻纺织企业负担。中央、地方和企业都要加大棉花和厂丝收购力度。

各地区要按照"规划"确定的目标、任务和政策措施，结合当地实际抓紧制定具体落实方案，确保取得实效。具体工作方案和实施过程中出现的新情况、新问题要及时报送发展改革委员会、工业和信息化部等有关部门。

"规划"的出台，无疑于雪中送碳，给棉产业送来了和煦的春风。

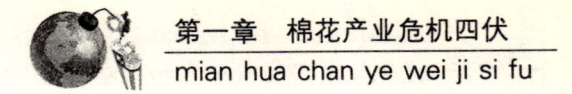

有关媒体就"规划"的出台采访了中国纺织工业协会副会长、中国棉纺织行业协会会长徐文英。

新闻回顾

棉纺织行业振兴关注四大要点

"纺织振兴规划出台，对于产业升级、技术进步、产品结构调整具有重要意义，对行业来说是一个好消息。"中国纺织工业协会副会长、中国棉纺织行业协会会长徐文英接受采访时如此表示。

纺织工业调整振兴规划是在国际金融危机对行业经济增长产生严重影响的情况下出台的，其中有关棉纺织行业的内容受到广大棉纺企业的热切关注。

棉纺是纺织行业中重要的基础性产业，涉及农村、农业、农民的问题和城乡就业的问题。棉纺织行业有多层次的生产水平，需要面对多层次的市场。徐文英认为，国内巨大的消费市场是我们发展的动力，随着城市化进程的加快，内需仍然是今后市场的主流。纺织振兴规划重点考虑的就是如何加强技术改造、开发新产品、扩大内需、拉动经济增长，通过设立中央专项资金，围绕纺纱织布、化纤、印染、产业用纺织品和新型纺织机械等方面支持行业技术改造，拉动整个产业的发展。

徐文英指出，目前我国棉纺织行业产销率在97%以上，棉纺织产品有市场有需求。2008年棉纺织行业之所以出现投资、出口和经济增长的下滑，与国家宏观调控和全球金融危机的影响有关。棉纺织行业的振兴重点主要有四个方面：一是鼓励差别化纤维、功能性纤维、复合纱线及新型面料的开发应用，鼓励高档纯棉及多种纤维混纺、新型复合纱线及面料的生产。二是符合生态、环保和资源综合利用特种天然纤维纱线、织物的生产。三是推广新型、高效、节能的棉纺织工艺设备，实施以提高"三无一精"产品比重的技术改造。发展清梳联合机、集体落纱长车及紧密纺长车（1008锭以上）、新型转杯纺纱和喷气纺纱（涡流纺），鼓励粗、细络联合机，增加先进无梭织机、自动络筒机、高效精梳机等，逐步淘汰A字头和1字头的老设备。四是支持高档色纺纱线、色织及长丝织物的生产。

徐文英指出，中国纺织工业协会对于推广"28+10"的关键技术、采用先进技术装备、淘汰落后生产能力、更新改造将给予支持鼓励。他说，未来3年，棉纺织行业先进水平的技术装备比重将达到68%，劳动生产率提高到每年10万元/人，精梳纱比重达到28%，无卷化率达到50%，无梭布比重达到70%，无结头纱比重达到70%。

2008年，棉纱线产量较大的山东、江苏等东部沿海地区棉纱产量不同程度出现增幅下降的现象，而中部地区的河南、湖南等省纱线产量继续保持32.65%和24.01%的增长，反映出沿海地区向中部地区转移的特点。加快振兴纺织工业要优化区域布局，东部沿海地区要重点进行技术含量高、附加值高、资源消耗低的纺织产品开发。徐文英说，国家鼓励沿海地区棉纺织产业向中西部地区转移，支持新疆地区建设棉纺织基地，对于棉纺织业的产业结构调整具有推动意义。但东部沿海地区棉纺织业向中西部的转移，需要注意在投资重点上与内地保持一致。他指出，在东部沿海地区开展的棉纺织行业技术改造，在中西部地区同样要进行，而不是将东部淘汰的落后设备和生产线转移到西部地区。中西部地区也应鼓励高技术、高性能差别化纤维应用和多种纤维混纺交织纱线面料生产。

徐文英指出，近年来，纺织行业的投资主要来自民间资本和私营资本。根据纺织工业振兴规划，国家将通过专项资金带动民间资本和企业自有资金对纺织业的投资，这将为棉纺织企业技术升级、开发新产品提供资金支持，减轻企业的负担。国内纺织品市场是高中低并存的市场，振兴发展的主要着眼点是调整产品结构，推动产业升级，鼓励淘汰落后生产能力。（中华纺织网，2009年2月24日）

2009年的春天，棉纺业因棉产业振兴"规划"的出台，着实兴奋了一阵子。然而，这种令人振奋的局面并没有持续多久，新的问题——棉花危机降临了。

暗藏玄机的棉花危机

在国内棉花产业史上，曾有过棉花大量积压的纪录，也曾有过副总理亲自考察棉花市场试图解决棉花积压问题的新闻。但我们现在谈的棉花危机却不是棉花积压，而是棉花的短缺。并且棉花短缺的原因不完全来自棉纺业的扩张以及棉纺产品的大量出口，而是出于另外一种听起来十分令人警醒的原因。

浙江电视台于2009年12月7日，也就是棉纺产业振兴规划出台十个月之后，做了一期"棉花危机"的特别节目。邀请的嘉宾则是世界级公司治理专家和金融专家，香港中文大学讲座教授，曾因痛斥国企改革中的国有资产流失弊病而被称之为"郎旋风"的郎咸平。尽管郎教授的谈话已过去差不多两年了，但今天回味起来似乎仍在昨天一般。

节目文摘

郎咸平：我最近对农业问题进行了大量的调研，包括大豆、玉米，我发现非常有趣，而且已经受到我们政府的重视。我相信我是全国唯一一个系统地把美国的阴谋讲得这么清楚的。请再想一想，中国的纺织品出口是不是最重要的出口？2009年9月12日有轮胎特保案，轮胎算什么呀？几十亿美金，根本不算什么的，非常小的一个比例。中国的纺织品才是出口的大宗。如果美国人够聪明的话，既然轮胎都敢搞，无缝钢管敢搞，纺织品怎么会不搞呢？这不合理，怎么可能让中国人赚钱呢？没有道理的。所以一定会对纺织品的原材料进行攻击。我就让我的助理花了很长的时间去调研棉花，把资料研究完之后，大吃一惊。很不幸地告诉各位，他们不是刚开始，已经快结束了。

2009年10月27日，中国纺织工业协会指出：受金融危机影响，2009年1~8月，中国纺织业出口额为1075亿美元，同比增长-1.78%。但在美国、欧盟以及日本三个主要贸易伙伴的市场份额却呈现上升，其中在美国的市场占有率由36%上升至37.5%，欧盟市场情况与美国类似，而日本服装进口总量里超过87%为中国服装。然而由于全球消费下滑严重，中国纺织业与其他出口外向行业一样，面临着产业升级的挑战。在整个纺织的产业链当中，棉花位于产业下游，是纺织行业的基础，那么这一基础产业的状况到底如何，棉花市场的变化又将怎样影响中国纺织行业呢？

棉花又是谁在搞的？孟山都。

它开发了一个转基因的产品叫做抗虫棉33B，一个新品种的棉花。为什么它在棉花上有机可乘呢？我给你们举一个例子，2009年9月28号，媒体报道在全中国最大的棉纺基地之一的山东德州的纺织企业已经开始使用木浆来代替棉花的不足。2009年我国棉花的消费量是900万吨，有200万吨的缺口。

其实这个还不可怕，2005年棉花需求量是950万吨，但是我们只有570万吨的生产，当时大概有40%的缺口，现在是30%的缺口。中国棉花协会的《中国棉花形势月报》中指出："预计进入新年度之后，棉花需求将有所回升，而产量下降已成定局，棉花供需缺口将有所扩大。"

2009年9月27号，发改委的副主任张晓强在2009年全国棉花工作电视电话会议上讲的一样，他说从2009年全年度看，纺织业生产和出口将逐步回暖，对棉花的需求将稳步回升，棉花产需的缺口将比上一年有所扩大。也就是说，我们已经看到了纺织行业的逐步回暖，对棉花需求有扩大，扩大多少是不知道的。可是2009年全国棉花的种植面积是7592万亩左右，比去年减少了1000万亩，减幅在10%以上。

发改委是比较乐观的，他预计今年棉花的消费量可能不是900万吨，而是800万吨。可是他太乐观了，因为今年前8个月棉花使用的增速已经超过了去年同期，所以很可能超过900万吨。按照我们的估计，差不多有两三百万吨的缺口。

可是我们发现还有其他的现象出来：以德州为例，9月上旬连续5天的阴雨天气使棉花的品质和产量大受影响，减产20%以上。而且我们看到媒体报道棉花质量正在大幅下跌，我们感到很意外。不但质量大幅下跌，而且产量也下跌，为什么在2009年中国的棉花产量和质量都在大幅下滑？

我们调研发现，衣分率也下降到34%，衣分率就是100斤的籽棉能够转化为多少皮棉。籽棉是种出来的棉花，带种子的，不能纺纱，必须转化成皮棉才可以。中国衣分率的标准应该是37%～38%，这个数字每年不一样，但是都差不多，可是今年的衣分率只有34%。棉花单位的产量下跌，质量下跌，衣分率已经低于我们过去的棉花了。平均棉花质量下跌10%，单产量下跌10%，耕地减少10%。我们对于2009年棉花的大变化感到非常好奇，怎么回事呢？

按照国家棉花市场监测系统2009年9月发布的《全国棉花长势调查报告》，2009～2010年度，全国棉花总产量将较上一年度下降12.4%，为700万吨，是2000年以来棉花产量的最大降幅，市场缺口约为200万吨。与此同时，几年来的棉花价格从全球市场到国内市场一直剧烈波动，难以捉摸，直接影响了国内棉农的种植选择。为此国家每年都会不断地出台调控手段以稳定棉花市场，那么棉花的市场问题到底是怎么出现的，是谁引发了棉花种植的一系列问题呢？

这一切的问题就是从孟山都开始的，因为我们中国的棉花全部都是

Save humans crisis the innovation of social management
拯救人类危机——创新社会管理

1997年从美国孟山都所引进的叫做转基因抗虫棉33B。抗棉铃虫，这是棉花最讨厌的虫。由于它抗虫特别好，2001年～2004年的三年间，孟山都的棉花使得农药使用量下跌了50%～60%，种植成本下跌了25%，每亩棉花的产量上升了20%，农分率是42%。这三年非常好。

可是很有意思，孟山都非常清楚地知道中国的农科所还有农民都会自己繁殖他们的这个抗虫棉，自己生产种子，去抄袭剽窃。但是它从来都没有告过，为什么从来不告呢？

我发现一个很有趣的现象，那就是在中国是告不了的。

我举个例子，山东一家叫登海的种子公司控告山东莱州农科所，他们公司的玉米种子"登海9号"被莱州农科所抄袭，变成"汇元53号"。双方同意找北京市农林科学院玉米研究中心做鉴定，结果显示确实抄袭，因为"汇元53号"的基因来自于"登海9号"。所以最高人民法院在2004年设立了一个判例，就是说类似的行为是绝对不可接受的，判莱州农科所败诉，登海公司胜诉。

同样的事情又发生了一次，又是登海公司的"登海1号"，被金山公司抄袭变成"金山2号"，登海公司到内蒙古中院去控告，最后败诉。它又上诉到内蒙古高院，还是败诉，败诉的原因是：北京市农林科学院玉米研究中心不具备公证处的功能，它的公证结果是不可采信的。非常可笑，北京市农林科学院玉米研究中心是农业部推荐的。全世界都没有一个公开认证的机构来做这个评估，就是由政府推荐一个国有企业、中立的企业去做论证，都是这样的。而且最高人民法院说过没有问题，只要双方同意就可以了。在双方同意的情况下，它竟然说不行，因为你不具备认证证书。竟然以这个根本不是理由的理由判定登海败诉。败诉之后发现，本来登海有机会成为像孟山都一样掌控种子工业的一个大型企业。可是中国一向缺少对知识产权的保护，最后中国就不会出现孟山都，反而给孟山都一个极好的机会进入中国，席卷中国大地。它进来之后毫无对手，登海原本可以成为它的对手，但是我们不保护我们的

第一章 棉花产业危机四伏
mian hua chan ye wei ji si fu

知识产权，把它淘汰出局，给了孟山都一个绝佳的机会。

可是你要注意，孟山都是非常聪明的一家公司，它知道它带进来的棉花种子一定会被抄袭，抄袭之后去告，结果很可能败诉，它就不告了。这个转基因的棉花2001年~2004年没有问题，2004年之后如果你不去向它买种子的话，你所种出来的棉花会一代不如一代。这就是为什么2008年之后，我们的棉花质量下跌10%，产量下跌10%，耕地面积少了10%，都是迅速下滑。更可怕的是农分率从过去的42%跌到了现在的34%，比过去我们中国用的传统棉花还要差，已经比不上我们原来自己的棉花了。

原因就是孟山都为了掌控中国的棉花市场特别发展出这么一个转基因抗虫棉33B，保证三年之后一代不如一代。而且这个品种对棉铃虫是有防御作用的，可是棉铃虫被消灭之后，2006年开始蚜虫出来了，红蜘蛛出来了，烟粉虱出来了……其他的害虫都出来了，造成了更大的后患，这就是为什么中国棉花的质量要下跌。

所以在2009年，我们中国的棉农面临几个选择：你要杀蚜虫、红蜘蛛，就得买农药。农药是两个公司提供的，一个是孟山都，另一个是它的合作企业德国的巴斯夫。就这两个公司提供这种农药，其他公司都没有。所以你买农药它会赚一笔；或者你原来的种子不用了，就向它买种子，买种子它再赚一笔。到最后你发现，一个更可怕的现象出来了。我一开始就告诉你了：中国棉花的两三百万缺口怎么办？

你现在种棉花已经来不及了，只能是进口！

美国政府为了要美国的农产品出口到中国，它会采取什么策略？补贴！

你知道美国棉花的补贴到了什么地步？从1999年到2003年，美国政府对棉花的补贴率高达89%。也就是说生产100块的棉花，补贴89块。从2001年到2002年，它的补贴率超过129%，完全给农民钱，种出来就是钱，完全超过你的成本。所以美国的棉花非常便宜我现在已经感到心力交瘁了，完全不知道该怎么办了。200多万吨的缺口已经是个既成的事实，冬天已经到了，你换新衣、换棉衣怎么换呢？目前已经有100万吨的缺口了，到年底会有两三百万吨的缺口。

你只要进口美国的便宜棉花，一切事件将重复过去的大豆跟玉米，中国的棉花再也没有竞争的余地了。我们过去还是引进了孟山都的抗虫棉33B，还是生产。只要一进口美国棉花，中国的棉花市场将继大豆、玉米之后再次沦陷。

可是这次沦陷可严重了，大豆沦陷之后影响的是粮油，玉米沦陷之后影响的是所有的鸡、鸭、蛋、奶制品，影响到中国的食品、33%的CPI。如果棉花被控制的话，中国出口最重要的纺织品的原材料将全部受到美国的控制。

早在2005年12月6日，香港乐施会的一份调查报告就显示，享受高额补贴的美国棉花将使中国数百万农民面临被挤出国际棉花市场的命运。按照农业部农村经济研究中心2006年的估算，2001年加入WTO以后，6年之中进口棉花夺走了我国农民250多亿元人民币，相当于每个棉农失去了250元收入。一方面高额的政府补贴使得美国棉花的价格平均每吨比国产棉花低2000元左右，另一方面美国的各大棉商依仗其成熟的营销手段极力游说企业使用他们的棉花，在中国推广"美棉"标志。

棉花产业涉及种植、收储、纺织、印染及服装等多个环节，产业链长，产业规模庞大，且是我国外贸出口和经济增长的主要支撑点。美国棉花的冲击对于中国纺织行业又会产生怎样的影响呢？

我相信从明年开始会出现这种情况：中国的纺织是专门做制造，要向美国买原材料棉花，所以棉花的定价权在美国手中。你产品要出口，中国只做制造，那么其他的批发、零售、产品设计、原料采购、仓储运输全部是美国掌控，所以你的销路、卖多少钱也是美国掌控。因此原料的定价权和你出口产品的定价权全部都是美国掌控，所以中国既不掌控原材料定价权，又不掌控销售的定价权。我们只做制造，破坏我们的环境，浪费我们的资源，剥削我们的劳工，我们辛辛苦苦创造出一点血淋淋的利润就被美国从两头给吸光了。

未来中国的纺织行业会非常艰辛的，辛辛苦苦做工，一毛钱都赚不到。到最后中国出口越多，中国越制造，美国越富裕。那我们中国该怎么办？

你必须这个时候打破美国的垄断，打破美国的补贴。我们不应该对美国的汽车和鸡肉进行报复，你完全搞错方向了。应该对美国的棉花进行报复才可以，或者对玉米进行报复。如果你打击美国的玉米跟棉花，到 WTO 去告他，如果能告成功的话，会对美国打击非常大，他会害怕的。最近巴西告他，告得特有意思。

1999 年 8 月~2003 年 7 月，美国棉花生产者总共得到了 124 亿美元的补贴，但是同期美国棉花的产值只有 139 亿，补贴的比率高达 89%。也就是说美国农民每卖 1 美元的棉花，美国政府就给他 0.89 美元的补贴。到了 2001~2002 年度，美国同期的棉花产值是 30 亿美元，美国政府给了 40 亿美元的补贴。每生产 1 美元的棉花，美国政府就给 1.29 美元的补贴，你看多爽啊！

我的数据显示，中国每进口一吨美国的棉花，就有美国政府给美国农民 600 元人民币的补贴。而且 2005 年的 7 月~8 月，美国棉花被大量的运往中国的保税区，以很低的价格在中国倾销。类似事件会从明年开始。

为什么孟山都的棉花会在这个时候出现问题，而美国这个时候补贴又多？你可以想象得到，中国两三百万吨的缺口即将由美国棉花作补贴，这一切就是孟山都和美国政府的阴谋。你们都知道中国的纺织品占出口有多大的比例。

2009 年上半年 7.37 万亿的银行信贷加上通货膨胀预期，所以很可能进入经济停滞加通货膨胀，就是滞涨。这是我以前讲的，可是我告诉各位，通货膨胀最后是掌控在美国的手中。美国透过掌控大豆控制粮油价格，透过掌控玉米控制中国的食品价格，那是33％的CPI。再透过棉花控制中国纺织品的价格，又是10％的CPI，这三个加在一起应该是占到CPI的绝大比例。到最后中国会不会产生通货膨胀，似乎跟中国的货币政策、上半年的7.37万亿关系不大了。

谁决定？美国决定！这才是我们真正的危机，当我们经济拉不起来之后，你突然发现我们会不会进入滞涨而完全看美国人的眼色。看美国会不会透过操控三大农产品间接控制我们的通货膨胀，这才是最可怕的。我在最后把这个话送给各位，你们回去自己好好想想，睡不着可别来找我，好吗？（浙江电视台2009年12月7日）

一向以言辞犀利语出惊人闻名的郎咸平，这一次对棉花危机分析得可谓入木三分，再一次向公众展示出其过人的想象力与分析力。尽管笔者并不完全赞同其美国阴谋论的观点，但仍不得不说，商道最需要的亦是狼性。狼者，机敏而警觉，快速而果断，以此之性入商道当可一展雄才。

换句话来说，就算是美国人的阴谋，而国人的智术短浅亦堪可责问。商场之中，技不如人，亦当甘拜下风，承认自我的短处，才能知耻而后勇。要知道，商场之上是少有君子之风的，只有交足了学费，才能变得聪明起来。以此而论，中国企业的未来之路还很长。

回到主题，不论中国棉产业中了孟山都的招也好，未中孟山都的招也好，总之2009~2010年间，国内的棉花价格达到了一高峰，供需矛盾也再一次激化。而媒体调查报道则称，尽管棉价高企，但获益的却不是棉农。

新闻回顾

棉产业链追踪：棉价最高　棉农最亏

受天气影响，2010年是近年来棉花播种最晚的一年。在全国四大

第一章 棉花产业危机四伏

棉区之一德州,棉花播种刚刚结束。从 2009 年国庆节开始,棉价像脱缰的野马,势不可挡。目前德州棉价已突破 4 元/斤大关,升至历史最高峰。然而,高走的棉价并未换来棉农种植热情。在粮价、菜价节节攀升的挑战下,德州当地棉农开始弃棉。今年德州棉花种植降至十年来低谷,这反过来进一步推升了棉价。

而高涨的棉价已经开始传导至下游织布、服装产业……

两难的棉农

5 月,是棉花播种的季节。往年的这个时候,棉农手中的棉花早已售罄。而今年直到 5 月 24 日,赵志民才开着农用三轮车,顶着烈日前来售棉。

赵志民是德州武城县老城镇赵庄村人,家有两亩地,全部种植棉花。去年,赵志民家两亩地共采摘了 800 多斤棉花,比往年少了五分之一。但用他的话说,这 800 多斤棉花,比以往任何时候都"宝贝"。

德州是中国四大产棉基地之一,2009 年 9 月本是棉农收获的季节,但持续多天阴雨天气使得德州棉花减产 20% 以上。而棉价也从 2009 年国庆开始,一如脱缰的野马——籽棉从 3.1 元/斤,一路飙升至今。

赵志民指着车斗后的棉花说道:"看着棉价一升再升,周围村子里的棉农大多不愿出手,春节前籽棉已涨到 3.6 元/斤,这是种棉十多年来少有的高价了。"于是,赵志民就卖出了 300 多斤。而如今,他觉得有些后悔了,因为棉价已暴涨至 4 元/斤左右。

卖与不卖,这个问题半年来始终在困扰着赵志民一家。为此他还跟老伴吵了一架。

赵坦言,棉价接连涨了这么多天,他还是第一次遇到。眼看着,棉价冲破了 4 元/斤大关,涨至历史最高点,赵志民又坐不住了。与同村的棉农商议过后,尽管很多棉农仍然抱着不放,但他觉得应该把剩余的 400 斤全部卖掉。

不过,疯涨的棉价并没有让赵志民和同村的棉农们坚定种棉的决心。4月底播种前，赵志民家甚至一度打算改种辣椒。

赵志民算了一笔账，去年每亩地共收籽棉400斤，即使按照每斤4元的高价全部售出，一年有1600元的收入。但是，种棉机械作业率低、劳动用工多，4天就要洒一遍农药，此外还要施肥、浇水、采摘、除草等。农村劳力大多外出打工，雇人打理的成本较高，每亩纯收入仅有千元。

武城县是辣椒的主产地，今年辣椒价格较高，每斤7元多，按平均亩产700斤计算，亩产值5000元左右，扣除种植成本450元和雇人采摘成本300元，亩纯收入4250元，比种棉多收入3000元。

"即使种粮也比种棉收入高。"赵志民诉苦道，他弟弟家每年种一季小麦（平均亩产1000斤）、一季玉米（平均亩产1100斤）。由于种粮机械化程度高、劳动强度轻、用工少，每亩净赚1300余元，比种棉多收入二三百元。

赵庄村近二百户村民，本有60%以上为种棉户。村里已有不少农户改种辣椒或粮食。赵志民表示，今年究竟是种棉花还是种辣椒着实让他为难了好一阵子。不过最后他还是认为，今年辣椒的价格高是与甲型H1N1流感等疫情有关，未来很难维持高价。而种棉毕竟有十多年的经验。

赵志民的经历只是德州棉农的一个缩影。根据德州市棉花协会的统计，德州原本棉花面积近300万亩，受2008年棉花价格低迷、农资价格较高、植棉比较效益下降等因素影响，2009年植棉面积减少到232万亩，比上年下降19%。截至2010年5月，德州棉花播种全部结束，植棉面积再次下降10%，为210万亩，降至十年来最低点。

德州市棉户协会秘书长马俊凯指出，今年菜价、粮价的攀升，使得棉农改种现象较多，植棉面积下降了一成。而种棉的减少反过来又会推升棉价进一步高涨，预计今年棉价很可能会继续攀升。

面对着供需缺口的进一步放大，中储棉信息中心运营总监梅咏也在

第一章 棉花产业危机四伏

日前召开的山东棉花论坛上表示，2010年中国进入了高棉价时代。

惜售与抢购

赵志民把棉花卖给了武城银海棉花加工厂，根据棉质的优劣，银海棉花加工厂以每斤3.9元的价格将其400斤全部收购。

武城县银海棉花加工厂始建于1997年，拥有棉花加工、脱绒、榨油、深加工设备，固定资产达1000万元，员工210人，年收购加工皮棉5000~8000吨，创产值1.2亿元。赵志民的籽棉出售给加工厂后被加工成皮棉销往安徽、江苏的纱厂。

负责收棉的邱经理告诉记者，对于加工厂来说，上游——今年棉花减产、农民惜售，各大加工厂面临原料不足的窘境；下游市场——皮棉的价格已由每吨1.3万元飙升至1.78万元，上涨了三成以上。这又吸引着加工厂疯狂抢购。

武城县杨庄乡有着德州最大的棉花市场，这里及周边有着棉花收购加工及深加工企业286家，银海棉花加工厂即是其中的一家。

杨庄乡企业管理办公室主任赵先春介绍道，一边是棉农惜售，另一边是棉厂抢购。由于杨庄乡地理位置偏僻，位于山东最西部，与河北接境，在去年底至今年初的棉花购销旺季，各大棉花加工厂派人到德州周边以及东营、河北、河南等棉产区截棉。

邱经理表示，此前公司派出了数十人到德州及周边省市抢购棉花。因为如果坐等在加工厂，棉花早就被竞争对手抢走了。但即使如此，今年银海棉花加工厂总共收购了4000多吨棉花，比往年减少三分之一以上。

不过，如今棉价每斤突破4元大关使得加工企业也是进退两难。目前棉厂盈亏平衡点在每斤3.8元，银海棉花加工厂收购赵志民的棉花根本无利可图。

邱经理指出，随着皮棉价格的攀升，公司此前加工的棉花开始陆续抛售。而刚刚收购的棉花，则要等到市场价格进一步上涨后才有利可图。他认为,棉价涨至顶点,以后的市场行情难测,企业收棉面临着不小的风险。

当2008年,经济危机引发棉价暴跌,囤积的棉商赔得血本无归。如今,棉价突破历史高点,棉商们又开始纷纷囤棉。

杨庄乡政府一位官员告诉记者,当地棉商大多是以"加工+囤积"模式来获利。曾有个加工厂去年10月1日以每吨13500元一次吃进300多吨,现在以17500元出手,仅囤棉即可有一百多万元的利润。

武城厚丰棉业公司的总经理王秀清更是确信无疑,棉价突破4元大关后会只升不降。他刚刚从山东省"2010棉花产业高峰论坛"参会回来。

王秀清认为,全球美国与印度都是棉花出口的大国。从2007年开始,美国棉花连年减产,中国棉花进口的第二大来源国印度,也在控制出口数量,以保证本国用棉需求。中国成为全球棉花的"最大缺口国"已是不争的事实。目前当地棉商手中普遍都有10%的存货,押宝棉价后市持续上涨。

据悉,我国棉花种植面积下降、产量下降已由最初机构的预测,变成了严峻的现实。河北、河南、山西、湖北、江苏面积下降幅度分别为7.1%、8.7%、18.3%、12.3%和11%,而新疆北疆受雨雪影响下降幅度更是达到了25%。

王秀清向记者透露,从去年9月至今,公司共收购了3000多吨棉花,虽然比往年少了1000吨,但却有400吨存货而多于往年。

纺织业的喜与愁

处于高位的棉价每一丝变化,牵动着整个纺织产业链的神经,可谓有人欢喜有人愁。

"如今棉价升至历史最高点,已传导至整个产业链条,乐了纺的愁了织的。"德州棉花协会秘书长马俊凯指出,棉农、棉花加工厂、纺纱企业处于产业链条的上游,原料涨价可以向下摊销。但处于下游的织

第一章 棉花产业危机四伏

布、服装等外贸出口企业却要承受成本节节攀高的重压。

山东是全国第二大产棉省、第一大纺织省，纱、布产量均位居全国第一位。浙江上棉纺织有限责任公司总经理张先生近日专门赶到德州了解棉花后市行情。他表示，纯棉纱每吨的利润空间已达到3000多元，一些客户还要排队等纱。目前，纺纱、织布、服装环节在利润分配上层层递减。

青岛源丰实业集团总经理高永政告诉记者，棉价上涨带动多种成品布价格上涨了5%~10%，由此企业利润下降了2%左右。这使得本就利润微薄的纺织企业更加捉襟见肘。高表示，棉价高涨已危及到纺织品出口形势的好转。

"如今成衣企业的生产线都在生产秋冬季服装，但在原料和人工成本高涨的双重压力下，服装制造成本已提高10%左右。"烟台远丰外贸公司总经理宫磊表示，出口企业如果不相应提价将导致利润受损；如果抬高出口价，则意味着订单的丧失。他认为，中国纺织品的出口优势正在被高走的棉价所吞噬。

据了解，德州市华源科技、恒丰纺织、宝鼎纺织等企业加大了对天丝、牛奶纤维、竹纤维、玉米纤维等新型纤维，以及羊绒、狐狸绒、蚕丝等动物纤维的应用和产品开发，非棉纤维用量占比逐步提高。

但武城县一位棉花专家指出，解决目前纺织企业的危局还要从源头上入手。他表示，国家应对棉农进行直补。在2009棉花年度，国家收购国储棉时，将每吨600元的补贴补给了加工厂商，希望转移支付给棉农，但实际上，加工厂商却把这一补贴装进了自己的腰包，大赚了一笔。

德州棉花协会秘书长马俊凯也认为，种粮的农民每亩可直接获得良种补贴、种粮补贴和农资补贴，共计每亩83元。而棉农却只有每亩15元的良种补贴。国家应给予棉农与粮农相同的直补，棉农的种棉积极性增加了，棉花产量上来了，才能遏住疯涨的棉价，下游纺织业的成本也

就自然降下来了。(《经济观察报》2010年5月30日，种昂)

如果说这段时期的棉花价格是受棉产业振兴规划影响的话，那么，这种影响也只是单纯地影响了棉花的价格，而对整个棉产业链仅仅起到了一种暂时性的扶助作用；如果说这段时期棉花价格高企是受气候因素影响而减产造成的话，则更能说明棉产业的脆弱。不论如何，棉产业链都不是健康的市场经济的产儿，而更像个嫁给了一个穷汉的大家闺秀，时时面临窘迫的考验，并不得不时时从娘家求得资助。

而在2010年5月10日召开的"中国棉业发展高峰论坛暨国际棉花贸易洽谈会"上，中国纺织工业协会会长杜钰洲对棉花种植业及棉纺业的分析则更为详细地描绘了当时国内棉产业的现实。

杜钰洲会长指出，由于世界各国普遍实施了大规模财政刺激和扩张性货币政策，使人类终于幸运地走出全球金融危机最艰难的阶段，基本上扭转了全球经济持续衰退的局面。尽管造成全球金融危机的诸多深层矛盾和问题远未根本转变，它对全球经济的恢复和需求增长必将继续产生着长远的影响。特别是这种缓慢的复苏形势仍然具有很大的不平衡不确定性风险。然而，从2010年一季度世界发展中国家和高收入国家不同的恢复情况来看，确实增强了人们对后危机时代新的期望和信心。作为全球化程度较高的棉花产业——棉花种植业和棉纺织产业，探讨后危机时代创新发展的路径具有很重要的现实意义，需要深入地探讨。

杜钰洲会长指出，中国棉业和棉纺织业最有条件在新的国家产业中获得更大的生机。这不仅因为它永远在世界上规模最大，而且因为它有持续增长的国内需求，在国际市场已经具备最大的市场份额，不论是棉业还是棉纺织业都已进入从规模发展向创造性转变的内升条件。中国规模以上企业从2000~2009年人均资产增长了1.69倍，人均主营收入增长了2.9倍，人均利润总额增长了3.3倍，劳动生产力增长了1.77倍，全行业出口增长2.58倍。也就是说，中国纺织业在过去九年的时间里是历史上发展最快，步子迈得最大的几年。

杜钰洲会长强调，2009年末到2010年初棉花持续涨价，棉纱也在持续涨价，但国家统计局公布的物价指数中，在各类产品物价指数上升的同时，居民的衣着消费价格在1到3月下降0.9%，其中三月份下降1.1%，纺织品出厂价格1到3月增长了1.7%，而三月份当月增幅已经回缩到1.5%，工厂出厂价格综合价指数比1到2月份下降了不少。棉花与棉纱价格能否传递到居民消费层面这是我们要认真思考的。

杜钰洲会长还指出，原材料的涨价，让中国纺织工业规模以上企业2010年1~3月份产值增长27%，但出口交货值只增长14.26%，内销增长了27%，可见棉产业的产值增长主要是内销的拉动。

在危机之前的若干年，世界棉花的供求总体是平衡的，不管年初有什么样的预测，到年底算总账都是基本平衡的。那么在后危机时代，消费变得理性了，显然后危机时代的短时间内不会继续规模扩张的这种形势，而是要谋求科学发展走产业升级的路子。中国棉纺自身用棉比例已经从上世纪末的70%左右下降到当前的50%，我们的高增长其实是用化纤解决了大量就业，而且主要是农民的就业，起到了惠农就业这样的重大历史作用。根据统计局公布的数字，再加上统计体制外棉花大概80万吨到100万吨，中国棉花产量在800万吨左右，占世界总产棉量超过30%，这是2010年之前两年的经验。从2000年到2008年中国产棉花增长了1.7倍，年均增长了6.84%，扣除中国，世界产棉增长6.57%，年均增长2.26%。中国是世界最大的产棉国，最大的棉纱生产国，最大的棉花用户，也是最大的纺织服装出口国。从中国看世界没有理由说我们现在又进入棉花奇缺的时代。从整个供求来看我们不必慌张，因为我们本身也是一个用棉大国，统计和实际之间的误差有一种对棉花市场的误导作用。统计以外的棉花企业收购、有些产棉户自用等市场不透明因素，影响了市场判断。另外，我们的贸易体制，棉花贸易体制不够便利，导致对棉价的控制滞后。

杜钰洲会长还指出，游资的炒作也是棉花价格高企的一个因素。房地产炒不起来，有的游资就要炒棉花、炒棉纱了，棉花公司、棉纺企业要警惕被炒作，棉纺企业也要听一听下游战略伙伴——针织行业的呐喊。现在有的针织厂不得不考虑自己要建纱厂，这就使我们被迫出现再次扩大规模，把有限的资金不用于产业链提升，而是用于应对棉花和棉纱的炒作，这是一个浪费。中国棉业大发展是棉纺织业稳定发展的重要基础，中国棉业从中央第一代领导集体就亲自过问亲自来抓，当时是陈云副总理亲自抓，直到当前，国务院的主要领导都在亲自关心棉业和棉纺织业，特别是在改革开放之后。中国的基本国情是人口多耕地少，粮食安全首当其冲，解决13亿人粮食安全已经是世界的一大奇迹。大多数年景都是不到耕地面积的4%种棉，我们棉花产量达到每公顷1.3吨，而新疆棉平均每公顷1.76吨，新疆的棉花种植面积占全国的棉花耕地30%，而新疆的棉花产量占全国的47%，如果把统计体制之外的棉花算在内，那么新疆的棉花达到全国的48%左右。新疆农民和兵团确实为中国棉业和棉纺织业发展进步做出了巨大的贡献。如果全国的棉田都能够达到新疆平均水平，那么现在棉花产量能够再增加262万吨，大约是我们进口的总量。

杜钰洲强调，纺织业要在后危机时代努力调整发展方式，努力在后危机时代实现由大变强的转变。危机前九年中国加入世贸组织，2005年取消配额使中国的比较优势充分释放，规模以上企业在中国内销的比重从67%上升到82%，也就是说世界市场有利于中国发展。中国市场持续高速增长以更快的速度拉动了纺织工业的发展。而后危机时代转变发展方式成为新的战略目标。国际市场走低、成本走高，比较优势释放的时期已经过去。走上延伸和提高的阶段，对我们有很大的挑战，如果说危机之前我们路子越走越宽，后危机时代我们路子必须越走越高，制高点是走产业升级而不是规模，是质量效益。

我们要以庞大市场份额和完整产业链规模产业进程走到提升之路。我们新时期的目标是要建设成现代纺织科技强国，纺织品牌强国，纺织人才强国，可持续发展强国，实现劳动生产力的大幅提高。通过绿色经济、低碳经济、循环经济在纺织业落实，走科技含量高、资源效益好、资源消耗低、环境资源和人力资源得到充分发挥的新路。

为达此目的，有必要探讨深化棉业体制改革，以适应后危机时代新的全球化环境。要致力于研究建立种植、科研和制造产业市场流通的和谐关系，包括种子、棉田管理、收购；综合利用质量体系、运输物流网使生产企业和棉花企业在收购质量问题上能够有一个协调。同时，也有必要深化流通体制改革，推进棉花贸易便利化，推进进口配额体制，包括配额分配体制、控制体制等方面的改革。棉产业的改革是一个影响中国两千万职工生计的大问题，而且这两千万职工80%是从土地上解放出来的农民工，因此它是一个系统工程，要理顺各个方面的关系，深化改革与产业发展不适应的部分。首先需要进一步理清政府和市场主体、社会管理的和谐关系，并为棉花产业的创新发展带来新的繁荣。

杜钰洲的讲话表明，中国仍然是世界最大的纺织品加工国与世界上最大的纺织品出口国，其中棉纺织行业仍然是我国纺织工业中规模最大的支柱行业。而杜钰洲的讲话并没有回避棉产业存在的问题，也没有回避棉纺业棉花短缺的现实，并积极呼吁探讨与深化棉业体制改革。作为一个行业协会的主要负责人，可以说杜钰洲对中国棉业发展现状是相当了解的，对棉产业链的软胁也是相当清楚的，不然，他就不会提出深化棉产业的体制改革问题。

体制问题由来已久，它是从计划经济到市场经济转变之时就已存在的产业问题。正是由于这个问题的存在，才使得棉产业并非一个完全意义上的市场经济体，而是一个旧体制与市场相结合的产物。

2010年是棉花价格高企的一年，对于棉农来说，棉花价格的上涨总比下降好得多。但对于棉纺业来说，这却不是一个好现象。棉价上涨挤占了利润空间，尚未完全从金融危机中恢复承受力的国际市场让全球纺织业都陷入一种困局之中。

中国纺织网信息员曹海红于 2010 年 11 月 17 日发表的一篇通讯大体上反映了这个时间全球棉纺业的困局。

资料

棉花危机挤压全球纺织制造业

一位顶级专家声称,近几个月棉花价格空前上涨,全球纺织制造业已经无法消化目前的高价棉花,全球纺织制造业自身生存受到威胁。

国际纺织制造商联盟(ITMF)秘书长 Christian Schindler 说,全球纺织制造业正在受到全球棉花价格飞涨抬高成本的挤压。在过去六个月,棉花价格翻番,但是,由于零售商持续压低产品价格,制造商的产品卖价依然在低位。

由于主要的新兴经济体,如中国和印度,需求大于预期,而部分国家的棉花产量低于预期,这些因素刺激全球棉花价格飞涨。

他指出,印度在 4 月禁止棉花出口,签约棉花也被禁止出口,这也是促使棉花价格上涨的部分原因。印度 5 月份取消出口禁令,采用严格的出口许可证,并对出口棉花征收 2500 卢比/吨(56.45 美元/吨)出口税。

国际纺织制造商联盟(ITMF)秘书长 Christian Schindler 说,一些市场可以改变棉花与人造纤维的配比,例如从 60:40 改变成 50:50。

相对于棉花,合成纤维更加便宜,虽然全球石油价格居高不下。联合国贸易与发展会议商品专家 Milasoa Cherel - Rodson 指出,与合成纤维相比,棉花价格压力弹性更大,当利润受到挤压时,总有机会向较高端市场空间转移。部分专家认为,改用更高的合成纤维比例将是短暂现象。未来,棉花价格将出现调整,主要产棉国的棉花产量将增加,例如巴西;同时,部分主要市场,如中国的需求将放缓。

自 2010 年 4 月以来,棉花价格已经从大约 0.60 美元/磅飙升至 10

月的 1.20 美元/磅。2011 年春季交割的部分期货合约涨至 140 年最高水平，超过 1.50 美元/磅。

ITMF 是世界纺织工业的保护伞组织，ITMF 评估，在过去 20 年，服装和家用纺织品的名义价格平均下跌 50%。（中国纺织网，2010 年 11 月 17 日，曹海红）

从这则资料我们不难看出全球棉纺业面临什么样的危机，一方面是棉花价格的翻番，一方面却是棉纺成品价格的稳定下降。棉花价格达到了 140 年来的最高点，而在过去的 20 年间，服装与家纺用品的价格却下降了一半。

在 2010 年 5 月 10 日召开的中"国棉业发展高峰论坛暨国际棉花贸易洽谈会"上，中国棉纺织行业协会会长徐文英在谈及中国棉纺业发展前景时指出，我国的棉纺织产业从 2009 年的下半年尤其是最后一个季度，产业的发展开始企稳回升。"十二五"期间我们有一个目标预测，最保守估计 2015 年纱线产量将达到 3200 万吨，这个最保守估计棉花也要 1300 万吨以上，到那个时候如果国产棉花达到 900 万吨，最后可能要进口 400 万吨。这是一个预测，不是最终的。并且企业自动化水平要大幅提高，多种新型纤维混纺也将大幅度提高。

徐文英的讲话至少含有两重意思：一是我国棉纺自 2009 年底即开始企稳回升，这意味着棉纺业对棉花的需求仍旧有增无减；二是"十二五"期间，国内棉纺业对棉花需求的缺口将扩大到 400 万吨，是目前缺口的两倍。这无疑表示，棉花危机仍在延续与深化。

2010 年末，巨大的棉花需求缺口在国内棉花主产区新疆上演了一出石破天惊般的大戏，不但制造出年赚千万的棉农神话，也让投机炒家着实过足了炒棉瘾。但随后而至的棉价大跌却让棉农们难以找到答案，从而成了一个打不破的谜团。中国青年报记者采写的一篇报道近于真实在描绘了这种情况。

新闻回顾

疯狂价格让棉花产业陷僵局　棉农幻想一年赚千万

11月27日,安徽棉商周启辉已经买好了由乌鲁木齐返乡的机票。几周前棉花疯狂的价格曾让他亢奋,但此时,他可以选择的,只有"尽快远离这个看不懂的过山车"。

来自国家发改委的数据显示,最近两周,国内棉花价格跌幅达到23.6%,新疆产棉区奎屯、阿克苏地区的籽棉价格从最高时的14元/公斤急速跌至10元以下,且还有继续下跌的趋势。

周启辉们想知道,究竟什么让棉价如此"疯狂"。周启辉和几个南方棉商在宾馆玩了几天"斗地主"后,决定不玩了,回家。原因是现在棉纺企业也都在持币观望,不会轻易购进,即便低价收到了棉花也出不了手。

对棉花产业链上各个环节的投资者来说,搞不清楚的是,谁让棉价疯狂地画下了一道诡异的弧线?

种棉花,一年种出千万富翁

周启辉认为自己是幸运的,"由于经济实力有限,我手头一点囤货都没有。价格好的时候,收棉花都来不及。有多少,内地棉企要多少,现在看来没存货反倒成了好事。"

但不是所有人都和周启辉一样幸运。阿克苏种棉农户陈军家里目前还囤积着4000多公斤的籽棉,"价格高的时候想等着再涨涨,现在跌了这么多,更卖不出去了。也许,棉价过几天又能涨回去了。"

事实上,在棉价出现"拐点"之前,新疆多数棉农已经高价把棉花卖出。所以近期棉价下跌,对棉农的影响并不大。10月下旬,棉价就以不可思议的速度一路飙涨。尽管国家连续两次抛售国储棉,并购买了不少进口棉,但只起到短暂回调的作用,无法抑制棉价的上涨势头。

第一章 棉花产业危机四伏
mian hua chan ye wei ji si fu

南疆地区长绒棉的收购价接近疯狂的 14 元/公斤，陆地棉也在 13 元左右徘徊，一个具有对比意义的数据是，去年棉花的平均收购价不到每公斤 7 元。

"今年这已经是天价了。我家三辈人种棉花，都没遇到过这样的价格。"阿克苏沙雅县塔里木乡的棉花种植大户于力说。尽管今年的气候对棉花产量有影响，但翻了一番的价格还是让大家尝到了甜头。

于力有 4000 亩棉花地，每亩棉田成本在 1500 元左右。按亩产 400 公斤、每公斤 11 元的棉价计算，每亩产出 4400 元，"除去成本，每亩地净利润 2900 元左右，今年能赚 1100 万元以上。"于力说。

沙雅县当地农业局一名干部说："种棉花，一年种出千万富翁，谁敢说这不是历史上最好的收成？"

据了解，沙雅县所在的阿克苏地区，约有 450 万亩棉田，保守按照 12 元/公斤的收购价、亩产 300 公斤计算，今年将产生 162 亿元的产值，扣除每亩 1500 元的成本，今年棉花大概能为阿克苏地区贡献 94.5 亿元。

11 月 25 日，奎屯 129 团的刘红霞说："听说棉价已经掉到每公斤 7 元多了，我们也不知道是不是真的。"对刘红霞来说，真假已经不再重要，前期采摘的棉花绝大部分已经出手，只剩下很少的存量。"今年棉农没有多少惜售的，当时这么好的价钱，大家都怕跌下来。涨得有些离奇了。"

刘红霞家今年种了 89.49 亩地的棉花，籽棉产量 30 多吨。"今年都是在每公斤 8 元至 10 元之间卖出去的。刘红霞说，"往年卖籽棉，最低的时候每公斤也就 4.5 元，7 元是最高的，今年这个价格已经是奇迹了。"

10 月，棉花主产区成为棉商们角逐的热土，从南疆的阿克苏、喀什，到北疆的奎屯、石河子，来自内地的棉商们通过各路关系寻找棉花，导致酒店爆满，当四面八方的棉商沿着兰新铁路蜂拥而来时，棉花价格开始节节攀升。

据不完全统计，今年9月至10月，仅前往阿克苏市买棉的温州商人，就超过两万。阿克苏是全国重要的优质棉生产基地，新疆重要的棉花交易集散地、轻纺工业聚集地，有"中国棉都"和"中国长绒棉之乡"之称。其棉花产量占全国的1/8，长绒棉占全国总产量的93%。

11月10日，新疆质监系统召开紧急视频会议，提出6条措施，确保新年度新疆棉花不出现严重质量问题。原因是棉花价格疯涨，无资质企业大量收购现象突出，企业抬价抢购、跨地区抢购情况严重，出现收购超水棉和不挑拣异性纤维现象……

离奇的棉花高价，让新疆很多棉农发财，阿克苏和库尔勒地区，甚至可以看到棉农驾驶宝马车到田间卖棉花的景象。但新疆部分兵团农户因为与团场有年初的定价合同，必须按照国家统一定价完成收购，无法享受今年棉花市场高价位带来的财富机会。

新疆生产建设兵团农八师某团种棉大户王光辉透露，今年的棉花统一收购价在8.5元/公斤左右。他算了一笔账，自己今年承包了500亩棉田，预估总产量最低是150吨，按照"统一定价"8.5元/公斤计算，他可以拿到120多万元，但按照市场价12元/公斤计算，他可以拿到180多万元，差价足足有60万元。

疯狂的棉价让棉花产业链陷入僵局

11月8日，国家发改委等7部门下发紧急通知，提出6项措施，维护棉花市场秩序。通知要求，有关部门要加强棉花市场的质量监管，重点加强对农村棉花经纪人的管理，严肃查处扰乱市场秩序和不履行质量义务的违法行为。在业界看来，央行近期再度上调银行存款准备金率，形成了强烈的收缩流动性的预期，使得之前疯狂的棉花市场受到抑制，棉价出现回落态势。

11月11日，棉花期货行情急转直下，这天也成为今年棉价的一个重要"拐点"。郑州商品交易所棉花期货主力1105合约从当天起连续大跌，11月18日的结算价只有26955元/吨，而此前最高报价为11月10

日的33720元/吨，每吨跌了近7000元。

一天之后，新疆棉花现货市场价格也跟着快速下降，价格从最高32000元/吨左右跌至27000元/吨。随后，价格一路下滑。库尔勒市胜利棉业有限公司董事长张胜利说："几乎是一天一个价，不是往上走，是向下跌。"

棉商周启辉说，在棉价持续下跌的情况下，奎屯、阿克苏许多棉花企业开始减少购进甚至停产，而纺织企业的悲观情绪较浓，不愿购进新皮棉。

新棉集团董事长魏高成认为，国内棉花市场出现高位，导致棉花企业经营风险不断增加。

此前凶猛的棉价正在让新疆棉花产业链陷入僵局。"暴涨时籽棉价格居高不下，棉花加工企业不敢大量进货，即使生产出来皮棉，也没有棉纺企业敢接盘。"石河子地区最大的皮棉销售公司、新疆西部银力棉业（集团）副总经理洪平表示，涨价时，棉花贩子和加工厂的价格"喊得高"，但实际上多数"有价无市"，敢于大笔进货的棉纺企业很少。目前价格下跌，大多数企业都面临亏本危险，因此都持观望态度。

新疆乌苏银翔棉业责任有限公司一陈姓工作人员告诉记者，对于棉花加工企业来说，棉花价格波动太大，企业承担的风险也会随之加大。今年该公司需要12000吨籽棉，但目前只进货8000吨，尚有4000吨缺口。据了解，该公司是在每公斤9.7元左右时买进的。近来棉花掉价，"目前还有1000多吨皮棉和4000多吨籽棉没有卖出去。"她坦言，"现在棉花掉价这么快，要想在保证利润的前提下将棉花卖出去很难。我们先观望一阵再说。"

新疆碟王针织有限公司业务主办贾志疆告诉记者，由于近期棉花开始掉价，他们公司主要是通过减产力争保平、保市场份额。"往年套装做10万套，今年就做了不到一半。棉花涨价对企业生产和销售影响都很大。企业规避风险的最好办法就是减产，但总不能每年都减产吧！"

贾志疆说，"1992年有过一次棉花涨价，但很快就刹车了。今年涨价只能用'离谱'来形容，速度快、周期短，我记得棉花价格曾经在一天就每吨涨了4000多元。""现在按成本算，棉花每吨大概低了3000多元，纱线价格每吨减少1000多元。"他坦言，棉花涨价，作为下游企业来说，就是"被涨价"。

"棉价长期处于偏低状态，适时补涨，棉农受益，以后种植面积和质量才能提升。我们只是希望它平稳地涨，别涨得莫名其妙。"阿克苏一家大型棉企负责人表示，"大涨之后必有大跌。如果支撑棉价的游资突然撤场，导致棉价暴跌，这无论对纺织业，对棉农，还是对我们国家，都是灾难。"由于该公司前期收购量较大，虽然采取快进快出的销售策略，但还是有部分皮棉未能及时出手，亏损了一部分。"虽然价格下跌了，但后市走势不明，谁敢贸然下手大量进货？"该负责人说。

对于后市，部分棉花加工企业负责人保持谨慎乐观："皮棉的加工成本每吨高达两万五六千元，况且现在棉花仍属短缺品，成本价在那儿放着，即使跌也跌不到哪儿去，最多跌到成本价。"石河子一家浙商控股的棉企负责人认为，棉价还会回升，28000元/吨是他的心理价位。

资本围堵棉花

2010年棉花市场的疯狂，实际上早有预兆。

8月12日，美国农业部公布棉花供需预测，全球2010/11年棉花年末库存减少至4561万包（1包为500磅），消费量则从1.197亿包上调至1.2087亿包。当低库存量遇到高消费量时，市场会发生什么？此前一潭死水的国际棉花期货市场开始亢奋。

9月13日，中国棉花协会二届三次常务理事会上，新棉集团董事长魏高成分析新疆本年度棉花形势时表示："综合国内外市场行情，普遍认为国际市场有望稳中偏强，国内市场将保持高位……"

阿克苏沙雅县棉花种植大户于力记得，8月份，棉花刚刚结桃时，自己的棉田里就来过一帮专程来看棉花的浙江人。这些传说中的"浙江期货大户"在打听完自己地里的产量后告诉他："今年你会发大财。"之后不久，于力和他周围的棉农们发现自己真的掉进了钱堆里。

8月到10月，郑州期货交易所的棉花期货价格从不到17000元/吨暴涨至近34000元/吨。"多种原因造成棉价疯涨，除种植面积减少外，主要是由于今年的气温偏低，加之遭遇冰雪灾害，产量下降几乎成了定局。"新疆农八师石河子市经济委员会（工业局）主任宋云凤说。每年8月至新棉上市，正好是棉花供应的"真空期"，从往年的情况看，这段时间民间资本都会有所动作，棉价波动也较为频繁。此外，生产大国印度可能限制棉花出口等消息，也加剧了棉花炒作。"应该是多种因素叠加的效果。"

新棉集团一名不愿透露姓名的人士表示，棉价疯狂的关键一环是"棉花收购（籽棉）——棉花加工销售（皮棉）"环节，各路资本围追堵截，加之相关部门准备不足，从而造成棉花疯狂。

这位负责人说，受减产和气候影响，国际国内棉花供需有很大缺口，这个信息年初就在业内流传。在这位负责人眼中，此前被屡屡诟病的"社会游资搅乱棉花市场"，只是表象。年初，国内一些财大气粗的纺织巨头就已经开始囤积棉花，"当然是因为担心棉价上涨而提前进原料。但他们拥有的资金量惊人，足以搅动市场价格走向……"

中棉协8月行业预告中描述："大中型企业目前库存十分充裕，有的大型纺织企业存有6个月的用棉量。"而以往两年，他们的库存甚至不足1个月用量。之后是江浙一带游资进入市场，棉花收购期间，新疆各地随处可见前来收购棉花的江浙商人，甚至有人扛着麻袋到田间收购。

一场击鼓传花的游戏开始，棉花种植（棉农）——棉花收购（籽棉）——棉花加工销售（皮棉）——棉花纺织——服装制造……价格被一点点抬高。一个制造高价的链条开始形成，各种有利于涨价的真假消息被有意无意地投放到市场中。没有人相信，那朵被不断传送的"棉花",会停留在自己的手中。

10月29日,国家发改委等7部委联合下发紧急通知,以空前严厉的态度宣布要严厉查处"恶意囤积、哄抬价格"行为。11月8日,7部门再次紧急下发通知,提出6项措施维护棉花市场秩序。

"棉价是否背离了真正价值,背离了多大,原因是什么,这些问题企业心里没底,急需政府给个明确的信号。"石河子一家棉企负责人表示,今年棉价最疯狂的时候,各路消息满天飞,让人难辨真假,这给一些利益团体提供了炒作的机会。当时,很多不堪重负的棉企向行业协会频频"求援",希望政府在第一时间统一发布棉花市场的统计数据,防止个别资本借机炒作。(《中国青年报》2010年12月3日,记者刘冰)

对此,徐文英在2011年3月的中棉行协第四届二次理事扩大会上的讲话中解释说,棉花价格爆涨是供需矛盾的反映和炒作的结果,低棉价时期已经过去。棉花价格疯狂上涨一方面是后经济危机时期中国经济强劲恢复性增长的反映,同时也是流动性过剩、通货膨胀压力增大导致的物价上升的结果。但是棉花在种植、采摘、皮棉加工、纺纱以及棉花进口等方面都存在着值得研究探讨的问题。而由于棉花产量不能满足棉纺工业需求,鼓励农民种棉积极性是政府当务之急。

客观地说,棉纺业探底企稳,棉纺产品出口占据国际市场的主动权,需求不断扩大对国内棉产业各个环节来说都是一件不容置疑的好事。然而,任何事情都存在坏的一个方面。作一个不太恰当的比喻,一个饿坏了的人,一旦吃了过量的食物难免会胃肠不舒服。所以,棉纺业的复苏亦要兼顾整个产业链占国民经济的比重以及如何促进产业链健康平稳持久地发展。以达到国内经济运行体系的和谐与稳定。所以,棉纺业的发展要兼顾全局,也要和谐发展。局部过热与局部过冷都不符合和谐经济的要求。

2011年3月8日,《农民日报》发表了一篇关于棉产业市场秩序的文章。文章指出,加入世贸组织以来,我国棉花产业快速发展,棉花总

产、单产和播种面积均呈增长趋势，但同时棉花生产剧烈波动，价格大起大落，进口大幅增加。今后相当长一个时期内，我国棉花产业仍将保持"大进大出"格局。产业健康发展需要稳定的市场环境，纺织行业必须转变发展方式。

而如何转变却是一个值得深入探讨的问题。棉产业正在经历前所未有的震荡，安全边际成了一个困扰专家们的重大课题。

棉产业危机考量创新管理

通俗一点来说，不仅仅是棉价，对所有的商品来说暴涨暴跌都不是一件值得庆幸的事。如同一个人暴饮暴食，过后必定会产生不良后果。棉价的潮起潮落带来的不仅是棉花产供销方面的剧变，也会影响到其他产业的平衡与稳定发展，进而对整个社会经济运行带来扰动。这个现象不难理解，比如本次金融危机的导火索就是美国的次贷危机，过度开发房地产业。而房地产业是一个可以拉动上下游几百个行业的产业，发生变故必然会产生连锁反应。一旦出现问题，就不是一个小问题。而棉产业亦是如此，关系着数千万人口的生计与可持续发展，也对上下游产业具有极强的影响力。

棉价高企，以及随之而来的大跌，受困扰最严重的首先是棉纺企业。首当其冲的当属实力不强的中小型民营企业，居高不下的成本让这些企业无米下锅，而随棉价上升的棉纺品也倍受市场冷落，许多企业根本拿不到订单。而随后的棉价大跌也让棉纺企业在未出成品之前即饱受亏损的煎熬。2011年年初的一篇报道描绘了这种情形。

新闻回顾

棉纺市场患"肠梗阻":纺织企业危机四伏

危机四伏

静静的办公室,几只苍蝇飞过。张德江目随手挥,拍落处,时有飞蝇毙命。而这,似乎成了这位民营纺企老板当下的主要工作。在夏津县南城镇政府的报表上,瑞泰纺织有限公司前4个月的产值是2100万元,虽然这距离其实际生产能力差了700万,但多半仍只是停留账面上的金额,张德江手中已经没有一份订单。

把棉花纺成纱,目前的意义只是改变了库存的形态。"五一"期间,瑞泰公司给工人们放了十天长假,建厂十多年,这是第一次。

在夏津纺织行业,瑞泰一直被认为是比较稳健的生产者,许多企业产品库存都出现严重积压。放眼全国,悲观情绪正从南到北蔓延开来。

山东省纺织工业协会会长夏志林说,由于原料市场前所未有的巨大波动,全省棉纺企业,尤其中小企业深受影响,困难重重,部分企业已处于停产、限产状态。

夏津县一些老板陆续收到南方传来的信息,那里停产的纺企试图将设备转卖过来。而在北方的纺织大市石家庄,有业内人士估计,其停限产纺企达到三成。

有价无市

常逛服装店的人大概会发现,市场上的纯棉衣服越来越少见,而且价格不菲。在夏津县家庭号商厦,当尹勤祖拿起一件纯棉背心时,上面的价签吓了他一跳——17元,他放弃了购买。让这位县中小企业局副局长有些不解的是,目前的棉花价格还在"跌跌不休"。

尹勤祖手中有一份5月5日的资料,上面所列的籽棉价格为4.8元/斤。这其实已成"老黄历",5月20日,当地籽棉价格已落至4元,

"几乎一天一个价"。

如果将从春节到现在的棉花价格画出一条曲线的话，会形成一个陡峭的坡度，如同跌落的瀑布。

棉价越跌人气越弱。"现在我们还有400万的流动资金，但是不敢买。"张德江说。随棉价下跌的，是棉纱价格，这周买来的原料，如果按下周的订单价生产，很可能就赔钱了。

张德江手里还有不少去年价格飞涨时收来的棉花，棉价每报跌一次，就如同往他心里又塞进一块石头，这意味着会亏损更多。偶尔一两个订单，他也不敢接，客户压价太厉害，赔不起。

亏损还不是瑞泰老板最担忧的。经营企业十多年，风风雨雨没少经历，亏盈寻常事。"要命的是市场不正常，不流动，害了'肠梗阻'，一潭死水。"张德江说。

在这个"有价无市"的市场里，下游服装厂商不敢放单，上游纺织商也不敢接单。

无奈的等待

产品没人要，还要坚持生产，长时间停产会对纺织设备带来很大损害，更重要的是工人遣散之后，再想招集就麻烦了。

纺织企业的员工以年轻女性为主，在夏津，她们一个月一般能拿到2000元左右。相比之下，当地一个工作三四年的公务员，月工资约为1200元。

即使付出了不错的报酬，纺织企业还是时常为招工难困扰。瑞泰公司的人手一直比较紧张。

德州恒华纺织有限公司总经理范书贞说，赶上农忙时节，车间人手紧张，一些想请假的工人会遭到拒绝，但还是有人不辞而别。这些消失几天重又现身的女孩，知道自己不会丢掉饭碗，这个企业辞退了，很快就会有另一个企业抢着雇用。今年春节后，恒华公司又给工人增加了10%到20%的工资。

用工成本增加，是纺织企业目前遭遇的困难之一。再加上人民币升值因素，国内纺织产品国际竞争力被削弱。

巴基斯坦、印度、越南，这些纺织产业新兴国家的名字，现在常常出现在夏津纺企经营者的口中。那里劳动力成本更低廉，尤其在中低端纺织产品上，竞争力日渐增强，不断扩大国际纺织品市场份额。在张德江关注的春季广交会上，来自国外的服装纺织订单大幅减少。

夏志林分析，在经历了金融危机引发的消费需求急剧下滑之后，欧美纺织服装行业去年开始面临一个补库过程，由此带动纺织品销售回暖，今年其补库完成，需求也随之减弱。

另一个重大利空因素，是纺织服装出口退税率大幅下调的传闻。目前国内纺织行业平均销售利润率在5%左右，由17%降至11%的出口退税将对企业产生很大冲击。担忧中国纺织品会因成本增加提高报价，使得众多国外客户选择持单观望。

外单少得可怜，内需容量有限，漫漫长夜何时终了

张德江把电话打到中国纺织协会，同样没有答案。他现在所能做的，就是把手里的棉花纺完，余下的就是等待了。（《大众日报》2011年5月24日）

报道中的情形虽然仅是主产区棉产业的一个局部现象或者说个别企业的问题，但却也可以说明棉产业的危机其实已经很严重了。棉价成了悬在许多棉纺企业头上的一把利剑，也为棉纺业带来了巨大的风险。高棉价推高的棉纺品价格也增加了终端消费者的负担，让普通百姓的生活成本在高企的棉价以及不断膨胀的CPI中一路狂飙。

为了探讨如何有效规避棉价大幅波动产生的风险，由经济之声和金鹏期货主办的"2011棉花产业高峰论坛"早在4月20号即在青岛举行。据记者报道，这次举办"2011棉花产业高峰论坛"的主要目的是为公司企业客户和投资者提供棉花第一手数据资料。金鹏期货曾多次到产棉区进行实地考察，对棉花种植、生产、加工和交易的全过程都做到

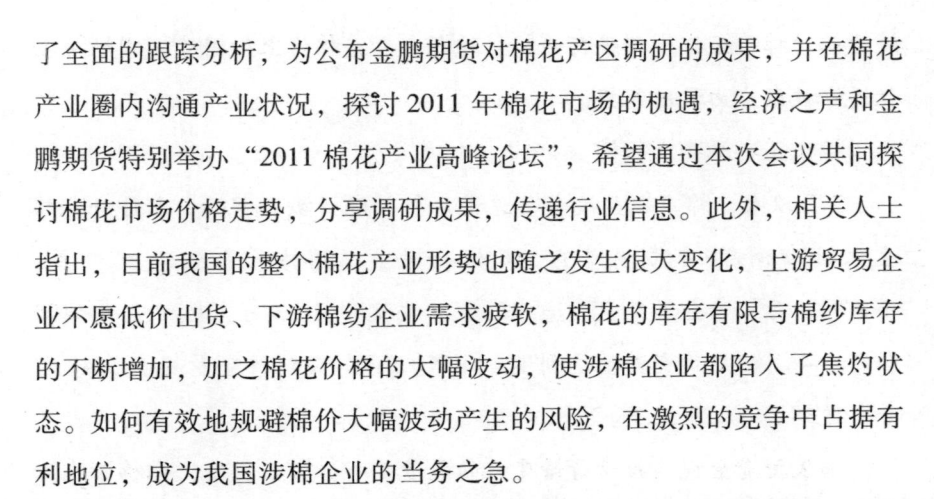

了全面的跟踪分析，为公布金鹏期货对棉花产区调研的成果，并在棉花产业圈内沟通产业状况，探讨2011年棉花市场的机遇，经济之声和金鹏期货特别举办"2011棉花产业高峰论坛"，希望通过本次会议共同探讨棉花市场价格走势，分享调研成果，传递行业信息。此外，相关人士指出，目前我国的整个棉花产业形势也随之发生很大变化，上游贸易企业不愿低价出货、下游棉纺企业需求疲软，棉花的库存有限与棉纱库存的不断增加，加之棉花价格的大幅波动，使涉棉企业都陷入了焦灼状态。如何有效地规避棉价大幅波动产生的风险，在激烈的竞争中占据有利地位，成为我国涉棉企业的当务之急。

2月中旬以来，由于货币政策由适度宽松已调整为稳健政策，加上国内外市场因素综合影响，棉花价格出现了暴跌。棉花期货也面临了近三个月的下跌调整。郑棉1109合约今天虽然高开低走，但仍报收28715点，下跌0.88%。有市场人士预计，未来五个月市场行情还可能存在暴跌暴涨。应该做到去伪存真地分析市场供求平衡。

可以说论坛取得的一个积极成果就是，在如何规避棉价巨幅波动带来的风险上，提出了一个可供涉棉企业选择的可以规避风险的套期保值期货业务。

而此时的棉花价格仍旧未见跌到谷底的迹象，棉纺企业为此忧心忡忡。而棉花期市的反映却是波谲云诡令人如同雾里看花。《期货日报》的一篇文章足见棉花市场与现货市场的这种矛盾。

新闻回顾

棉花压力重重　向下寻底

自2011年3月至今，资金持续流向棉花期市，市场对棉价的走向预期分歧也越来越大。下面笔者从资金、政策、需求、天气和时间因素等方面对棉价后期走势进行分析。综合来看，棉价上行困难，市场主动权逐渐被做空力量所掌握。

棉市正在孕育大行情

3月以来，棉市日益被资金追逐。相关统计数据显示，3月份郑棉主力1109合约日均交易量为184.66万手，日均持仓量为36.43万手，而进入4月，资金继续呈现流入迹象，截至4月22日，郑棉主力1109合约在4月的日均交易量达到了190.90万手，日均持仓量超过了40万手，达到了40.29万手。

如果把资金视为推动行情变化的能量之一，可以推断，郑棉正在酝酿一波大行情。从今年2月底开始，资金持续流入棉市，市场多空对峙严重，双方持续加码来表明自己对于后市的判断。估计随着进入5月份棉价运行方向的明朗，棉市可能会出现一波单边行情。

防控通胀紧缩政策不利于棉价上涨

从一季度宏观经济数据来看，在之前持续紧缩政策压力下，经济增速并没有出现明显放缓，通胀压力仍在增强，"控通胀"势必成为国家调控政策的重中之重。4月份，国家继续加息和上调存款准备金率，减少市场流动资金，抑制严峻的通胀，当前紧缩的货币政策还处于进程当中，并没有发展到紧缩进程的末期。除此之外，国家发改委通过"约谈"32家行业协会，干预价格上涨，减缓通胀压力。

这从侧面也反映出，当前的通胀形势十分严峻，紧缩的货币政策和其他干预手段会持续下去，累积的政策打压效果会逐渐显现。对于大宗商品来讲，通胀初期有利于价格上涨，但严峻的通胀和紧缩的政策干预会抑制价格进一步走高，当前的国内政策环境显然不利于包括棉花在内的大宗商品价格继续上涨。

现货棉价持续走低 需求迟迟不见好转

4月1日，我国棉花现货价格指数（328级）在30000点之上，为

30008点,随后出现单边下跌,并很快下破30000点和29000点关口。截至4月24日,现货价格指数跌至28550点。

从棉花现货市场来看,需求迟迟不见好转,纺织企业和棉花现货企业心态开始出现变化。目前,由于棉纱销售困难,库存偏高,很多纺织企业处在亏损边缘,限产和停产开始出现。即使有的企业棉花库存偏低,但限于下游棉纱销售不佳,没有采购棉花意愿。另据了解,在棉价跌幅加大的情况下,棉企顺价销售的意愿被打破,出售被迫变得积极,而资金压力大、实力弱的企业则出现了恐慌心理,部分企业开始亏本销售,但市场成交仍没有放量。

从现货市场整体情况来看,纺企看空和棉企看多的博弈还在继续。其中,纺企在积极处理纱线库存,以"去库存化"来减少资金压力;市场中不少棉企依然在等待棉价转向,面对当前一路下跌的棉价则选择淡漠的态度对待,从其心理来看,只要纱线销售好转,纺企补库需求会非常强劲,棉花高价出售还是有机会实现的。估计5月份将召开的广交会会成为市场观察需求能否好转的重要风向标。笔者认为,人民币汇率屡创新高,纺企成本压力不断增加,国外订单向东南亚等地区转移,需求好转并不容易。

天气炒作不可持久　方向选择要看需求

从天气层面来看,美国棉花主产区出现的干旱天气增添了多头的信心。目前,美国得克萨斯州正处于棉花种植时期,且是美国重要的棉花产区,但该州东部及西南部的一些地区土壤达到了"异常干旱"程度,同时干旱天气还引发了火灾,有数十万英亩的土地被烧毁。有气象学家认为,当地旱情将持续到6月或7月。

从我国棉区来看,截至4月24日,我国棉区还没有出现持续极端天气。4月初,新疆大部分地区气温偏低,令棉花种植有所推迟,但之后气温回升较快,棉花种植进度加快。去年,我国天气异常,影响棉花种植和产量，但今年天气对棉花种植和出苗整体偏好，还没有出现持续恶劣天气。

从天气角度来看，美国得克萨斯州干旱天气的持续时间和影响程度还需观察，国内棉区天气正常，而结合郑棉以往走势，需求依然是决定价格运行方向主要因素，如果没有需求好转做为支撑，天气炒作对行情的推动作用不可持久。

棉价处于下跌通道　时间因素利于做空力量

目前，郑棉主力1109合约处于下跌通道中，随着时间的推进，市场做空力量将越来越主动。

在郑棉1109合约交割之前，国内棉市供应的确紧张，如果真的遇到需求旺盛，市场供不应求的格局肯定会提振棉价。但截至4月底，市场需求仍不旺，棉价上涨的时间空间越来越小了。

从棉市购销规律来看，往年3~4月份本应是纺企销售旺季，但今年的销售持续低迷。5月份，在广交会上纺企将会签订下半年的订单，从广交会窗口可以观察出需求能否发生好转。如果成交一般或者成交偏弱，棉价将会因需求不济而重挫。

从棉农销售情况来看，往年的4月底5月初，棉农手中棉花基本销售完毕。但今年棉价起伏较大，很多棉农无所适从，找不准出售时机。截至4月底，山东德州地区棉农还有四分之一的棉花没有出售，其他地区情况类似，如果5月份行情不乐观，棉农就要忍痛抛售，这也会增加棉价下跌的压力。

从5月份开始，澳大利亚棉花开始装运，巴西棉花7月份也将开始装运。从出口量来看，澳大利亚出口量预计为120万包，巴西出口量预计在274万包，虽然这些和美国1326万包的出口数量不是一个数量级，但在需求不旺的背景下，这两个国家的出口足以成为扮演"压垮骆驼的稻草"的角色，美棉和国内棉价将承压下落。

综上所述，促使棉价下行的力量较为庞大，棉价还将向下寻底。

(《期货日报》2011年4月26日)

  与此文的观点差不多，中国证券网于2011年7月7日发表的一篇报道则指出，基于棉纺类企业手中的棉纱和坯布库存，预计棉花价格将进一步走低。如果气候正常，2011年9月1日到2012年3月31日收储前后价格出现底部，价格在1.9~2万/吨；如果天气不好，可能会在2万元/吨以上。从国内的纺织业形势看，不能轻易说是否到位，虽然说国家出台了临时收储制度，收储价是19800元/吨，9月1日开始执行。按道理讲，2万元/吨的价格是保护价，在这个价位上国家会敞口来收。按这种概念看，不应该跌破2万元/吨。但是由于棉花是农产品，在集中收储期时会大量上市，如果资金链不断，可能会维持在每吨2万元上下横盘，宽幅震荡；如果资金链断，可能会打破2万元，1.9万元或1.8万元都可能出现。收储时间是11年9月1日到12年3月31日，收储后是怎样的走势，整个产业也不是很乐观。很可能的是收储时2万元/吨，大量收到库里，而国内的纺织厂用外棉，因为收储后，国际棉花价格可能低于收储价。

  这些报道大体上反映出期货市场的预期与现货市场的困局。纺企的看空与棉企等待棉价的转向成了一道独特的风景，而年内棉花上市价格尚不能确定，因而事实上，现货市场的拐点尚未出现。而投行的分析报告则客观地分析了棉花危机的原因与现状。

中信建投棉花报告

继续去库存　棉花短期积重难返

一、行情回顾

2011年上半年棉花市场的牛熊转换

  今年上半年国内外棉花市场走势跌宕起伏。2010年下半年棉价以及纱线价格大幅上涨，这给纺企带来了巨额的利润。由于2010~2011

棉花年度减产预期深入人心，春节前纺企仍然乐观补仓，这使得深幅回调后的棉价再次推高，1109合约甚至突破前期高点，最高达到34870元/吨。春节后市场焦点开始转移到下年度的植棉面积的预测，连续三年减产以及上年度疯狂飙涨到棉价无疑促成植棉面积的扩大，至此，棉价在增产预期下开始逐步回落。由于前期棉价的大幅波动使得棉纺企所面临的风险加大，难以实现利润锁定，致使春节后下游纺企接单更为谨慎，第109届广交会上的数据显示，国内接单80%以上为短单，纺企库存积压情况愈演愈烈。而国家将"控通胀"提至首要目标，从2010年1月以来，央行上调了12次银行准备金率和4次基准存贷款利率，货币紧缩政策对市场的影响也逐渐显现，棉纺企资金面的困难加重，停限产情况不断发生，棉花市场开始了漫长的去库存的过程。5、6月份，棉价下探至成本线附近，暂时获得支撑，开始弱势盘整等待下游产品库存的消化。

二、宏观简析

1. 美国"经济温和复苏，比预期的慢"

2011年6月21日至22日，美联储公开市场委员会召开了议息会议。美联储执行的第二轮量化宽松的货币政策会按既定计划于6月底结束，仍继续维持把机构债务和抵押支持证券收回的本金再投资于长期国债的现有政策，并维持极低的利率水平。近两个月美国经济数据走软，这会推迟美联储收紧宽松货币政策的时间，目前来看，美联储加息最早要到明年。与一个季度以前的市场预期相比，美国经济复苏的情况明显低于预期；在QE2的货币幻觉下，美国失业率虽然降到了一个相对低点，但缺乏进一步下降的动力，即使继续宽松的货币政策对此也无能为力。值得特别注意的是，美联储调高了对核心通胀率的预测，将今年的核心通胀水平从1月的1~1.3%上调至4月的1.3%~1.6%，现在又上调到1.5%~1.8%。核心通胀率超预期上升值得重视，如果只是暂

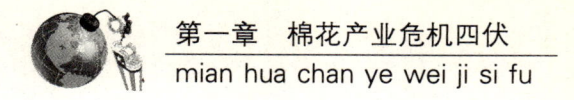

时性因素影响,那么不用担心,而如果上升势头具有持续性,那么会影响到货币政策收紧的时点。

2. 欧债危机越演愈烈

目前,希腊债务问题愈演愈烈,投资者非常担忧其债务违约情况。6月13日,标准普尔公司将希腊主权信用评级降至全球最低的CCC。14日,欧元区成员国财政部长在布鲁塞尔召开紧急会议,商讨针对希腊债务的新一轮救援问题,但由于各方在私人投资者如何参与新一轮救助相关问题上存在严重分歧,最后谈判没能取得任何实质性进展。以德国为代表的一方建议让债券持有人承担希腊新救援计划的部分成本,欧洲央行则声称这样的举动可能导致希腊债务违约,最终各方无果而终,希腊获得外部救援的希望暂时落空。而更为糟糕的是,在随后的15日,希腊国内新一轮财政紧缩计划遭遇民众强烈反对,雅典当天爆发了数万人的大罢工,抗议政府提高税收、削减开支以及出售国有资产,并发生暴力冲突,同时反对党要求总理帕潘德里欧下台,这将导致希腊财政紧缩计划陷入迟滞,执行的速度无疑将会相当缓慢,无法对债务问题的解决提供足够有效的帮助。同日,另一评级机构穆迪宣布下调法国3家大型银行的评级展望至负面,理由是"存在和希腊国债有关的业务"。至此,欧债危机的演化令投资者大失所望。目前欧盟和欧元区对希腊的态度处于徘徊阶段,德国的表态将起到关键的作用。欧美市场受到欧债危机事件的波及,全球市场避险情绪因此上升,国际大宗商品市场和欧美股市明显走弱。我们认为,欧元区没有就希腊债务问题达成任何救助协议令投资者大为失望;此外,法国、德国施压称,将退出欧元区,投资者预计欧债危机近期内难以有效解决,混乱的局势很可能持续。

3. 国内通胀可控,经济不会出现大的波动

温家宝总理在6月23日的英国《金融时报》上发表署名文章指出:

"从2010年1月以来，银行准备金率和基准存贷款利率分别上调了12次和4次。货币和信贷供应因此恢复到了正常水平。"通胀处于可控状态，猪肉和粮食价格持续上涨将对未来通胀形成压力。食品价格继续看涨，将继续主导CPI波动。猪肉价格继续看涨，国内粮食价格将进入上升通道，呈持续上涨、周期性波动趋势。6月份国内CPI或继续走高，预计2011年下半年通胀虽仍然较高但基本处于可控状态。总体来看，通货膨胀虽然在下半年有所缓解，但仍然处于高位，并不会构成政策转向的理由。央行政策目标不会发生转移，紧缩的货币政策将持续至年底。央行的货币政策取决于央行对于国内经济增长与就业以及总体价格水平的评估。未来宏观总体特征是经济增长小幅回落，通胀6月见顶，但全年都处于容忍度以上的水平。今年中消费增速略有下滑但不用担忧，投资增速接近去年，保障房拉动作用明显，出口很可能超预期，带动出口导向行业。因此，我们认为今年经济增长无忧，经济出现大幅回落的可能性极小，增长小幅回落不会导致大范围失业。因此央行政策目标不会发生转移，紧缩的货币政策将持续至年底。就具体的货币政策而言，我们认为当前情况下，存款准备金率上调的必要性下降，3年期央票作为深度对冲工具的综合考虑优于存款准备金。加息短线抗通胀，中线扭转负利率，今年仍将有1~2次加息。

三、供给因素

1. 2010~2011年度全球棉花产量略有上升，我国棉花产量进一步减少

国家统计局2月28日公布，2010年全国植棉面积7275万亩，同比下降2%；棉花总产量597万吨，较上年减产6.3%。而根据中国棉花信息网调查显示，2010年全国棉花种植面积7702万亩，预计总产625万吨。而美国农业部4月份的报告显示，中国2010年的产量为642.3万吨。虽然各机构统计上略有差异，但可以看出2010年我国棉花产量较去年仍有小幅减少，这已经是自2008年以来连续第三年减产。2010/11

年度全球棉花产量为 2493.6 万吨，较上一年度略有增加，库存消费比仍然保持在 37%。

2. 2011~2012 年度植棉面积增加

2010 年度棉花价格大幅上涨是刺激种棉意向回升的主要原因，高利益有利于植棉面积的扩大。中国棉花信息网于 2011 年 5 月底对 13 个省的调查显示，预计 2011 年度棉花种植面积 8134 万亩，同比 2010 年度调查数据增加 432 万亩，增幅 5.6%。发改委在 3 月 5 日公布的《关于 2010 年国民经济和社会发展计划执行情况与 2011 年国民经济和社会发展计划草案的报告》中指出，今年要强化价格调控监管，保持物价总水平基本稳定，并力争棉花产量 680 万吨，比上年增长 13.9%。棉花价格的不稳定以及种棉费时费工等因素仍将成为制约棉花种植意向的因素。

2010~2011 年度，受益于 2010 年棉价的上涨，全球植棉面积有所扩张，产量也将出现回升。据 6 月 30 日美国农业部最新报告显示，新年度美棉实际种植面积 1373 万英亩，同比增 25%，高于前一次预计的 14.5% 的增幅。其中陆地棉和皮马棉分别为 1344 和 29 万英亩。印度方面，据印度棉花咨询委员会估计，2010~2011 年度印度国内棉花种植面积将在 2009~2010 年度 1017 万公顷的基础上上浮 10% 左右，继续走高。2011 年，各大机构对于全国植棉面积扩张幅度的预测集中在 5% 至 8% 之间。

6 月 10 日，美国农业部发布了最新一期全球棉花供需预测月报，本期报告主要调高了 2011~2012 年度的全球棉花期初库存，调低了美国棉花产量和中国的消费量。中国的消费量下调了 10.9 万吨，这是由于近期进口放缓显示现在及新年度早期需求的下滑。美棉产量下调了 21.8 万吨，为 370.1 万吨，主要是考虑到因严重干旱导致的西南棉区的绝收率上升。随着供应量和全球进口量的下调，美国出口也调减了

10.9万吨,为283万吨。库存消费比为15%,高于2010/11年度,但仍为1995/96年度以来的第二低。全球的库存消费比由上一年度的37%提升至41%。

3. 棉花进口减速

我国国内棉花产量每年在600~700万吨左右,而对棉花的需求量达到1000~1100万吨左右,因此每年都有300~400万吨棉花需要通过进口获得补充。4月份我国进口棉花21万吨,同比减少11.4万吨,减幅35.1%。1~4月,我国累计进口棉花106.2万吨,同比减少9%。截至4月份,2010棉花年度我国累计进口棉花194.7万吨,同比增长13.3%。造成这一现象的原因一方面是2010年底国内进口大幅度增加,挤占了年后进口份额。2010~2011年度我国棉花供需缺口巨大,但是大量的进口出现在新棉上市前期,说明厂家对市场的预期导致其进口已经提前,这可能意味着本棉花年度内,继续进口的数量将不如市场预期。这从美国出口数据上也能得到证实。美国陆地棉出口连续数周下降,而且陆地棉取消合同甚至已经超过了新增签约量,其中中国为首的亚洲国家是取消签约的主力。毁约率的上升意味着未来的出口数据依然不乐观。这表明在高棉价及经济增长放缓的大环境下,市场预期的需求可能不能转换为实际需求。

4. 临时收储政策

3月30日,发改委、财政部等多部门发布的《2011年度棉花临时收储预案》称,为稳定棉花生产、经营者和用棉企业市场预期,保护棉农利益,保证市场供应,决定从2011年度开始实行棉花临时收储制度。该预案的棉花主产区为天津、河北、山西、江苏、安徽、江西、山东、河南、湖北、湖南、陕西、甘肃、新疆13省。2011年度棉花临时收储价为:标准级皮棉到库价格每吨1.98万元。收储预案执行时间为2011年9月1日至2012年3月31日。此举一方面能够稳定国内棉花种植面积,并提高棉农种植棉花的积极性;另一方面也为棉价出现剧烈波动设置一道底线,即便下半年国内、国外棉花扩种等因素导致棉价下跌,国内 2011~2012 年度棉价或难跌破 19800 元/吨。

四、需求因素

1. 纱、布及服装产量

自 2010 年 10 月份纺织业景气指数达到历史次新高后,纺织行业景气指数不断下滑。5 月份景气指数逐渐接近金融危机时的水平,而据纺企反映,企业实际的悲观情绪甚至超过金融危机时的情况。从柯桥纺织总景气指数走势图中也可以看出,目前纺织行业景气程度不断下滑,而且没有见底迹象。

大起大落的棉价令企业无所适从,这从下游产品产量情况也可以看出来。根据最新数据显示,2011 年 5 月份我国纱线产量为 241.03 万吨,同比增长 8.66%,较去年同期同比增长率减少 7.39 个百分点;1~5 月份累计产量为 1096.33 万吨,较去年增加 62.41 万吨。5 月份布产量为 51.18 亿米,同比增加 13.66%,较去年同期同比增长率减少 1.84 个百分点;1~5 月份累计产布 232.65 亿米,同比减少 25.29 亿米。服装方面,5 月份产量为 20.8 亿件,同比增长 8.89%,较去年同期同比增长率减少 28.99 个百分点;1~5 月累计产量为 110.7 亿件,同比减少 6.4 亿件。

2. 纺织服装出口及内销情况

2011 上半年行业运行情况较好,纺织服装出口额和内销零售额均保持较高增长。2011 年 1~5 月我国纺织品和服装出口额取得了 26.6% 的增长;2011 年 1~5 月我国服装鞋帽、纺织品零售额增速达到 23.5%。5 月增速已出现放缓趋势,预计下半年,纺织服装出口额和内销零售额增速将放缓。纺织品服装出口增速放缓,订单出现转移。2011 年 1~5 月我国纺织品服装累计出口 888.35 亿美元,同比增长 26.55%。

出口额出现大幅度增长的主要原因是出口产品同比价格提高的幅度较大，导致出口金额的大幅度提高。但是，5月单月的出口增速相对于1月、3月和4月，增速明显放缓。

自春节后棉花价格开始回落，同时全国各地纺织及服装出口企业的订单减少。在经历了暴涨暴跌之后，许多客户选择观望市场，暂缓采购。虽然真正的需求客户还是要下单，但是在棉花大跌的背景下，多是一些小单、急单。据悉部分进出口公司的订单与棉价稳定时环比下降了8%~10%左右。第109届广交会上订单中短单再次保持了剧增的趋势，占到了全部订单的90%。这次不愿签长单的不再是采购商而是变成了供货商。在原材料成本处于高位、劳动力成本提升、人民币升值等因素的影响下，部分缺乏竞争力的纺织服装中小企业陷入关停产。外商对国内出口产品20%~30%的提价普遍难以接受，部分欧美客户已经开始缩减在华的采购量，部分低端商品将会更多从东南亚采购。由于国内劳动力成本优势逐渐减小，订单向劳动力成本更低地区转移已势不可挡。

3. 下游市场疲软，纺企纱线库存积压严重

6月初棉花价格略有企稳，但是纺织厂销售困难导致采购棉花积极性依然不高。目前纺企即使降价销售，但成交总量依然不大，成品库存消化困难。根据中国棉花信息网最新调查，5月底纺织企业纱线库存22.08天，较上月增加4.92天，库存量几乎是去年同期的3倍。为缓解棉花价格波动带来的成本风险，纺织企业继续采取拉细纱支、增加化纤用量、减少开工等方式减少棉花用量，配棉比例呈现下滑趋势。目前来看下游消费疲软格局不改，这将继续制约棉价的反弹。

五、其他影响因素

1. 下调出口退税率

市场传言，国家相关部门已通过将纺织品出口退税从16%下调至11%的决定。一旦成真，势必将很大程度上影响相关中小企业。从过

往经验看，纺织出口退税下调时间可能在7月。但一次性下调5个百分点的机会不大。因为很多纺织中小企业的出口毛利率才1~2个百分点。出口退税一旦降低至11%，它们很多就会亏本甚至关门。从目前情况看，纺织行业的各项指标都在下降，下半年出口形势依然严峻。

2009年2月，在全球经济危机的大背景下，我国纺织品服装出口退税率经历了两次调整，达到了目前的16%。2010年，在国际市场逐步恢复，以及国外采购商填补库存尺度放宽的需求下，纺织品服装出口额达到了2065.3亿美元，同比增长23.59%。不但一扫金融危机时的颓象，更创下历史新高，首次突破2000亿美元大关。另外今年1至5月我国纺织品出口仍然保持着高增速水平。从这点上看，理论上似乎确实到了该下调的时候，但是出口高增长的背后其实有相当多的因素是由于成本推动带来的价格上调，从数量上看其实增速是大幅放缓的，另外近些年服装出口增速一直慢于纺织品出口增速，其主要原因便是海外订货商订单的转移，今年随着国内人力成本的大幅攀升，订单转移也有加剧之势，在这种背景下出口退税率如果下调，对于中小出口企业来说肯定是致命的打击，价格的被迫上涨势必进一步压缩需求，引发更大的转移，当然从产业发展来看，这种阵痛却是不得不经历的，出口退税就像是一条"后路"只有把后路变窄才能让企业不停向前冲，真正花精力花成本向更高的层次发展，实现产业升级。当然在下调幅度上，逐步、小幅，给企业留出一定的时点转型，更加有利于行业的发展。

2. 天气对新年度棉花产量的影响

进入6月份强降雨使长江流域地区旱情有所缓解，有利于棉苗和现蕾生长，但强降雨同时又使部分棉花产区由干旱转变成洪涝。预计此轮强降雨将会使棉田浸泡，如果棉花根部遭雨水长期浸泡，雨后高温极容易诱发枯黄萎病变，对棉花单产将会造成拖累。美国方面，得州百年一遇的干旱天气和密西西比州洪涝灾害对现阶段美国棉花种植带来负面影响，在最后的种植期限来临前，如没有足够降雨，得州可能被迫放弃三分之一耕地，而得州和密西西比州是美国第一大和第二大棉花主产区。受此影响，6月9日，USDA美国农业部在最新公布的6月份全球棉花供需预测报告中，调减2011/12年度美国棉花产量21.8万吨，美国农业部报告利好远月合约价格，近期美国国内天气略有好转，但是仍然存在一部分绝收面积，天气的不确定性使得美国新年度棉花产量在后期可能继续被下调。

3. 人民币升值影响

人民币升值会造成外贸出口减少，进口增加，导致外贸赤字的增加或顺差的减少。人民币汇率调整造成人民币升值对那些依靠价格优势，科技含量较低的低附加值的加工型外贸企业来说，带来了很大的负面影响。人民币升值，外贸企业的报价就要比过去高许多，他们出口才能不亏本，但是报价高了，这些企业出口产品在价格上的优势就不明显了。特别是纺织品行业，目前中国的纺织品出口额占到出口商品总额的20%左右，现在世界各地基本上都能买到"中国制造"的衣物、鞋帽等纺织品，在对外贸易中的地位也非常重要。目前纺织品行业约有70%~80%的企业均为一些作坊型的中小民营企业。这些低附加值的产品利润较低，报价值也低，如果人民币升值5%~6%，这些企业要么是赔本赚吆喝，要么就是关门倒闭。

国家外汇管理局在公布的2010年年报中表示，要继续对热钱保持高压打击态势，同时又表示稳步推进资本项目可兑换，逐步增强人民币汇率弹性。人民币仍将面临升值压力，升值速度可能因应输入型通胀压力和美元对其他主要货币汇率的变动而变化，但人民币对美元不大可能一次性显著升值。即便如此，这对纺织服装行业的去库存需求显然不利。

六、后市展望

时至年中,从2010年下半年开始启动的棉花行情开始有别于往年较为平稳的状况,波澜起伏的行情走势已成常态。今年上半年市场的焦点已从产量问题转至下游对高棉价的消化顺畅方面。5月底的数据显示,目前纱线企业库存继续增加,库存消化缓慢。7、8月份开始,棉花的生长状况对产量的影响又将重回市场视线。若天气状况良好,在植棉面积增加的情况下,增产将成必然,棉价难以大幅冲高;而如果天气状况不利于棉花生长,在库存压力消失时减产或成为一剂引导棉价上行的强心针。另外,由于我国的服装纺织行业的发展对出口贸易依赖较重,因此,欧美等作为我国服装纺织品的主要进口国的经济复苏状况也对行业景气状况产生重大影响,间接影响棉价走势。短期内去库存化仍是市场的焦点,棉价或积重难返,后期将继续下探,2011～2012年度的棉价在临储收购价19800元/吨位置将获得强支撑。(中信建投,2011年7月8日)

棉价——纺企——内需——国际市场宛若一个难以平衡的翘翘板,稍有变化就会产生不利于产业发展的倾斜,完全市场化的弊端亦会难以遏制地出现。接之而来的则会是弱势企业的倒闭,以及产业的重新洗牌,而这种情形则是产业发展的最大伤痛,付出的代价也最为惨重。在棉产业发展的历史上,这种情形已于数年之前发生过一次。而这一次,棉产业能否顺利渡过难关亦是殊难预料,棉花价格的巨大波动空间会将谁抛下棉产业快车尚未定论。这一系列现象留给人们的最沉重的课题就是如何实现棉产业的管理创新,以实现行业的平稳健康发展。

对此,有专家就山东菏泽棉产业困局提出了拯救设想。这位专家指出,棉纺织业是我国传统的支柱产业和重要的民生产业,也是国际竞争优势比较明显的产业，在扩大出口、解决就业、保障农民增收等方面发挥着重要作用。拯救棉产业的危机既是拯救产业，也是拯救民生。并着重指出，棉产业摆脱困境，至少应该从以下几个方面入手——

首先，要加大产业结构调整，拉长棉纺织产业链条。建议地方政府做好棉纺织业发展长远规划，根据辖区棉纺织企业发展情况，调整产业结构，稳定市场原料、能源供给，促进棉纺织业健康发展。一是从政策上保护棉农利益，扩大棉花种植面积，推广科学种棉，提高棉花产量，稳定棉花供给；二是压缩小型纺纱企业规模，引进先进技术和设备，加快织布、印染、服装以及家纺等深加工产业发展，拉长棉纺织产业链条；三是引进科技含量高、资源消耗低、环境污染少棉纺织项目落户，通过先进技术、设备、工艺降低资源原料消耗，转变增长方式，提升产业竞争力；四是引导现有企业调整产品结构，淘汰落后设备和工艺，引进先进技术，加快产业升级，开发高附加值、高科技含量、高利润率的产品。

其次，要引导企业科技创新，提高企业创新能力。政府部门应推广棉纺织业集群创新服务平台，为新产品研发能力弱、技术管理水平低的中小型棉纺织企业提供全面的创新服务，提升中小型棉纺织企业创新能力和技术、经营和管理水平，加速棉纺织业集群出口产品的结构升级。

引进先进设备技术，加快产业升级步伐。中小型棉纺织企业应及时掌握棉纺织业核心技术的发展趋势，加强与科研机构、高等院校的合作，及时引进先进的棉纺织生产设备和技术，增强棉纺织产品竞争力。

第三，要转变企业管理方式，提高企业管理水平。中小型纺织企业应深化企业内部改革，提高经营管理水平，在企业文化、人才战略、管理机制方面下大功夫，注重管理提升，充分发挥人才的作用和设备的功能，做到"管理出质量"、"管理出效益"，将更好的技术、设备、工艺运用于企业生产，借以推进行业的快速发展。

第四，要银行优化信贷结构，加大金融支持力度。银行业金融机构要积极采取有效措施，加强和改进对棉纺织业的金融支持，解决棉纺织企业在技术改造、生产经营等方面的资金需求，推进企业的产业、产品升级和健康发展。要支持棉纺织业应对市场变化带来的不利影响，克服现实生产经营困难，为棉纺织企业融资开辟新的通道，延续和稳定资金链条，满足有效资金需求。

第五，企业之间要加强联合，发挥产业集群优势。菏泽市政府应发挥全国优质棉生产基地和山东省棉花出口基地的资源优势，培植龙头企业，发展集群经济，使棉纺织业得以长足发展。

客观地说，尽管这是一个针对局部地区的一个建议，但其中蕴涵的思想却不乏可取之处，特别是其所提出的企业创新管理观念，尤为值得重视。

然而，笔者认为，仅仅只是这些措施还是远远不够的。从国家现行的棉产业政策来看，所施行的良种补贴政策、高产创建措施、1：1配套措施（即国家发改委针对2005年度新疆棉花出现销售进度缓慢、库存积压严重的问题，对纺织企业按实际使用新疆棉数量同比例发放进口配额）、主产区新疆棉花出疆运费补贴政策、出疆棉移库费用补贴政策、临时收储政策、进出口调控实施滑准关税政策等措施对目前的棉产业危机虽然具有很大的作用，但却是不完全符合市场运行规律的，也不利于棉产业健康走向市场，只是一种暂时性的产业保障措施。

而安全高效具有长效机制效应的规范棉产业市场运行机制的产业管理亟待创新，笔者认为，棉产业不仅是一种涉及面多，上下游企业相互依存度高的产业，也是一个民生产业。必须把棉产业的发展放在国际市场大环境之中来衡量与谋划，依据国内棉产业的现状，联系土地使用以及粮食安全、产业运营最低水平、最大产能等相关因素确定棉花种植业、棉纺业的安全边界，并大力实施信息化管理。以产能波动范围及内需波动范围建立产业发展的预警机制，并在此基础上，确定相关的保障措施，并适度施行产业竞争机制。并以产业平稳健康发展为前提，大力引导科技创新与企业管理创新。防止棉花价格大幅波动带来的对产业发展的不利影响。

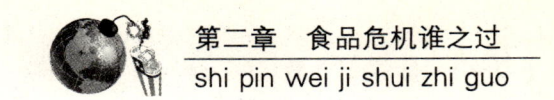

第二章　食品危机谁之过

导读：食品是最基本的民生，与百姓生活密切相关，在全球经济一体化背景下，食品安全问题早已不是一个国家或地区的孤立事件，而是不可避免地带上全球化色彩。在整个世界都在疯狂追逐经济利益之时，人类最基本的生存需求——食品正经受着前所未有的危机，严重威胁着人类的健康与生存安全。而食品危机折射出的，则是一系列社会管理的缺失与暗淡的灰色人性！

人类，是自然进化的产物，也是自然物质循环这个链条中的一个重要环节。如同植物需要阳光，鱼儿需要水一样，人类最基本的本能需求就是食品。如果说人类的一切组织形式或社会大家庭都是为了自身更好地生存与发展的话，那么，目前发生的全球性种种食品安全事件正在背离这一基本主旨，并对人类的健康生存与发展构成了严重的威胁。回顾近年来世界范围内发生的食品安全事件，事实的严重令人触目惊心。

"疯牛病"震惊世界

疯牛病，即牛脑海绵状病。由英国医学家于 1985 年 4 月发现，

1986年11月英国报刊首次将该病定名为BSE。此后的10年中,这种病迅速蔓延,仅英国每年就有成千上万头牛因患这种疯牛病导致神经错乱、痴呆,并很快死亡。此后,病情经不同的渠道传播至法国、爱尔兰、加拿大、丹麦、葡萄牙、瑞士、阿曼和德国等国家。

英国的医学专家在研究中进一步发现,这种病牛肉具有致病性传染性,据说可以让吃了这种病牛肉和牛脊髓的人感染上克—雅氏病,简称CJD。这是一种罕见的致命性海绵状脑病,其典型临床症状为出现痴呆或神经错乱、视觉模糊、平衡障碍、肌肉收缩等。病人最终因精神错乱而死亡。而令人担心的是,医学界对克—雅氏症的发病机理还没有定论,也未找到有效的治疗方法。

据考察发现,疯牛病的传染渠道一是作为食品的牛肉,二是欧美各国大量使用"牛肉骨粉"饲养菜牛。1996年春天"疯牛病"在英国以至于全世界引起了一场空前的恐慌,甚至引发了政治与经济的动荡,一时间人们"谈牛色变"。在随后的短短几个月中,欧盟多个国家牛肉销量下降了70%。到2000年7月,英国有超过34000个牧场的17.6万多头牛感染了此病,最高发病时间是在1993年,至少有1000头牛发病。截至2002年,英国共屠宰并消毁病牛1100多万头,仅经济损失即高达数百亿英镑。

更令人恐慌的则是英国政府海绵状脑病顾问委员会的一位科学家所作的警告,他说:因疯牛病死亡的人数将以每年30%左右的速度逐年上升,最终每年可造成成千上万人丧生。不过,令人心下稍安的是,据统计,迄疯牛病最高峰的2003年底为止,累计统计只有137人死于新型克—雅氏症,其中多数在英国,这个数字并不像科学家预言的那样可怕。此外,据有关资料统计,从1995年到目前为止全世界共有11个国家或地区出现人感染事件,死亡率约95%。这11个受害区中就有中国香港,据香港卫生署资料显示在疯牛病流行期间,香港共有17宗人类感染疯牛病病例。而英国科学家统计,英国大约有4000人是疯牛病病毒的携带者，每年约有 20 人死于疯牛病。另外，老年痴呆症的病变蛋白与疯牛病病毒蛋白有惊人的相似。可见，疯牛病至今仍未远离世界，人们仍需防范疯牛病卷土重来。

疯牛病暴发后，欧盟殚精竭虑，推出一系列措施，试图消除人们的"恐牛症"和阻止危机进一步发展。但收效甚微，欧盟养牛业在危机中越陷越深，消费者对牛肉更加不敢问津。社会危机也逐渐显露出来，一方面，消费者的不满呼声越来越高，在一些成员国已经导致政府部长引咎辞职，迫使政府采取更加严厉的措施控制疯牛病；另一方面，牛农受到市场萎缩的打击，损失惨重，他们强烈要求欧盟和成员国政府保护其利益。此外，目前欧盟种田的农户也在提心吊胆，他们担心欧盟为应付疯牛病危机而减少对他们的贴补。欧盟农业部长会议曾作出结论：疯牛病危机对欧盟的经济和社会压力已经达到"紧急状态"。疯牛病由此从餐桌危机演变成社会危机。

而为了应付疯牛病危机，欧盟当年最终决定动用 12 亿欧元，用于收购被宰杀的牛、补贴牛农损失和检测疯牛病。但是，由于疯牛病持续蔓延，原定的预算已经无法应付当时的危机。欧盟委员会农业委员菲施勒表示，由于欧盟各国牛肉消费量锐减，出口严重受损，更由于疯牛病病例不断增加，必须销毁病牛和大量同栏饲养的牛才可能恢复消费者信心。他强调，欧盟年度至少需要 30 亿欧元才可能应付这场危机。

而最可怕的是，危机当前，人们却不清楚这种疯牛病毒的传播机理，无法找到控制疫情的方式与方法。

受疯牛病危害的不仅是牛，疯牛病也对食品安全造成了威胁，并对疯牛病流行国家的养殖业造成了巨大经济损害。更可怕的是疯牛病几乎可以无限制地传播。

有资料显示，20 世纪 80 年代中期至 90 年代中期是疯牛病暴发流行期，主要的发病国家如英国及其他欧洲国家有大量的牛患病并被宰杀，发生疯牛病国家的牛肉及牛肉制品的出口受到了严格的限制。联合国粮农组织和世界卫生组织相继对尚未发生疯牛病的国家提出了警告，要求根据本国情况制订并实施相应的保护和预防措施。尽管欧洲各国纷纷采取预防措施，但是到了1989年，疯牛病还是攻破了英国的近邻爱尔兰的大门。瑞士和法国1990年也各自发现了第一例疯牛病。到1997年11月，葡萄牙、丹麦、德国、荷兰、比利时也相继出现疯牛病。1998年疯牛病又跨出了欧洲，来到南美洲的厄瓜多尔。2000年后，西班牙、瑞典、捷克、希腊、斯洛伐克、芬兰、奥地利先后"陷落"。值得注意的是远隔千山万水的日本，在2001年也报告了亚洲首例疯牛病。2002年，以色列和波兰相继出现了国内首例疯牛病。2003年5月，加拿大发现一例疯牛病，这是近10年来北美大陆发现的首例疯牛病。2003年12月，美国发现首例疯牛病。至此，疯牛病才引起美国食品安全部门的重视。

香港出现疯牛病病毒感染案例，以及疯牛病登陆亚洲并在日本出现的消息传出，亚洲各国亦陷入恐慌之中，韩国率先决定暂停从日本进口畜产品，韩国政府的一名高级官员表示："这一禁令自生效时起，直到韩国认为安全那一天为止。"该官员还声称，日本出口到韩国的羊肉和相关商品也会受到一些影响。紧接着新加坡政府也下令禁止从日本进口牛肉。新加坡农产品和兽医管理局在一份声明中指出："这一禁令是对日本发现疯牛病作出的反应。"我国国家质检总局也发布公告，暂停从日本进口畜产品。

泰国卫生部也宣布，禁止从日本等国进口牛肉。泰国卫生部一位官员证实，自从日本发现疯牛病病毒以后，泰国卫生部随即进行了调查。根据调查结果，泰国宣布禁止从日本进口牛肉，以防止疯牛病在泰国蔓延。为了落实上述决定，泰国卫生部要求全国各地有关部门通力合作，严防带有疯牛病病毒的牛肉进口。

而日本为了安抚人心，农业官员则四处放言：疯牛病不会大规模爆发，公众可以放心食用日本牛肉及牛奶。与此同时，日本卫生部已决定

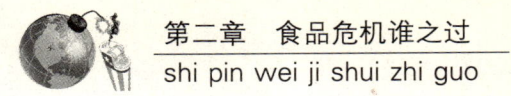

禁售受感染农场的牛肉,但并没有在全国范围实施这项禁令。

至此,疯牛病造成的风波达到了一个高峰,此后,慕尼黑大学的研究人员终于研制出了可以预防疯牛病的疫苗,可以有效地预防疯牛病,但能否用于人类预防和治疗克—雅氏病还需深入研究。

一场波及世界数十个国家的疯牛病狂潮终于告一段落,但疯牛病病毒并未彻底远离这个世界,相关的研究仍在进行。英国一位医疗专家曾警告说,与疯牛病属同一病症的人类克—雅氏症有可能成为可持续几十年的流行病。由此而言,对待疯牛病尚不能掉以轻心。

值得思考的是,这场疯牛病造成的危害已远远超过了危及百姓餐桌的程度,而是造成了一场世界性的食品危机、社会危机以及经济损害。也许从食品安全的角度出发,更能令世人警醒与意识到,当今的世界已不是一个彼此孤立的世界,食品安全更具有全球性效应,需要世界协手应对。

"二噁英"让比利时内阁集体辞职

什么是二噁英?二噁英,是一种无色无味的脂溶性物质,化学名称二氧杂芑(qǐ)。我们所说的二噁英指的是这一类物质,包括210种化合物,其性剧毒,毒性是氰化物的130倍、砒霜的900倍,是目前世界上已知的有毒化合物中毒性最强的,因此被媒体形容为世纪之毒。二噁英具有极强的致癌性,还可能引起严重的皮肤病,并对孕妇及胎儿产生有害影响导致畸形儿。二噁英微量摄入人体不会立即引起病变,但由于其稳定性极强,一旦随食物或其他方式摄入就无法排出。如长期食用含有二噁英的食物,这种剧毒成分就会蓄积下来,最终造成对人体的严重危害。

Save *humans crisis the innovation of social management*
拯救人类危机——创新社会管理

《南都周刊》（台湾）曾在 2009 年 12 月 1 日刊发了一篇题为"世纪之毒二噁英：一级致癌物比砒霜毒 100 倍"的文章，详细描述了二噁英的危害。

文章摘引

世纪之毒二噁英：一级致癌物比砒霜毒 100 倍

垃圾焚烧后，90%的体积将转换成硫化颗粒、氮化颗粒、粉尘等有害气体排放到空气中，其中最大的排放物是二噁英。二噁英乃世纪之毒，毒素是砒霜的 100 倍；二噁英更是一级致癌物，可导致胎儿畸形等；此外，二噁英还易溶于脂肪，难以降解，属于持久性污染物，一旦进入人体，十年都难排出，累计到一定程度，可直接置人于死地。在反垃圾焚烧浪潮中，二噁英是反对的核心，是挥之不去的阴影，是无数人不愿也不敢近身的东西……

11 月 10 日晚，台湾高雄县大寮乡，大约 9000 只鸭子被集体扑杀后，并没有如往常般被运往各个农贸市场。鸭子的死亡，是因为在它们身上，被检测出体内含有超标的有毒化合物。它们直接被扔进焚烧炉了，最终变为灰烬。

被检测出来的有毒化学物，是被称为"世纪之毒"的二噁英。10 年前，在比利时、荷兰、法国、德国等欧洲国家，在一些被污染的禽畜肉及乳制品中，陆续发现含有二噁英。这个一直躺在实验室里的化学物质，开始进入公众视野。

实际上，在越南战争中，二噁英的魔影就已经大规模侵入到人类世界——为了防止北越士兵利用茂盛的树林作为掩护，美军曾在当地大量喷洒了一种被称为"橙剂"的高效除草剂。战争结束后，越南陆续出现一系列令人毛骨悚然的悲惨状况：缺胳膊少腿或者浑身溃烂的畸形儿开始频繁被人看见，还有大批越南儿童一出生就患上各种先天性疾病。

美军士兵也并未因为撤离越南而逃离灾难，他们中不少人被发现患上了心脏病、帕金森氏病等伴随一生的疾病，他们的妻子自发性流产和所生子女出生缺陷也增加了30%。美国医学研究机构的研究显示，导致这些惨状的正是"橙剂"，里面含有大量二噁英成分。

现在，人人都对二噁英感到恐惧，但对它的性质却大多不甚了解。很少有人见过二噁英的庐山真面目，这种令人恐惧的物质，"就是一种无色的针状结晶体"。

世界卫生组织2007年公布的一份报告显示，人类短期接触高剂量的二噁英，就可能导致皮肤损害，如氯痤疮和皮肤色斑，还可能改变肝脏功能，而如果长期接触该类物质，就会令免疫系统、神经系统、内分泌系统以及生殖系统受到损害。

由于二噁英具有化学稳定性并易于被脂肪组织吸收，因此一旦进入人体，就会长久积蓄在体内。而在自然环境中，微生物和水解作用对二噁英的分子结构影响较小，因此，自然环境中的二噁英也很难自然降解消除。故此，世界卫生组织将二噁英称为"持久性有机污染物的危险化学物质"。

由于二噁英的毒性是如此之高，世界卫生组织已在1998年将人体每公斤体重每日允许的摄入量从10皮克减低到1至4皮克范围内。皮克，这是个远远超出了人类想象能力的重量单位——一皮克相当于一万亿分之一克。

除了火山爆发、森林火灾之类的自然环境事件会产生一定数量的二噁英外，目前地球上产生的二噁英绝大部分正是由人类产生。据美国环保局的报告，90%以上的二噁英是由人为活动引起的。例如，焚烧垃圾、钢铁冶炼、纸浆氯漂白，以及某些除草剂和杀虫剂的制造过程中都会产生一定的二噁英排放。其中最难辞其咎的，就是在燃烧不充分情况下的垃圾焚烧。除此之外，含氯物质（尤其是被人们大量扔弃的塑料制品）以及在燃烧过程中有着催化剂作用的重金属，也会在焚烧过程中产生大量的二噁英。这些二噁英会随着焚烧垃圾时产生的烟尘进入空中，并逐渐沉降至地面上。

地形狭小的岛国日本曾经为二噁英付出了惨痛的代价——为了不占用紧张的土地资源，该国在很长时间内一直大量使用简易焚烧方式处理垃圾。在最多的时候，日本国内一度耸立着6000多座大大小小的垃圾焚烧厂。

日本名古屋大学农学国际教育协力研究中心的准教授冈山朋子说，在上个世纪80年代末90年代初时，日本政府发现国内的空气和土壤中的二噁英含量超出了其他工业化国家的十倍以上，而焚烧厂排放的二噁英已经对附近居民的健康产生了严重危害。"这场二噁英危机，不仅令日本国民付出了沉重代价，日本政府也因此付出了巨额资金"。

正是因为这场危机，使得日本政府意识到投入重金建设更安全焚烧厂的必要性，并对二噁英、重金属等有毒排放物制定了极其严格的排放标准。

为了在源头上阻止焚烧垃圾过程中产生二噁英，日本已经形成了一整套垃圾分类管理措施。目前在日本长野县一所大学就读的学生和田祥幸说，当地居民平日里只能在特定的日子扔特定种类的垃圾，可燃垃圾、不可燃垃圾、塑料垃圾、玻璃类垃圾、废电池都分别有着固定的扔弃时间。这样的状况在日本已经成为人们共同遵守的准则，"即便是香蕉皮，不到特定的时间，也不会扔出家门"。

但即便这样，冈山朋子也只是将焚烧看作是一种过渡性的垃圾处理技术，"不能说是环境友好的或可持续的，因为只要焚烧，就会大量排放温室气体，也会大量浪费资源"。

绿色和平组织在提供给《南都周刊》的一份资料中称，要在焚烧垃圾的过程中减少二噁英的排放，必须阻止三类物质被送进焚烧炉：厨余等含水且会降低燃烧温度的垃圾；塑料制品；金属类，含汞温度计、电池等。该组织将"焚烧"视为一种"治标不治本"的垃圾问题的处理方式。而在中国，目前被送入焚烧厂的垃圾几乎都没有进行过严格分类。

在广东省某市，一座当年地方政府宣称使用了日本先进设备的垃圾焚烧厂里，记者见识了垃圾在焚烧炉灰飞烟灭的整个过程。在经过一条长达100米充满腐臭味的坡道后，一座外观干净整洁的垃圾焚烧发电厂呈现在了记者眼前。它已经运行了数年之久，去年焚烧处理了当地超过30万吨的生活垃圾。在有五六层楼高垃圾储存坑上，工作人员隔着密封玻璃遥控操作着像巨型章鱼触须一样的抓手，时不时抓起大堆的垃圾倒进焚烧炉。向下望去，上百吨的塑料袋、纸张、破布、木块、一次性饭盒和其他无法分辨的垃圾混杂堆放着。墙壁中部的一个倾倒口，不时有垃圾车将同样的垃圾像黑色的瀑布一样倾倒下去。

垃圾焚烧厂工作人员张军说，这座焚烧厂大多数时候遵循着"来什么就烧什么"的原则。该厂的垃圾全部由当地环卫部门负责提供，但其中混杂了不少建筑类垃圾，而这不仅会降低热值，还容易损坏焚烧炉。对在焚烧后会产生大量二噁英的塑料类垃圾，"平时没人会去在意"，张军说，这样的情况是不少国内垃圾焚烧厂的共同特点，"我没听说过国内有哪家厂会在焚烧前对送来的垃圾进行分拣"。在充斥着浓烈臭味的焚烧间里，爬到焚烧炉观察孔的位置，就能看到里面熊熊燃烧着的垃圾。这些燃烧着的垃圾产生的高温，能让锅炉产生高温高压的水蒸气，并带动另一间房子里的发电机发出电能。这间偌大的焚烧间里空无一人，只有各种设备不停发出阵阵轰鸣。看得出，这里的自动化程度相当高。

在结束采访冲出厂房敞开着的大门时，记者手中的录音笔上已经布满粉尘。张军埋头吐完几口唾沫后说："工作人员平时都会戴防毒面具的。"大门外的一旁，一条细长的传送带24小时不停地运转着。燃烧产生的炉渣源源不断地流进位于其下的卡车车厢里，扬起阵阵粉尘。这些炉渣燃烧得并不彻底，甚至能看到一些还没有完全被分解的小块的塑料块、铁片之类的垃圾。

为了完成发电量的要求，垃圾焚烧发电厂的工作人员得时常让焚烧炉保持高温状态，而这需要不断加入新的垃圾作为燃料。结果是，一些垃圾的残渣还没有充分燃烧分解就被抽取出来。

世界卫生组织的一份报告称，"在二噁英被排放到环境中这个问题上最难辞其咎的，莫过于垃圾（固体废物和医院废物等）的焚烧，主要原因是燃烧不充分所致"。这家垃圾焚烧发电厂每年会找科研机构来对二噁英的排放做上几次检测，每次花费两三万元。这样的检测需要一周左右的时间才能得出结果。

张军不相信国内垃圾焚烧厂的二噁英、飞灰、重金属的排放能达到标准，"按照厂家现有的安全操作水平，能做到大多数时候的排放达标就不错了"，他认为那些认为垃圾焚烧安全可靠的人，"应该先到中国的焚烧厂里看看"。

值得关注的事情是，江苏省吴江市政府最近叫停了一座即将投入试运行的垃圾焚烧发电厂。此前，当地居民对这座投资3亿多元的焚烧厂进行了坚决的抵制。

"最有效的手段是，人们应该减少垃圾的产生，并且把那些能循环利用的垃圾利用起来，"张军说，"而不是一烧了之。"

文章还指出：目前，世界上几乎所有物质上都被发现含有一定量的二噁英，但绝大多数物质所含二噁英的剂量小到可以忽略不计，尤其在植物、水、空气等媒介上。土壤、食品，尤其是乳制品、肉类、鱼类和贝壳类食品是二噁英最乐于聚积的场所，而且它们之间往往有着密切的关联。

2004年，荷兰发现一批牛奶中二噁英含量增加，事后发现，一批动物饲料在生产过程中使用的一种黏土存在二噁英附着问题；1999年，比利时的家禽和蛋类中发现了高含量的二噁英，事后发现是被PCB工业废油污染，而罪魁祸首则是巴西出口的动物饲料中，含有被二噁英污染过的柑橘果泥球所致。

这些关于二噁英危害健康的报道大多只涉及工业发达的国家，但这并不能证明在发展中国家没有出现过类似的情况。原因在于，工业发达国家大多都有着比较健全的食品污染监控体系、较强的危险品管理意识和完善的控制措施，能及时发现二噁英污染问题。世界卫生组织称，"（二噁英污染问题）所有国家都可能发生"。

目前科学界一致认同的一个观点是：人类接触的二噁英，90%以上是通过食品，尤其是通过食用肉制品、乳制品、鱼类和贝类等进入人体。曾经有人对加拿大人进行过调查，结果显示：大气中通过呼吸系统摄入的二噁英量不到总摄入量的3%；通过食品的摄入量为总摄入量的95%，其中26.9%来自牛奶和奶制品，54.4%来自肉制品，只有极少部分来自蔬菜。

因此，剔除肉食中的脂肪和食用低脂肪类乳制品，可以有效降低人体对二噁英化合物的摄入量。此外，均衡的膳食结构（包括适量的水果、蔬菜和谷物）有助于避免单一食物来源导致的二噁英过量摄入。值得一提的是，纤维素有助于人体内二噁英的排出，因此，多吃些菠菜叶、萝卜叶等绿叶蔬菜对保持身体健康有很好效果。除此之外，喜爱染发的人士也要注意了——染发用的香波中含有21.17~21.69微微克/升的二噁英，其中的一部分会在染发过程中渗入人的头皮。而在为这类客人洗发时，发廊的工作人员也可能受到侵袭，洗发时产生的废水中含有2.6~17微微克/升的二噁英，其中的一部分会顺着手指侵入到他们的体内。

那些在大城市中因为工作紧张而常常以盒饭凑数的人也应该考虑一下其他选择了——最为常见的软塑料盒、发泡餐盒大多由聚氯乙烯制成，都可能在一定条件下产生二噁英。例如，随处可见的发泡餐盒含有大量的二氯二氟（代）甲烷或氟氯烷，当温度超过65°C时，餐盒就会产生对人体极为有害的苯乙烯单体毒物；而一旦温度超过200°C时，塑料餐盒就会产生出二噁英。如果不想在吃饭时摄入二噁英，就不要用塑料容器加热食品吧，尤其是高油脂的食品。吸烟人士也要注意了——日本科研人员发现，香烟烟雾中除了尼古丁等有毒物质外，也含有易致癌的二噁英类物质。（《南都周刊》台湾，作者：周鹏　王敏琳）

　　文章以翔实的数据指出二噁英进入人体的渠道百分之90%以上是通过食品，看起来，二噁英这个可怕的病魔仍旧属于病从口入的类型。而食品产业亦屡屡传出发现二噁英的报道。

　　据报道，2011年1月，德国多家农场传出动物饲料遭二噁英污染的事件，导致德国当局关闭了将近5000家农场，销毁约10万颗鸡蛋，这次污染事件发生在德国的下萨克森邦，被发现当作饲料添加物的脂肪部分遭到二噁英污染，对饲料厂样品进行的检测结果显示，其二噁英含量超过标准77倍多。卫生人员对这些农场生产的鸡蛋进行实验室检验发现，38次检验当中，有5次不合格。有消息称，大量德国鸡蛋疑似受到有毒化学原料二噁英的污染，并且这些鸡蛋已经出口至荷兰。

　　德国农业和消费者保护部门发言人霍尔格·艾尔切拉说，去年11月到12月之间，德国北部的一家公司出售了约3000吨受到包含二噁英等工业残渣污染的脂肪酸。这些脂肪酸是制造鸡饲料的主要原料。

　　此前的2008年12月，葡萄牙卢萨通讯社就报道过有关二噁英事件，报道说，位于葡萄牙北部孔迪镇的科罗德-科斯塔·罗德里格斯公司2008年10月和11月从爱尔兰进口了30吨猪肉，经抽样检测，这批猪肉被二噁英污染。葡萄牙食品安全部门已回收这批猪肉中的21吨。有关负责人佩德罗·皮乔基说，这批进口猪肉可能无法全部回收，因其中一些已经售出。他告诫消费者购买猪肉时注意包装上标注的原产地。葡食品安全部门正在回收这批猪肉，并进一步调查这批猪肉受污染情况。

　　最为令人关注的是此前的比利时的二噁英事件，1999年3月，在比利时突然出现肉鸡生长异常，蛋鸡少下蛋的现象。一些养鸡户要求保险

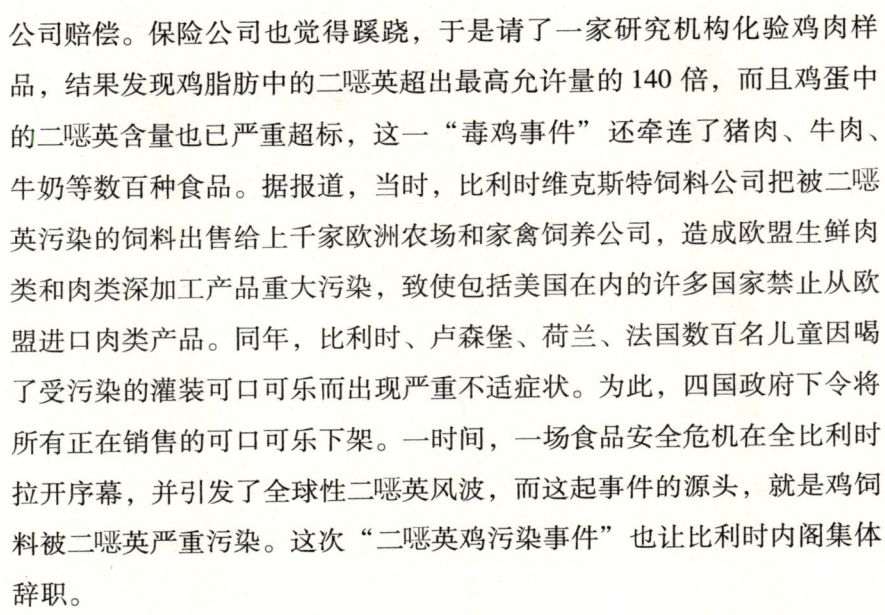

公司赔偿。保险公司也觉得蹊跷，于是请了一家研究机构化验鸡肉样品，结果发现鸡脂肪中的二噁英超出最高允许量的140倍，而且鸡蛋中的二噁英含量也已严重超标，这一"毒鸡事件"还牵连了猪肉、牛肉、牛奶等数百种食品。据报道，当时，比利时维克斯特饲料公司把被二噁英污染的饲料出售给上千家欧洲农场和家禽饲养公司，造成欧盟生鲜肉类和肉类深加工产品重大污染，致使包括美国在内的许多国家禁止从欧盟进口肉类产品。同年，比利时、卢森堡、荷兰、法国数百名儿童因喝了受污染的灌装可口可乐而出现严重不适症状。为此，四国政府下令将所有正在销售的可口可乐下架。一时间，一场食品安全危机在全比利时拉开序幕，并引发了全球性二噁英风波，而这起事件的源头，就是鸡饲料被二噁英严重污染。这次"二噁英鸡污染事件"也让比利时内阁集体辞职。

尽管比利时的二噁英事件给人们敲响了警钟，但是，对二噁英的根除并没有达到彻底的程度，此后的2008年12月6日，爱尔兰政府通报说，爱尔兰食品安全局在一次例行检查中发现被宰杀的生猪遭到二噁英污染，所含二噁英成分是欧盟安全标准上限的80到200倍，一些猪肉可能已出口到包括美国和中国在内的25个国家。并且，此后的二噁英污染食品的案件就连年不绝，成为压在公众心头的一块沉重的巨石。

而在二噁英广为世界关注的历史过程中，第一个受害者却是广为世界所知的乌克兰前总统尤先科。2004年12月12日，尤先科因病抵达奥地利首都维也纳鲁道夫英内豪斯医院接受治疗，该院当天公布检查结果时说，尤先科的病是二噁英中毒所致，血液中二噁英的含量是正常值的1000倍。为此，尤先科不得不接受多次十分痛苦的手术，及至出院之时，已变得面目全非。

事实上，从二噁英受到关注开始，食品行业就频频暴出污染事件。特别是在食品安全标准极为严格的欧盟，这种事件发生率更高。在比利时、荷兰、法国、德国等欧盟国家曾连续发生饲料受到二噁英污染，导致畜禽类产品及乳制品二噁英含量过高现象。推究原因，许多专家都认为，这些事件都是由人为因素造成的，具体地说就是过度的工业化生产活动造成的，在这些工业发达国家，二噁英多来自化学品杂质、城市垃圾（尤其是塑料袋）焚烧、纸张漂白及汽车尾汽排放。而这些情况在世界各国都存在，所以，这是一个全球性问题。由此而言，灾祸、病毒并非与我们无关，或离我们很远，而是近在眼前。

环保专家指出，二噁英常以微小的颗粒存在于大气、土壤和水中，主要的污染源是化工冶金工业、垃圾焚烧、造纸以及生产杀虫剂等产业。日常生活所用的胶袋、PVC（聚氯乙烯）软胶等物都含有氯，燃烧这些物品时便会释放出二噁英，悬浮于空气中。大气环境中的二噁英90%来源于城市和工业垃圾焚烧。此外，含铅汽油、煤、防腐处理过的木材，以及石油产品、各种废弃物特别是医疗废弃物在燃烧温度低于300℃~400℃时也容易产生二噁英。聚氯乙烯塑料、纸张、氯气以及某些农药的生产环节，钢铁冶炼、催化剂高温氯气活化等过程，都可向环境中释放二噁英。此外，二噁英还作为杂质存在于一些农药产品中。而这个释放二噁英的渠道与每个人的日常生活息息相关，只是常人常常意识不到这一点。

调查显示，垃圾焚烧从业人员血液中的二噁英含量为806pgTEQ/L，是正常人群水平的40倍左右。排放到大气环境中的二噁英可以吸附在颗粒物上，沉降到水体和土壤，然后通过食物链的富集作用进入人体。于是，食物就成了人体内二噁英的主要来源。

二噁英之毒副作用，仅万分之一甚至亿分之一克的二噁英就会给健康带来严重的危害。二噁英除了具有致癌毒性以外，还具有生殖毒性和遗传毒性，直接危害子孙后代的健康和生活。并且二噁英之毒极难清除，一旦感染会潜伏人体之中很长时间并很难觉察，因此二噁英污染是关系到人类存亡的重大问题，必须严格加以控制。

台湾地区媒体报道，台湾"中国石油化学工业公司"位于台南市

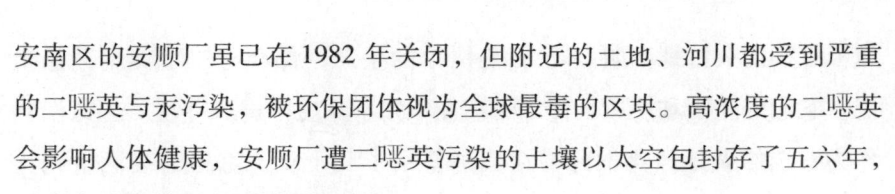

安南区的安顺厂虽已在1982年关闭，但附近的土地、河川都受到严重的二噁英与汞污染，被环保团体视为全球最毒的区块。高浓度的二噁英会影响人体健康，安顺厂遭二噁英污染的土壤以太空包封存了五六年，至今尚无有效的根本整治方法。

来自权威部门的调查表明，因受污水、废气、垃圾和农药、化肥等物的污染，目前在我国的大中城市郊区及一些大中型工矿区的周围，生长的农作物已不再洁净，农产品中有害物质超标已成为一个普遍性的问题。广东省农业厅对广州市的农贸市场叶菜进行抽样测试，发现蔬菜的重金属如铅、汞含量远远超过标准，氟化物和硝酸盐也分别超标50%和95%。这就是说，如果不重视治理环境污染，可能有一天，我们会落到不敢吃肉、鸡、蛋、奶和蔬菜，不敢吃海产品，不敢喝水，不敢吃"东西"的地步。垃圾潮困扰母亲河，白色污染遍及全国，含磷洗涤品使近海海域屡次发生赤潮，"一次性"筷子、餐具和塑料袋屡禁不止，后果已极为严重。

曾有学者指出，这些问题说到底是人类生存方式的问题，也是一个带有普遍意义的重要问题。人类已到了必须注重处理与自然的关系、工业生产与农业生产良性发展、一切为了人类健康发展的关健时刻。

养育我们的大自然像一位宽厚、大度、仁慈的母亲，对于人类的小过错都予以宽容，至多提出几次目的在于启发觉悟、改过自新的警告。警告就是提醒，是对犯错误者的一种处分。我们切不可再不听警告，麻木不仁，我行我素，愚顽不化，甚至"不见棺材不落泪"。一旦到了忍无可忍的大自然对我们进行愤怒的报复之时，那就代价惨重、自食恶果、后悔莫及了。

目前，我国虽然缺乏有说服力的二噁英污染数据，但是根据国外的经验和有限的数据来看，我国在人体血液、母乳和湖泊底泥中都检出了二噁英，尽管其浓度水平较低，但也说明了二噁英在我国环境中的存在。含氯农药、木材防腐剂和除草剂等的生产，特别是我国曾用于对付血吸虫病的灭钉螺药物（五氯酚钠）的生产，都会有二噁英副产品生成，它们的生产和使用会使二噁英在不知不觉之中进入环境。五氯酚钠作为首选的灭钉螺化学药物在我国使用了几十年，每年的喷洒量约为 6000 吨，这必然造成二噁英在喷洒区的沉积。因此，我国具有二噁英污染的潜在可能性。另外，在我国 1998 年 1 月 4 日颁布的《国家危险废物名录》列出的 47 类危险废物中，至少有 13 类与二噁英直接有关或者在处理过程中可能产生二噁英。例如 H04 农药废物、H05 木材防腐剂废物、HW10 含多氯联苯废物、HW18 焚烧处理残渣、HW43 含多氯苯并呋喃类废物和 HW44 含多氯苯并二噁英废物等。所以，开展二噁英污染调查和控制与研究都是非常有意义的。

而从美国和日本等发达国家对空气中二噁英来源进行的调查结果来看，焚烧设施的二噁英排放量占有较大比重。近年来我国固体废物和医疗废物的产生量和处理量都在不断增加。各地纷纷建立或筹建集中焚烧设施。2001 年国家环保总局组织开展了全国 47 个重点城市的生活垃圾处理处置设施污染物排放状况的抽样调查，接受调查的 329 个垃圾处理设施处理规模为 179348 吨/日，大约占全国 1.18 亿吨城市生活垃圾清运量的 55%，仅有 3.3% 的垃圾在 20 座焚烧炉中得到焚烧处理。所抽取的垃圾焚烧厂烟气二噁英超标率为 57.1%，有的落后垃圾焚烧设施二噁英超标 99 倍以上。超标的垃圾焚烧炉大都为炉型比较落后的小型焚烧炉。但是考虑到我国的垃圾焚烧率非常低，所以由于垃圾焚烧造成的二噁英污染总量在现阶段不是很严重。根据我们掌握的数据估算，我国因垃圾焚烧而排入空气的二噁英类约为 72gTEQ/a，远远低于美日 kg 级的排放水平。当然，垃圾焚烧处理在我国方兴未艾，发展势头迅猛，应该引起足够的重视，将可能带来的二次污染控制在可接受的水平。特别是近年来我国政府采取了许多有利控制二噁英产生的措施，比如节能减排，建设资源节约型、环境友好型社会等发展方针为减少二噁英的排放起到了积极的作用。

第二章 食品危机谁之过

关于人与自然的关系，早在120多年前，恩格斯在《自然辩证法》中就告诫人们：不要过分陶醉于对自然界的胜利。对于每一次这样的胜利，自然界都报复了我们。他列举了美索不达米亚、希腊、小亚细亚以及其他各地的居民，为了想得到耕地，把森林都砍光了，但是后来这些地方却成为荒芜的不毛之地，平时不能贮存水分，雨季又使凶猛的洪水倾泻到平原上……。如今，世界范围内类似于恩格斯列举的事实亦不乏见，历史的悲剧也在不断上演，种种事实也时时提醒着人们要重视自然界的生态平衡，重视人与自然的关系，并以积极的心态努力改造与恢复自然界的生态平衡。为人类的健康发展打造一个有利的自然环境。

人类当然不能走向自我毁灭之路，而二噁英问题的解决也正牵动着许多科学家的目光。

据报道，高雄正修科技大学从污染土壤中检测出数百种细菌，并在近年与台湾中山大学生物化学研究所合作研究，在土壤样本的数百种菌种中筛选出了一种以二噁英为食源的菌种，而且发现这个菌种"吃"二噁英"吃得很快"。正修科大超微量分析研究科技中心主任张简国平说，这种细菌是"二噁英的天然克星"，"只要移入受二噁英污染的土壤中，经过一段时间细菌增生到足够数量，即可'吃'掉二噁英，不必移除土壤"。这为受二噁英污染的土壤恢复生机带来了很有前途的希望。

如果能利用大自然中繁殖快速的细菌对受二噁英污染土地发挥自净作用，会是最省钱最有效的整治方法。"过去环境检测单位及学术单位都以检测污染物为重点，未曾与微生物界联结"，张简国平表示，正修与中山对此一重大发现都感到十分兴奋，形容这是"很劲爆的发现"。张简国平不愿透露细菌名称，仅表示"从土壤中怎么去抓这种细菌是高难度技术"。他表示，上周已与合作的台湾中山大学生物化学研究所，向台"经济部"申请专利，研究团队也将在国际知名的科学期刊中发表研究成果，让学术界分享这项新发现。

从二噁英的产生到治理过程，我们似乎可以明白，二噁英并不是自然界天然存在的物质，或者说，就算自然界存在这种天然物质，亦构不成对人类的大规模伤害。对人类造成伤害的二噁英本是来源于人类制造的种种产品，亦是工业化过程中产生的附属物。所以，根治二噁英的根本方式并非是找到某种细菌以消灭之，而在于从根本上恢复人类本源的生活方式，去工业化，并与自然界建立一种和谐共处的平衡。推究起来，世界发生的种种食品安全事件绝大部分与工业化产品有关，作一个比喻，这种情形恰如饮鸩止渴，而置人类健康于不顾的饮鸩止渴行为的动力则绝大部分来源于商业利益。所以，二噁英尽管比砒霜毒上一千倍，亦不可怕，可怕的则是人们扭曲了的追逐商业利益的心理动因。因此，温家宝总理才说出了一句值得永远铭记的名言：企业家的血管中应流淌着道德的血液。

"沙门氏菌"美国食品的噩梦

2006年，世界著名巧克力食品企业英国吉百利公司的清洁设备污水污染了巧克力，致使42人因食用被沙门氏菌污染的巧克力而中毒，公司紧急在欧盟和全球范围内召回上百万块巧克力。沙门氏菌由此受到世界广泛的瞩目。

而沙门氏菌的发现则比其闻名世界要早得多。早在1885年，医学专家沙门氏等在霍乱流行时分离到猪霍乱沙门氏菌，由此沙门氏菌正式被医学界所知。沙门氏菌有许多种类型，有的专对人类致病，有的只对动物致病，也有的对人和动物都致病。沙门氏菌病是指由各种类型沙门氏菌所引起的对人类、家畜以及野生禽兽不同形式疾病的总称。感染沙门氏菌的人或带菌者的粪便污染食品，可使人发生食物中毒。据统计在

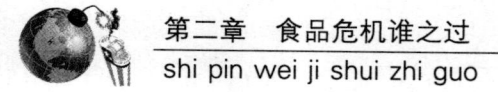

世界各国的各种类型细菌性食物中毒中,沙门氏菌引起的食物中毒常列榜首。我国内陆地区也以沙门氏菌食物中毒为首位。

医学研究显示,蛋、家禽和肉类产品是沙门氏菌病的主要传播媒介,受威胁最大的是小孩、老年人及免疫缺陷个体。据相关资料显示,对人类威胁最大的沙门氏菌主要有两种类型:一种是伤寒沙门氏菌,这种菌只感染人类,损害肝、脾和骨髓,每年大约导致1600万人生病,60万人死掉,并且,由于越来越多菌株具有抗药性,情况可能变得更糟;另一种是鼠伤寒沙门氏菌,这种菌对生活环境不那么挑剔,几乎可感染一切地上走的或爬的活物,在人类身上造成的症状一般是食物中毒(爱吃生鸡蛋的人小心),听起来好像没有伤寒那么可怕,但一些科学家认为它的威胁更大,由此造成的食物中毒事件实际发生数目比报告数目可能多出30倍,每年有上亿人感染,死亡人数比伤寒沙门氏菌多出一倍,主要是婴幼儿和老人。

此外,沙门氏菌也是引起急性胃肠炎的主要病原菌,其中以鼠伤寒沙门氏菌、肠炎沙门氏菌、猪霍乱沙门氏菌、鸡白痢沙门氏菌等较为常见,感染后的典型症状包括发热、腹泻和呕吐等。在美国,曾发生过生吃西红柿中毒的可怕事件,这个事件牵涉到美国30个州数百人,其罪魁祸首就是沙门氏菌。而在美国每年发生的食品安全事件中,沙门氏菌为祸也常常名居榜首。

据统计沙门氏菌也是美国食物中毒致死的主要原因。美国人对这种病菌一点都不陌生,每年全国大约有40000例沙门氏菌感染病例的报告。不过,专家称实际的感染人数可能要达20倍以上,因为许多轻型病人可能未确诊,据不完全统计,每年大约有1000人死于急性沙门氏菌感染,以前各州爆发的疫情几乎都与人们吃了染上沙门氏菌的肉类、蛋类、乳类有关。但迄今为止,很少听说蔬果大面积受沙门氏菌污染甚至在人群中引发大疫情的。沙门氏菌主要污染肉类食品,鱼、禽、奶、蛋类食品也可受此菌污染。沙门氏菌食物中毒全年都可发生,吃了未煮透的病、死牲畜肉或在屠宰后其他环节污染的牲畜肉是引起沙门氏菌食物中毒的最主要原因。有食品专家指出美国人吃鸡蛋的习惯与中国人不同，他们喜欢吃半熟的鸡蛋甚至是生鸡蛋，所以一旦鸡蛋里含有沙门氏菌，感染的几率就比较高。在国内，生鸡蛋里含有沙门氏菌其实并不奇怪，只不过国人喜欢将鸡蛋煮熟吃，这样就大大减少了感染的几率。

沙门氏菌为祸食品安全，美国是重灾区之一。仅2008年4月中旬到7月，美国爆发的沙门氏菌疫情就曾波及美国42个州，造成1253人感染。当时，专家们将番茄作为主要被怀疑的污染源，但到了6月，美国疾病预防和控制中心（CDCP）把调查范围扩大到了辣椒等其他农产品上。通过大众营养健康科学中心（CSPI）数据显示，从1990年起，由于食用了携带致病微生物的番茄而爆发的疫情共24起，感病人数超过3000人。同时与果蔬有关的食源性疾病在美国的发生次数逐年增加。从1990年到2005年，美国至少发生了713起果蔬微生物性食品安全事件。40%与直接食用新鲜制品有关，其中25%为鲜切果蔬产品。平均每爆发一起果蔬微生物性食品安全事件，就会致使48人感病；相比较而言，家禽30人，肉类27人，海产品10人。

其他涉及果蔬还包括绿叶类植物、袋装菠菜和生菜，这是目前被检出携带细菌和病毒次数最多的类别。常被大肠杆菌、沙门氏菌和诺沃克病毒污染，致使美国多个州上千人感病。例如，2006年美国多个州爆发0157：H7型大肠杆菌事故，致使上百人感病并导致1人死亡。2008年8月，美国弗吉尼亚州又爆发了大肠杆菌0157：H7疫情。另外，大葱、草莓、甜瓜和覆盆子等进口果蔬也常被微生物污染而使人感病。

比较而言，美国是一个食品安全相关法律法规及各项制度相对健全的国家，但仍发生了一系列的果蔬微生物性食品安全事件。这给我国的果蔬微生物性食品安全敲响了警钟。我国是果蔬生产消费大国，但对果蔬的质量安全管理刚刚起步。各项法律法规不完善，监管措施还不到位。果蔬流通与消费环节尚存在许多安全问题需要深入研究与探讨。而未雨绸缪绝对是食品安全领域应该有的心态,因为这个领域一旦发生问题,人们付出的就是宝贵的生命代价。

新华网洛杉矶8月20日电(记者高原):美国食品和药物管理局20日宣布,随着沙门氏菌疫情在美国多个州持续蔓延,染病人数已上升至1000多人。

该管理局在疫情通报中说,从今年5月发现首个病例以来,本次疫情已经持续两个多月,并且已蔓延至全国,其持续时间之长和蔓延地区之广为多年来罕见。

通报说,目前全美各地已接到2000多个可疑病例报告,但目前只有约一半病例得到确诊,尚未接到死亡报告。随着疫情持续蔓延,染病人数有可能继续上升。与此同时,艾奥瓦州"怀特县鸡蛋公司"宣布召回3.8亿个鸡蛋。初步调查显示,多数病人都是食用鸡蛋后染病,这些鸡蛋可能遭沙门氏菌污染。但通报没有表示这次疫情与上述公司的鸡蛋有直接关联。

另有消息称,这次事件中,美国有18个州发现了遭沙门氏菌污染的鸡蛋,有1000多人食用问题鸡蛋后染病,并在事发两周内召回了5.5亿只鸡蛋。就此而言,此事件当为史无前例的食品安全事件。而沙门氏菌则成了威胁美国食品安全的头号杀手。

在此背景之下,美国去年加快了食品安全立法进程,继《2009年消费品安全改进法》后,又通过了几经修改的《2009年食品安全加强法案》。

这次"坏蛋"事件发生后,美国食品和药物管理局负责人再次呼吁美国国会通过《FDA食品安全修正法案》,以扩大该局在召回受污染食品和追踪源头方面的权力。美国消费者联盟也表示,美国需要更为严格的食品安全法律。看来,美国食品安全监管仍然任重道远。

美国疾病预防和控制中心为此公布的研究报告称,沙门氏菌是造成美国食品污染的元凶。在过去15年里，因沙门氏菌造成的食品污染事件上升了10%，但由其他病菌造成的食品污染事件则出现明显下降趋势，其中由O-157大肠杆菌造成的食品污染事件下降了一半，由空肠弯曲菌、李氏杆菌、弧菌和耶尔森氏菌造成的食品污染事件平均下降了23%。报告指出，除了对食品安全加大监管力度外，消费者也应加强自我保护措施，这样才能更有效地确保餐桌安全。这些措施包括：切生肉和熟肉的砧板要分开，对肉类食品要煮熟煮透，洗净蔬菜和瓜果，不要进食未经消毒的牛奶、果汁或奶酪等。

此后，有海外媒体报道称，美国国会众议院以215票赞成、144票反对的结果通过了一项食品安全改革法案，旨在通过增加对食品设施的检查次数，对进口食品设立更加严格的标准，增加食品与药品管理局（FDA）强制召回授权、增强食品与药品管理局维护食品安全的权力。如果该法案最终成为法律，美国食品安全监管体系将面临七十多年来最大的一次改革。该法案名为《食品和药物管理局食品安全现代化法》，此前已在参议院获得通过，只等待总统奥巴马签署后，将正式成为法律。而奥巴马此前已表态支持这一法案。该法案的通过给予了食品与药品管理局更大的职权，政府要求食品与药品管理局能够更加细致地监督检查本国及进口的所有食用产品，避免沙门氏菌污染等病毒流入市场。对于所有出口商来讲，必须提供食品安全证明，而本国加工商必须提交相关食品保护措施办法。一份美国疾病预防和控制中心的调查研究报告显示，在美国，每年每6个人中就会有1人因为食用污染食品而生病。类似沙门氏菌的污染病原不仅使食用者住进医院，甚至会导致死亡。数据显示，每年约有3000人因食品中毒而导致死亡。同时，每年美国政府都会因为食品安全问题引发的多种疾病支出高达近1520亿美元的费用。而新法案将会给食品与药品管理局更多的权力来控制此类事情的再次发生。

由此，我们可以看到，沙门氏菌在美国食品安全方面具有什么样的分量，也可以看出，食品安全实非简单的食品安全，而是一个极为重要的社会问题。而这个问题并不会由于一项法规的颁布可以得到全面的改观，而在于全社会的努力，包括社会公众意识、环境意识、食品安全意识以及企业道德观念的普及。

"三聚氰胺"为祸中国

三聚氰胺，本是一种有机化合物，也是一种重要的工业原料。最主要的用途是作为生产三聚氰胺甲醛树脂（MF）的原料。因该树脂具有良好的工业特性，而广泛运用于木材、塑料、涂料、造纸、纺织、皮革、电气、医药等行业。此外，三聚氰胺还应用于涂料、模塑粉、纸张处理剂、织物整理剂、皮革鞣润剂、上光剂和抗水剂、橡胶粘合剂、助燃剂、高效水泥减水剂、钢材氮化剂等。然而，就是这样一种广泛应用于工业生产中的化学物质，却被人创造性地应用在食品生产中，做为不可或缺的一种食品添加剂。这不能不说是恶作剧般对人类肌体的一种考验，也不能不说这也是一种有违人性与人类道德的创举。

从全球范围内来衡量，早在1994年国际化学品安全规划署和欧洲联盟委员会合编的《国际化学品安全手册》第三卷和国际化学品安全卡片中就说明：长期或反复大量摄入三聚氰胺可能对肾与膀胱产生影响，导致产生结石。然而，即便有这样的明确说明，仍旧阻止不了那些被商业利益冲晕了头脑的企业。于是，悲剧就这样在消费者毫不知情的情况下发生了。生活中一向受人喜爱的牛奶成了夺人健康与性命的恶魔。而那些违规使用三聚氰胺的企业也渐渐浮出水面。

Save humans crisis the innovation of social management
拯救人类危机——创新社会管理

资 料

　　自 2008 年 3 月起，三鹿奶粉即屡遭消费者投诉，而三鹿集团称送检未发现问题；2008 年 3～9 月，全国各地均出现结石儿童；2008 年 9 月 11 日上午，三鹿称奶粉仍旧合格；2008 年 9 月 11 日晚间，三鹿承认 7000 吨奶粉受到污染；2008 年 9 月 11 日，卫生部提醒停止使用该品种奶粉；2008 年 9 月 12 日，三鹿辩称是奶农加入了三聚氰胺；2008 年 9 月 12～18 日，正式处理"三鹿事件"，三鹿原董事长田文华被拘，石家庄市委副书记、副市长和三名局长被免职；2008 年 9 月 16～18 日，三聚氰胺引发乳制品行业骨牌效应，一系列因食用三鹿婴儿奶粉而患肾结石的报道铺天盖地袭来，三鹿奶粉一度成为众矢之的。迅速地，三鹿奶粉在全国发出了召回令。接着，罪魁祸首三聚氰胺浮出水面，此后的奶业大检查让整个乳品行业蒙羞，因为有 22 家 491 批次婴幼儿奶粉被检出含有数量不等的三聚氰胺，召回、道歉、声明。截止到 2008 年 11 月 20 日，有 1000 多名婴儿因服用"被污染"奶粉引发肾脏疾病在医院接受治疗。而在此之前，已经有 50741 名婴幼儿恢复健康，出院回家，另外还有 4 名婴幼儿死于毒奶粉引发的疾病。（来源于互联网）

　　也许会有人问，为什么奶粉企业会向奶中加入三聚氰胺这种化工原料呢？而这个问题的答案不禁令人莞尔也令人叹息。

　　其原因就在于：食品工业中常常需要检查蛋白质含量，但是直接测量蛋白质含量技术上比较复杂，成本也比较高，不适合大范围推广，所以业界常常使用一种叫做"凯氏定氮法"的方法，通过检测食品中氮原子的含量来间接推算蛋白质的含量。也就是说，食品中氮原子含量越高，则认定蛋白质含量就越高。这套检测办法有个弱点，即只要在食品或饲料中添加一些含氮量高的化学物质，就可在检测中造成蛋白质含量

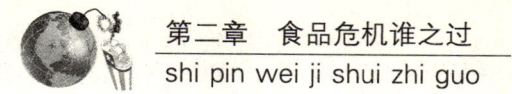

达标的假象，而三聚氰胺含氮量达66%左右。这样一来，名不见经传的三聚氰胺就成了检验奶蛋白含量时，提高检测数据的法门。

由此人们似乎可以看出，仅仅为了提高奶蛋白含量的数据，就向奶中加入三聚氰胺这种有毒化工原料，堪可谓风起青萍之末，祸起萧墙之内。而在这场剧变中倒下的则不是靠弄虚作假维持生存的小企业，相反，参与违规使用这种化工添加剂的皆为奶行业举足轻重的龙头级企业。三鹿、蒙牛、伊利等22家人们熟知的奶业大腕无一幸免悉数牵涉其中，中国奶业一时间如一座摇摇欲坠的大厦，面临着一场生死判决。

也许还有人记得三聚氰胺事发前一年的2007年4月，国际社会闹得沸沸扬扬的美国食品和药品管理局通报我国部分企业在出口的用于制造宠物食品的小麦蛋白、大米蛋白及麸皮等植物源性蛋白中违规添加三聚氰胺，导致4000多只宠物猫、狗死亡的事件，仅FDA接到的投诉就有1万多起。

时隔不到一年半时间，三聚氰胺的为祸对象即由美国的宠物转向了中国的婴幼儿。这不能不令人扼腕叹息。并且，这次事件的发生与以往有所不同的是，事件一经曝光，媒体的神经立即崩紧起来，开始了地毯式新闻轰炸。

新闻回顾

全国数十名婴儿患肾结石　曾食用同样奶粉

甘肃的一名肾结石患儿正遭受病痛

"14名周岁婴儿患肾结石，疑某品牌奶粉是祸首。"看到快报昨天刊发的这则报道后，安徽人周琳（化名）在南京市儿童医院内心急如焚，她的孩子也正因肾结石住院治疗，而她一打听，同一病区里居然有5名孩子都曾经吃过同一品牌的奶粉，会不会就是这个品牌的奶粉呵？

据了解，目前江苏省卫生厅已经介入调查。

10月大婴儿得肾结石

周琳的女儿已经10个月大了。因为没有奶水，给宝宝选择一款奶粉就非常重要了。"这个品牌比较老了，吃了放心。"周琳告诉记者，相比其他动辄上百元的进口奶粉，家境不是很富裕的周琳选了这个品牌的奶粉。孩子自出生就吃这个，一周就要吃一大罐。

9月1日晚上，女儿突然排不出尿了，这种状况持续了4天。一家人赶紧花了1800块钱直接从安徽打车到了南京儿童医院，住院检查的结果让周琳大吃一惊，不满周岁的女儿居然得了肾结石，而且双肾都有结石，两个结石的直径有7毫米。周琳告诉记者："医生直接问我是不是给孩子吃了这个牌子的奶粉，我说是的，医生点了点头说'又来一个'。"才3天，治疗已经花去了一万元，想想女儿可能要开刀，周琳的眼泪流了出来。

品牌代理商曾来探望

杨非（化名）的女儿跟周琳的孩子在一个病区。"我的孩子1岁了，也是一出生就吃这个奶粉。"经过B超检查，发现女儿的双肾都有结石，最大的一个结石直径已经1.4厘米，而且尿道里也有结石，情况比较糟糕。经过周琳和杨非的仔细询问，南京市儿童医院泌尿外科一个病区里，至少有5名孩子有着近似的经历——长期食用某品牌奶粉都患有肾结石。有的孩子病情更严重，已经转至上海治疗。大家在一起交流发现，都是吃的2007年产的该品牌奶粉。"她们与品牌代理商联系后，一位经理带着鲜花果篮来过一次。"旁观的一位患者家属告诉记者，但到现在都没有个明确的说法。

省市卫监部门　已经成立专题调查组

江苏省卫生监督所所长李延平告诉记者，他们也是在昨天刚刚接到投诉的，在此之前还没有接到过相关的投诉和汇报。"接到投诉后，我们非常重视，决定专门成立专题调查组，省市联动起来调查这件事情。"李延平说，由省卫生监督所和南京市卫生监督所组成的专题调查组今天将开始专题调查，目前还无法判断婴儿患病与奶粉是否有直接关系，一旦事情有进展，他们会立刻向社会通报。

奶粉代理商　正在配合相关部门调查

记者昨天联系上了该奶粉在南京地区的代理商，他说："我们接到反映后也非常重视，我们跟医生也沟通过，医院并没有诊断这些小患者得病是因为服用了我们的奶粉。小孩子生病是有多种原因的，比如喂养方式等，不能就确定是因为吃了我们的奶粉造成的。南京市区每个月的销售量都很大，但儿童医院收治的这几名孩子中，没有一名是市区的，都是农村来的。"

"我们也正在配合相关部门的调查。"他说，甘肃那边出现了一些病例，目前总部已经派出督查组到出现相关病例的地区去调查了。

医学专家　是否因食用同种奶粉致病，无法下定论

在南京地区，南医大二附院也是收治儿童患者较多的医院之一，该院儿科主任甘卫华说："我们没有收治因为单一食物引起的肾结石小患者。"她说，这些年来，肾结石小患者的确比往年增多，但导致孩子患上肾结石的，都有综合因素，比如有的患儿是先天性的，有的患儿排钙的渠道不畅等，不能简单地确定吃某种奶粉会引起肾结石。

南京鼓楼医院泌尿外科燕翔博士告诉记者，对于奶粉是否会引起肾结石目前还不好下定论，引起肾结石的原因有很多，有的孩子是先天体质有缺陷，比如先天是高钙尿，也可能与饮水有关系，有的患者家在农村，长期饮用的是当地的井水，水质偏"硬"，这可能也是患结石病的一个原因。

陕甘宁再现 6 病例

在 9 月 8 日甘肃岷县 14 名婴儿同时患有"肾结石"病症后，昨日记者从西安交通大学医学院第一附属医院获悉，两个月来，陕西、甘肃、宁夏也有6名婴儿集中患有"双肾多发性结石"和"输尿管结石"病症，其中，陕西延安有两名。因母亲奶水不足等原因，有一婴儿母乳喂到5个月后人工喂养，其余5个婴儿都是人工喂养，这些孩子都在食用同一品牌的奶粉。（《华商报》2008年9月11日）

事件经媒体的发酵，立即带来了一连串社会反应，各地职能部门与当地政府也开始密切关注事件的发展，并采取了相应的措施。

新闻回顾

中国各地应对三鹿奶粉事件　治疗肾结石患儿

中新社北京9月18日电：为积极应对河北"三鹿奶粉"事件，中国各地相继成立救治工作领导小组，纷纷确定专门定点医院，并迅速组织肾内、泌尿、放射等专业专家，为各医疗机构提供婴幼儿泌尿系统结石诊治的技术支持和指导，对所有患儿实行免费治疗。

中国进一步加强乳制品及相关食品检验监管

记者刘长忠报道：中国国家质检总局18日晚发出紧急通知，要求进一步加强乳制品及相关食品中三聚氰胺及其他有毒有害物质检验监管工作。

通知要求，各级质检部门实施应急管理期间驻厂监管员签字放行制度，落实好有毒有害物质风险分析制度，严格落实进出口产品批批检验制度，认真落实有毒有害物质举报奖励制度，实行应急检测优先保障制度。

重庆发现116例泌尿结石患儿尚无重症病人

孟幻、靳华重庆报道：重庆市政府18日公布称，截至9月17日15时，重庆主城、秀山、涪陵等地已发现食用含三聚氰胺奶粉致婴幼儿泌尿系统结石的患儿116例，目前仍有55例住院治疗，尚无重症患儿。

重庆市卫生局副局长周英杰说,在重庆发现的116名患儿中,服用三鹿奶粉114例,伊利奶粉1例,施恩奶粉1例。目前,已有3例治愈出院,55例仍在住院治疗的患儿分布在十家主城区和区县医院,其他患儿症状相对较轻采用门诊治疗。重庆市食品药品监督管理局副局长陈蓉称,重庆下一步监察工作会深入到农村,将继续加强对含三聚氰胺奶粉的排查以及对患病儿童救治的力度。

广东阳江医卫专家吁患儿家长要理性莫恐慌

记者陈明阳江报道:面对连日来为查肾而不断涌向各医院儿科门诊的家长,广东阳江医疗卫生专家18日希望通过媒体呼吁,家长要理性对待"三鹿奶粉事件",避免因"草木皆兵"带给家庭不必要的困扰和增加医疗单位的压力。

到目前为止,广东阳江暂未发现结石患儿。据了解,在前来查肾的婴儿中,有三鹿奶粉喂养史的只占一小部分,大部分家长都是17日从媒体上得知有22家企业婴幼儿奶粉含三聚氰胺后,才急着带孩子前来检查。

云南医疗机构全力救治结石患儿

记者甘娜昆明报道:云南省卫生厅披露,截至9月18日12时,该省累计报告临床诊断食用含三聚氰胺奶粉患泌尿系结石症婴幼儿78例,目前相关医疗机构正采取积极措施对患儿全力进行救治。

目前,云南除了对石家庄产三鹿奶粉进行清理封存外,质检、工商、农业等部门立即对全省范围内的40家乳制品企业及所属奶源地进行检查和监控。据介绍,云南省共有乳制品生产企业40户,其中:年内有6户企业未生产。9月10至11日,省质监局对另外34户乳制品生产企业的产品抽取139个样品进行检验,均未检出三聚氰胺。1至9月全省出口缅甸、越南等国家、地区乳制品91个批次3381吨,也均未检出三聚氰胺。

河北百余县市增配儿童专用 B 超

记者顾文娜石家庄报道：记者从 18 日河北省政府召开的新闻发布会上获悉，17 日下午，河北省代省长胡春华主持召开河北省"三鹿牌婴幼儿配方奶粉"重大安全事故应急处置领导小组第六次会议，听取了关于婴幼儿医疗救治工作情况的汇报，并就进一步采取措施，全力救治患儿进行了安排部署。

为使食用受三聚氰胺污染奶粉的婴幼儿能够及时、就近得到诊治，河北省政府决定再增加专用设备投入，为该省 136 个县（市）各配备一台儿童专用 B 超，立即购置到位，所需资金由省财政拨付一半，困难县由所在区市支付一半。同时，为每个县抽调三名省、市级医院的专业医生为婴幼儿进行 B 超检查。

山西设立百余定点医院方便结石患儿就诊

记者梁波太原报道：山西省卫生厅今日对"三鹿牌婴幼儿配方奶粉"患儿医疗救治和婴幼儿奶粉情况进行通报，截至 9 月 17 日 12 时，山西省因食用含三聚氰胺奶粉患泌尿系统结石的患儿共计 363 例，现住院治疗 138 例。

为解决短期内可能出现的患儿扎堆筛查、医院接待能力有限等情况，目前，山西省卫生厅已经采取应急措施，全省设立设有儿科的二级以上综合医院、妇幼保健院、儿童医院作为定点医院共 159 个，引导分流，方便患儿就诊。同时，成立了山西省卫生厅婴幼儿泌尿系统结石诊疗专家组，负责指导婴幼儿泌尿系统结石的诊疗和重症患儿的救治。

甘肃一重症肾结石患儿脱离危险

记者刘薛梅兰州报道：据甘肃省卫生厅 18 日发布消息称，截至 9 月 17 日，甘肃省各级医疗机构接诊检查了大量食用含三聚氰胺奶粉的婴幼儿，累计临床确诊患儿 1695 名，比前一天新增 925 名；现住院 445 名，当日新增 190 名；其中重症患儿 7 名。据统计，新增 925 名患儿分

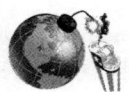

布在甘肃省12个市州，其中农村患儿较多。

据悉，甘肃省卫生厅目前尚未接到其他问题奶粉所致的泌尿系统结石。甘肃省卫生厅对泌尿系统结石患儿的医疗救治的筛查、诊疗全部实行免费，对医疗相关科室取消午休、双休日及节假日休息。自全面开展救治工作以来，目前甘肃省没有发生一例患儿死亡。据悉，酒泉有一名重症患儿在卫生部派往甘肃的专家指导下，已经脱离了危险。（中国新闻网，2008年9月18日）

面对媒体不绝于耳的质疑之声，中国乳协终于做为乳品企业的代言人出面作出回应。中国乳协官网发布消息称，中国乳协和中国人寿保险公司对婴幼儿奶粉事件医疗赔偿基金的管理及支付等情况进行了通报。

中国乳协介绍说，三鹿牌婴幼儿奶粉事件发生以后，中国乳协协调有关责任企业出资筹集了总额11.1亿元的婴幼儿奶粉事件赔偿金。赔偿金用途有二：一是设立2亿元医疗赔偿基金，用于报销患儿急性治疗终结后、年满18岁之前可能出现相关疾病发生的医疗费用。据介绍，经卫生部组织医学专家反复论证，认为婴幼儿的泌尿系统再生能力强，奶粉事件患儿治愈后将来发生相关疾病的几率很低，但尽管如此，责任企业仍本着对患儿身体健康高度负责的态度设立了这笔基金。患儿在急性治疗结束后一旦发生相关疾病，经儿童医院、妇幼保健院和二级以上综合医院诊断，就可以凭上述医疗机构出具的证明报销医疗费。二是用于发放患儿一次性赔偿金以及支付患儿急性治疗期的医疗费、随诊费，共9.1亿元。截至2010年底，已有271869名患儿家长领取了一次性赔偿金，由于信息不准确或不完整查找不到，目前还有极少部分患儿家长没有领取一次性赔偿金。按照规定，2013年2月底之前，患儿家长随时可以在当地领取，逾期仍不领取的，剩余赔偿金将用于医疗赔偿基金。

中国乳协介绍，考虑到中国人寿拥有遍布全国并延伸到基层的服务网点，患儿家长办理报销手续方便，中国乳协将2亿元医疗赔偿基金委托给中国人寿代为管理。中国人寿表示，作为大型国有控股企业，愿意承担社会责任，不收取基金任何管理及服务费用。为做好基金的管理和支付工作，中国人寿对基金实行专户管理，专款专用，配备了专职人员，制定了相关业务、财务管理办法，开发了专门的信息系统，设立了95519专线电话指引，做到规范管理，周到服务，方便患儿相关疾病医疗费用的报销。自2009年7月31日基金正式启动至2011年4月30日，中国人寿累计办理支付1794人次，支付金额1048万元，基金银行账户余额1.92亿元（含利息及2011年当年由中国人寿垫付但未划账金额）。目前，医疗赔偿基金总体运行情况平稳，未发生赔偿纠纷，有关部门也没有接到相关投诉。

事情到了这一步，似乎可以说明，相关乳品企业已完全承认了错误，但是，这并不是承认了错误就可以了结的事件。对相关责任人的刑事处罚也并不那么容易，不但需要详细甄别，而且需要处罚得恰到好处。而对于当事人来说，此时的心态唯有用悔恨终生来形容。

新华网石家庄1月22日电（记者朱峰、杨守勇）：石家庄市中级人民法院22日对三鹿问题奶粉系列刑事案件中的数名被告人作出一审判决，其中原三鹿集团董事长田文华被判处无期徒刑。

被告人张玉军犯以危险行为危害公共安全罪，被判处死刑。被告人张彦章犯以危险行为危害公共安全罪，被判处无期徒刑。被告人高俊杰犯以危险行为危害公共安全罪，被判处死刑，缓期两年执行。被告人薛建忠犯以危险行为危害公共安全罪，被判处无期徒刑。被告人张彦军犯以危险行为危害公共安全罪，被判处有期徒刑15年。被告人肖玉犯以危险行为危害公共安全罪，被判处有期徒刑5年。

被告人耿金平犯生产、销售有毒食品罪，被判处死刑。被告人耿金珠犯生产、销售有毒食品罪，被判处有期徒刑8年。

被告单位石家庄三鹿集团股份有限公司犯生产、销售伪劣产品罪，被判处罚金4937万余元。被告人、原三鹿集团董事长田文华犯生产、销售伪劣产品罪，被判处无期徒刑，并处罚金2000多万元。被告人、原三鹿集团高管王玉良犯生产、销售伪劣产品罪，被判处有期徒刑15年。被告人、原三鹿集团高管杭志奇犯生产、销售伪劣产品罪，被判处有期徒刑8年。被告人、原三鹿集团高管吴聚生犯生产、销售伪劣产品罪，被判处有期徒刑5年。

沸沸扬扬的三鹿奶粉事件历时近两年，终于落幕，有关责任者无一不受到法律的制裁。有关赔偿事宜也得到了相关部门的落实与实施，但留给人们的思考却是长久的。客观地说，尽管受害方都会得到相关的赔偿，但留下的心理伤痕是很难痊愈的。而如果仍然忽视食品企业的道德建设，类似于三鹿奶粉事件的食品安全事件难保不会重演。我们只是希望消费者在购进食品时，能够欣然地说：哦，这个品牌没问题！

"塑化剂"祸及子孙

食品安全的集中治理，如同一次大手术，割除的是毒瘤，承受的是阵痛，收获的必将是食品行业的健康发展。

大陆食品安全事件余波未尽，海峡对岸则接续曝出令人惊悚的"塑化剂"事件。什么是塑化剂呢？顾名思义，塑化剂就是在塑胶材料生产过程中添加的一种化工原料，添加到塑料中以增加塑料的可塑性、弹性及柔软度，种类有百余种，但不得用于食品生产加工。塑化剂是无色、无味液体，添加后可让微粒分子更均匀散布，含有塑化剂的塑料常作为沙发、汽车坐椅、橡胶管、化妆品及玩具的原料。

塑胶制品中的塑化剂会因为储存的温度、时间、pH值的大小而不同程度地释出到环境之中，因此塑化剂在我们的环境中几乎是无所不在，不管是在空气、土壤、水源皆可检测出其含量，尽管正常情况下环境中所含塑化剂浓度并不高，可是经由食物链浓缩的因素，人体无意间所摄入的塑化剂浓度，可能比环境中的浓度还要高出上千倍。这对人类健康会产生很大的影响。医学专家警告说，当孕妇体内的塑化剂浓度很高时，男宝宝的荷尔蒙浓度就会降低，大约5岁左右就容易出现女性化行为，例如喜欢玩洋娃娃、爱扮演公主等；8岁以下的小女生，则容易出现乳房提早发育、月经早来、青春期早熟的现象，并会增加罹患乳癌的几率。

但是，就是这样一种对人体具有重大伤害的塑料化工添加剂，却在利益的驱动下经由不法商人之手堂而皇之地走进食品添加剂大家族，成为食品饮料产品常用的起云剂之一。

什么是起云剂呢？所谓的起云剂就是为了增加饮料流动的黏稠性，让人家看起来很黏稠，有果胶的饮料质感感受，所以才加进去的。一般情况下，起云剂大部分用于果汁饮料，主要是因为果汁一般都很稀，用行话来说就是清汤寡水，品相不好，加了起云剂后会给人以很稠的感觉，卖相好。起云剂常见原料是阿拉伯胶、乳化剂、棕榈油或葵花籽油，台湾祸首昱伸公司制造起云剂时偷梁换柱，用塑化剂取代成本贵5倍的棕榈油以图牟取暴利，这与工业酒精勾兑事件、苏丹红事件、三聚氰胺事件类同，是极其恶劣的制假行为和严重的食品安全事件。

据媒体披露，塑化剂事件的整个过程是这样的：

台湾卫生部门食品药品管理局检验员杨女士在对例行稽查的益生菌食品做检验时，意外地发现气相层析仪上出现异常波状讯号。杨女士将此异常讯号与各种物质的图谱作比对，赫然发现是塑化剂DEHP，即邻苯二甲酸二（2-乙基己基）酯特有的"指纹"，这是不该出现在食品中的物质，杨女士立刻警觉到事情的严重性。于是，杨女士反复检测，

花了两个星期验明塑化剂 DEHP 的正身，后来又做了定量分析，检出益生菌食品中的 DEHP 浓度高达 600ppm（ppm 表示百万分之一浓度，ppm 类似百分号，可具体为 mg/kg），远远超过民众每日平均摄入量 1.29 毫克这个食品安全标准。这是一个令人震惊的结果，深知事关重大的杨女士立即向主管部门汇报了此事，台湾卫生部门决定通知检方。最后检方循线查到源头——昱伸香料有限公司生产的食品添加物"起云剂"违法掺入塑化剂 DEHP。于是，令人震惊的塑化剂事件公之于众。而事件最终涉及面之广亦远远超出人们的料想。

经排查确认，目前全台至少有 156 家食品企业遭到塑化剂波及，受污染产品也扩大到近 500 项；台湾食品龙头企业统一集团的三种产品宝健运动饮料、芦笋汁和 7-SELECT 低钠运动饮料也被查出有毒，其中有毒芦笋汁已销往大陆。截至 27 日，受事件牵连厂商已近 200 家。新北市检方 28 日凌晨申请羁押 3 人。台湾卫生部门 2011 年 5 月 30 日表示，含致癌塑化剂 DEHP 的问题起云剂的悦氏运动饮料，确认输往香港、大陆；成伟公司（盛香珍）将问题起云剂外销到菲律宾与越南；传佳公司与云丞公司的问题果汁则输往美国。

台湾塑化剂事件一经曝光，坏消息接连不断，除名牌食品外，还有多家厂商使用昱伸公司制造的黑心起云剂，并长期外销至大陆、菲律宾、美国等地，因此，台湾塑化剂事件也一跃上升为国际食品安全事件。台行政部门负责人吴敦义表示，台湾产品销售到海外，就必须担负起国际义务，务必要追查所有问题产品流向，做好下架回收工作，确保所有消费者的健康与安全。

2011 年 5 月 28 日上午国家质检总局新闻发言人李元平通报了台湾地区食品添加剂"起云剂"的有关情况。据李元平介绍，5 月 24 日，台湾地区有关方面向国家质检总局通报，发现台湾"昱伸香料有限公司"制售的食品添加剂"起云剂"含有化学成分邻苯二甲酸二酯，该

"起云剂"已用于部分饮料等产品的生产加工。邻苯二甲酸二酯是一种普遍用于塑胶材料的塑化剂,在台湾被确认为第四类毒性化学物质,为非食用物质,不得用于食品生产加工。另据媒体报道,DEHP会危害男性生殖功能,促使女性性早熟。

据李元平介绍,为保证消费者身体健康,国家质检总局已要求各地出入境检验检疫机构加强对来自台湾地区相关添加剂和饮料等产品的检验监管,防止问题产品进入大陆。并制定了具体措施:一是要求各地出入境检验检疫机构继续调查了解台湾"昱伸香料有限公司"生产的"起云剂"以及相关饮料产品进口报检及检验监管情况,并从即日起不受理台湾"昱伸香料有限公司"生产食品添加剂的进口报检。一旦发现尚在口岸的问题产品,立即予以扣留;如果发现问题产品已流向社会,出入境检验检疫机构立即责成进口企业实施召回。二是加强从台湾进口有关食品的检验,凡检出DEHP的产品一律不准入境,不合格情况要按有关规定及时上报,同时要全面掌握从台湾进口食品的有关情况,密切关注台湾"起云剂"污染问题的动态,及时告知进口商采取相应的防范措施。三是要求相关检验检疫机构立即开展对问题"起云剂"和台湾进口食品添加剂中DEHP成分的检测。国家质检总局将保持与台湾有关方面的沟通,并根据事件进展情况,进一步采取相应措施。

塑化剂DEHP事件的爆发让许多人的目光聚焦于这种化学添加剂的本身,也有业内专家对此进行了很专业的描述。

资　料

肇事塑化剂的正常应用: 由于PVC本身是硬质的物料,添加塑化剂后,可使得塑胶成品具有柔软、易于弯曲、折叠、弹性佳的性质而易于塑形,也因此黏性较PE保鲜膜为佳。此外,女性经常使用之香水、指甲油等化妆品，则以邻苯二甲酸酯类作为定香剂，以保持香料气味，或使指甲油薄膜更光滑。

肇事塑化剂对人类的危害： 1. 保鲜膜由于添加了大量的塑化剂，并非以化学键键结于聚合物中，所以容易受到外在环境因素如温度、使用时间、pH 值的影响而释放到环境中。即使与食物接触时并未加热，塑化剂也有机会渗出到食物中，尤其当接触的食物是表面具非极性油脂的鱼肉时更易「溶」出塑化剂。2. 塑胶制品中的塑化剂释放至环境中所含浓度并不高，但在自然界分解机制所需时间可能长达数年，再经由食物链浓缩，人体无意间所摄入的塑化剂浓度，就比环境中的浓度还要高很多倍。曾有阳明大学研究学者指出，抽样调查 60 个人的尿液中就有 90％的人检验出这些塑化剂的代谢物，足见我们该对塑化剂有更多认识才对。3. PVC 保鲜膜使用后通常是直接丢弃，进入焚化厂后若焚烧温度不当则易产生所谓世纪之毒－戴奥辛（Dioxin，即二噁英），只要一点点，就足以对我们造成各式各样的文明病，如心脏病、糖尿病、过敏、不孕、癌症等。4. 邻苯二甲酸酯类塑化剂被归类为疑似环境荷尔蒙，其生物毒性主要属雌激素与抗雄激素活性，会造成内分泌失调，阻害生物体生殖机能，包括生殖率降低、流产、天生缺陷、异常的精子数、睾丸损害，还会引发恶性肿瘤、造成畸形儿。（注：［环境荷尔蒙］系指外在因素干扰生物体内分泌的化学物质，在环境中残留的微量此类化合物，经由食物链进入体内，形成假性荷尔蒙，传送假性化学讯号，并影响本身体内荷尔蒙含量，进而干扰内分泌之原本机制，造成内分泌失调。）5. 塑化剂会伤害人类基因。台师大研究团队更发现，塑化剂会造成基因毒性，会伤害人类基因，长期食用对心血管系统危害最大，对肝脏和泌尿系统也有很大伤害，而且被毒害之后，还会透过基因遗传给下一代。台师大研究团队利用生物信息和毒理基因组学分析 16 种不同塑化剂，比对大鼠、小鼠、人类基因。经过一年时间，分析出这些塑化剂暴露产生的基因交互作用会造成心脏、肝脏和肾脏毒性，对人类疾病风险最大是心血管疾病，其次是肝脏疾病、泌尿系统疾病，第4名才是生殖方面疾病。

因此，在众人眼中，塑化剂的毒害绝不亚于不久之前令人惊恐的三聚氰胺。

中国卫生部2011年6月1日晚紧急发布公告，将塑化剂邻苯二甲酸酯类物质共17种，列入食品中可能违法添加的非食用物质和易滥用的食品添加剂名单，这意味着塑化剂将作为卫生监管部门今后的监督管理重点之一。公告指出，此类物质可能添加在乳化剂类食品添加剂、使用乳化剂的其他类食品添加剂或食品中，并列出检测方法。

步台湾食品企业产品检出塑化剂后尘，大陆台资企业也传出检出塑化剂的丑闻。东莞一台商投资企业"东莞市昱延食品有限公司"生产的添加剂被检出有毒塑化剂DEHP。该公司销售部经理与始作俑者"台湾昱伸香料有限公司"负责人名字都为"赖俊杰"。据知情人透露，问题企业存在已4年多时间了。6月2日，记者从广东省工商局企业资料查询系统里查询发现，东莞市昱延食品有限公司成立于2007年4月24日，注册资本10万元，法定代表人叫朱国东。据广东省食品安全委员会办公室昨日通报，朱国东已被依法刑拘并正在受审，东莞市有关部门查封了该公司库存的食品添加剂产品约6吨、用于生产食品添加剂的原料0.6吨、搅拌机2台、灌装机1台。经查，昱延公司位于东莞市万江区滘联社区创业路第二工业区内，占地面积约为400平方米，现有员工17人，自2009年4月投入生产以来，每月食品添加剂产量约3000公斤，销售额约15万~20万元，产品销往广州、江门、东莞等地。在东莞市昱延食品有限公司的网页上，多处留下联系人为销售部经理"赖俊杰"，而台湾"昱伸香料有限公司"的负责人也叫"赖俊杰"。广东质监部门此前也曾通报称，东莞昱延与台湾昱伸有关联，而且从昱延公司查获的进货和销售记录均显示"起云剂用油"来自台湾。台湾媒体已有消息称,正是在台涉嫌生产有毒起云剂的昱伸公司负责人赖俊杰,投资东莞昱延,但此事尚未得到官方证实。赖俊杰此前在台接受询问时曾供认,他在起云剂中添入塑化剂已将近 30 年。由此而言,塑化剂潜行 30 年而令人毫无觉察,不仅反映出台湾食品监管方面的巨大漏洞,也反映出社会普遍缺乏的食品安全意识。正是这些疏漏,才令不法分子有可乘之机。

截至 2011 年 6 月 16 日,台湾受塑化剂污染产品已过 1000 种。新华社北京 6 月 16 日电(记者朱立毅):国家质检总局根据台湾地区公布的情况,16 日又增加了受塑化剂污染的问题企业及其相关产品名单,这使得因受塑化剂污染而被大陆暂停进口的产品超过了 1000 种。此外,还有两种食品虽然不在台湾地区公布的名单中,但在入境口岸被检出塑化剂污染,这两种产品已按规定进行处理,并未进入大陆市场销售。

与此同时,台产食品流径国家与地区都对塑化剂食品进行了排查。2011 年 6 月 2 日泰国唯一一家进口台湾饮料的"天特全球公司"(TeamTec)共进口 3 款饮料,包括悦氏矿泉水、悦氏酸梅汤以及台湾海洋深层水。其公司总经理黄建彰说,悦氏酸梅汤在台湾检验通过未含塑化剂,但食品药物管理局表示,泰方将进一步检验,在报告还未出炉前,要求他们暂时将酸梅汤下架停止销售。香港浸会大学生物系抽取 200 名香港市民的血液样本进行化验,结果发现 99% 的血液样本中均验出有"塑化剂"。这代表这类化学物料有可能一直存在于食物中,市民进食时多不自知,而且有关物料易被人类接触及吸收。香港食品安全中心宣布,2011 年 6 月 14 日中午 12 时起,禁止输入及在香港供应台湾的解渴志沛力特电解运动饮品。饮品制造商名称为泰华油脂工业股份有限公司,必须在 30 天内回收市面上的该款饮品;此外,八个台湾生产的"庄家方块酥"样本,以及维力手打面内附的麻油包都验出塑化剂,必须停售。2011年6月2日，台湾驻美副代表李澄然表示，对台制加工食品含有塑化剂案，已向美国卫生部FDA通报20余项产品，及美方4个主要进口商资料，未来也将持续更新通报内容。除了一对一的单边通报，台湾也透过世界卫生组织（WHO）的多边制，将信息传达给有关国家。

非惟如此，塑化剂对环境的危害也是一种值得深思的问题。2010年6月出版的《中国环境监测》杂志上，研究人员测定发现，包括塑化剂邻苯二甲酸二酯在内的邻苯二甲酸酯类物质（简称PAEs）早已渗入北京的地面水体与空气之中，部分水体污染严重；长江三峡库区DEHP最高浓度和黄河部分河段中DEHP浓度都已超标。而针对这项检测，对人的健康方面影响的评估则未见传媒。而塑化剂对环境的污染在台湾则更为严重。

新闻回顾

中国台湾网6月10日消息综合台湾媒体报道，台湾塑化剂污染泛滥，河川也早已受害。台当局环保部门委托学界过去10年对全台30条河川监测，不仅发现河中塑化剂有逐年增加趋势；学者甚至发现，部分河川鱼体中，可测到几十到几百ppm不等的高浓度塑化剂。食物链遭塑化剂污染范围超出想象。

最新出炉、台湾成大研究发展基金会进行的"2009～2010年毒性化学物质环境流布背景调查"，再次证实这项危机，不仅底泥，河流野生鱼体中也都发现DEHP，且浓度是6种塑化剂最高的。

台湾成大团队2009年完成对爱河、老街溪、新虎尾溪、二仁溪及浊水溪5条河川的研究，2010年再完成对淡水河本流、大汉溪、新店溪、头前溪、大甲溪、北港溪、秀姑峦溪、基隆河、客雅溪、朴子溪及将军溪等 11 条河川底泥及鱼体样本采样。

淡水河底泥 DEHP 5 年多 4 倍

2009 年调查显示，底泥中 DEHP 最大浓度可测到 47mg/kg，平均浓度 9.6mg/kg；2010 年调查，底泥 DEHP 最高浓度为 23.6mg/kg，平均浓度 3.5mg/kg。淡水河流域底泥 DEHP 含量与 2005 年度比较，高出 4 倍。

秀姑峦溪鱼体 DEHP 浓度最高

鱼体方面，2009 年报告 DEHP 平均浓度为 0.29mg/kg，最大浓度为 1.1mg/kg（湿重）；2010 年调查，鱼体样本 DEHP 平均浓度为 1mg/kg，最大浓度为 7.5mg/kg（干重），6 种塑化剂中以 DEHP 之浓度分布为最高，其中秀姑峦溪鱼体中 DEHP 平均浓度达 2.6mg/kg（干重），为全台河川最高值。

台湾学者黄柏菁等人于 2008 年在 Chemosphere 期刊发表的 DEHP 环境流布调查就显示，台湾一些河流中的野生吴郭鱼被检出 DEHP 浓度高达 1.4 到 129.5mg/kg，石斑鱼检出 1.2 到 33.1mg/kg。河川上游鱼体的污染量较低，中、下游污染较严重。

报道称，若吃到 DEHP 污染值最高的野生溪鱼，依鱼体含水率约 5 到 7 成计算，每 100 克鱼肉约含 4.6 毫克 DEHP。对 60 公斤成人来说，已达欧盟与美国的人体每日最大容忍摄取量（TDI）的 1.5 倍与 3.8 倍。

民众感受一："淡水河的野生鱼，我也不敢吃"

淡水河流域底泥 DEHP 含量高，关渡桥下钓客表示，淡水河的野生鱼，"我也不敢吃"。钓客说，他钓鱼会看鱼种，从外海游进淡水河的鱼才会吃。在台北桥、忠孝桥、中兴桥及关渡桥下常见淡水河的鱼种，钓友常口耳相传有毒或重金属污染，根本不敢吃。

民众感受二：从小吃到大不相信秀姑峦溪水有塑化剂

对于秀姑峦溪的溪鱼，验出高达 2.6mg/kg 的 DEHP 塑化剂，瑞穗乡民则感到十分惊讶。瑞美村的阿美族陈小姐说:"从小吃秀姑峦溪鱼长大!怎么可能有塑化剂?"她说,会在秀姑峦溪捕鱼的都是阿美族,也是部落过去主要的蛋白质来源,但主要是自己吃,鲜少贩卖,听到溪鱼有塑化剂,感觉还是会"怕怕的",但不会因此不吃鱼。

因秀姑峦溪沿线都没有生产、使用塑化剂的工厂,乡民对这样的检验结果难以置信。瑞穗乡代锺紫韵说,她不相信秀姑峦溪会污染这么严重,怀疑是溪流沿线的禽畜养殖区的排泄物,及种西瓜使用的农药导致污染。(中国台湾网,冯存健)

可见,塑化剂的污染对于台湾来说并非仅仅是一个食品安全问题,也是一个生态环境安全问题,而最令人担忧的则是后者。用一句通俗的话来说,莫要到了有食物不敢吃,有水不敢喝地步才想到如何根治。未雨绸缪,实施人与自然和谐共处的环境工程才是解决这些问题的根本之路。

转基因食品带来的困惑

科学是一柄双刃剑,这句话用在基因研究方面再正确不过了。因为在基因产品带给人类许多好处的同时,也带来了许多令人恐惧与担忧的害处。其好的一面自然是令人称颂的,诸如在植物抗病、抗虫害、增产增收方面基因技术的确起到了许多令人意想不到的作用,而坏的一方面也颇为令人担忧,转基因食品频频传出的坏消息亦在不断地增加人们对转基因食品的不信任感。

一般来说,我们所说的转基因食品大都指的是由转基因技术而生产的农作物,并由此农作物加工而成的食品。什么是转基因呢?通俗地说，转基因就是一种生物体内的基因转移到另一种生物内，或同种生物的不同品种间的基因转移过程。一般来说转基因是通过有性生殖过程来实现的。例如，植物的花粉（含有雄配子）通过不同的媒介由一个植物"跑"到另一种植物，或"跑"到同一种植物的另一个品种花朵里边的雌蕊（含有雌配子）上并与其杂交，这种杂交的过程就产生了基因的转移。同样，例如在猫这种动物中，不同品种和类型的猫进行交配后产生了与父母都不一样的子代，就是由于产生了基因的转移。因此，转基因是大自然中每天都在发生的事情，只不过在自然界中，基因转移没有目标性，好的和坏的基因都可以一块转移到不同的生物个体。同时，通过自然杂交进行的转基因是严格控制在同一物种内（特别是在动物中），或是亲缘关系很近的植物种类之间，并在大自然长期的自然选择过程中或得以延续或被淘汰。

不过，基因技术的应用则打破了这种自然选择与淘汰的规则，可以说转基因技术是完全按照人的意愿来组建新物种的。并且，这种转基因技术完全可以打破生物物种界限，创造出自然界所完全不存在的生物物种。比如，在西红柿中加入牛的某种基因就可以产生具有牛肉品味的西红柿，在小鼠身上可以种出人的某种器官。诸如此类的基因科学成就在令人惊叹的同时，也不免让人多出几分疑问？人类，有必要这么做吗？仅仅是为了科学研究还是为了商业利益？与正确的生物进化方向相比，某些带来危害的基因科学所谓的成就究竟有何价值？也许这些问题，不仅仅基因科学工作者应当思考，所有的社会成员都有必要进行深入思考。

回顾基因科学发展的历程，自从人类耕种作物以来，我们的祖先就从未停止过作物的遗传改良。过去的几千年里农作物改良的方式主要是对自然突变产生的优良基因和重组体的选择和利用，通过随机和自然的方式来积累优良基因。遗传学创立后近百年的动植物育种则是采用人工杂交的方法，进行优良基因的重组和外源基因的导入而实现遗传改良。

从这一点来说，转基因技术与传统技术是有共通之处的，其本质都是通过获得优良基因进行遗传改良。但在基因转移的范围和效率上，转基因技术与传统育种技术有两点重要区别。第一，传统技术一般只能在生物种内个体间实现基因转移，而转基因技术所转移的基因则不受生物体间亲缘关系的限制。第二，传统的杂交和选择技术一般是在生物个体水平上进行，操作对象是整个基因组，所转移的是大量的基因，不可能准确地对某个基因进行操作和选择，对后代的表现预见性较差；而转基因技术所操作和转移的一般是经过明确定义的基因，功能清楚，后代表现可准确预期。因此，转基因技术是对传统技术的发展和补充。将两者紧密结合，可相得益彰，大大地提高动植物品种改良的效率。

如果转基因的技术应用仅仅局限于此，我们有理由说转基因技术的确是一种有利于物种培育的技术，也是一种值得发展的技术。然而，事实却告诉我们，这种技术在打破物种界限之后，则存在着许多不确定因素，并且这些不确定因素正严重威胁着生物界的安全。这并非危言耸听，许多事件正在证明着这种可怕的威胁。正因如此，转基因食品自诞生以来，就一直承受着支持与反对两种观点以及不同国家的支持与反对之争。这种支持与反对似乎各有各的理由，而转基因技术就在这种不停的争论中一直走到今天，并呈现出加速发展的特点。

资　料

自1996年首例转基因农作物产业化应用以来，全球转基因技术研究与产业应用快速发展。发达国家纷纷把发展转基因技术作为抢占未来科技制高点和增强农业国际竞争力的战略重点，发展中国家也积极跟进，并呈现以下发展态势：

一是品种培育速度加快。随着生命科学、基因组学、信息学等学科的发展，转基因技术研究日新月异，研究手段、装备水平不断提高，基因克隆技术突飞猛进，一些新基因、新性状和新产品不断涌现。品种培育呈代际特征，目前全球转基因生物新品种已从抗虫和抗除草剂等第一代产品，向改善营养品质和提高产量的第二代产品，以及工业、医药和生物反应器等第三代产品转变，多基因聚合的复合性状正成为转基因技术研究与应用的重点。

二是产业化应用规模迅速扩大。截至2009年底，全球已有25个国家批准了24种转基因作物的商业化应用。以转基因大豆、棉花、玉米、油菜为代表的转基因作物种植面积，由1996年的2550万亩发展到2009年的20亿亩，14年间增长了79倍。美国仍然是最大的种植国，2009年种植面积9.6亿亩；其次是巴西，3.21亿亩；阿根廷，3.195亿亩；印度，1.26亿亩；加拿大，1.23亿亩；中国，5550万亩；巴拉圭，3300万亩；南非，3150万亩。值得一提的是，2000年以来，美国先后批准了6个抗除草剂和药用转基因水稻、伊朗批准了1个转基因抗虫水稻商业化种植；加拿大、墨西哥、澳大利亚、哥伦比亚4国批准了转基因水稻进口，允许食用。

三是生态和经济效益十分显著。1996～2007年，全球转基因作物的累计收益高达440亿美元，累计减少杀虫剂使用35.9万吨。2008年，全球转基因产品市场价值达到75亿美元。（摘自百度词条）

从这则资料人们可以看出，转基因作物似乎形势一片大好，正在得到越来越多的国家承认与引进或研究。然而，令人不安的是，许多转基因食品安全事件也不断浮出水面，并极大地震撼了世界，"当仁不让"地成为世界性食品安全问题。

资料

世界各国转基因安全事件

一、1997~1998年，英国等实验分析发现转基因食品导致某些动物健康异常和种植区域出现异常。英国政府资助的研究显示，食用了转基因土豆的老鼠出现了肝脏癌症早期症状、睾丸发育不全、免疫系统和神经系统部分萎缩等异常现象。

二、1997德国农民克劳纳开始种植先正达Bt-176玉米试验田，头三年，玉米长势喜人、毫无虫害。当2001年他将这种玉米用来喂养母牛时，牛开始剧烈腹泻并停止产奶，最后，他总共损失了70头牛。

三、1998年秋，苏格兰Rowett研究所的普兹泰教授（Pusztai）就在电视上公开宣称，他的实验证明，喂食了转基因玉米的实验鼠肾脏、胸腺和脾脏生长异常，或萎缩或生长不当，脑部萎缩，多个重要器官也遭到破坏，免疫系统变弱。

四、1998年，欧盟国家通过法律，把转基因农产品作业严格限制在实验室环境或封闭区域之内。

五、1999年，美国康奈尔大学的研究者John Losey在英国《自然》杂志上发表报告，用涂有转Bt基因玉米花粉的叶片喂养斑蝶，导致44%的幼虫死亡。

六、2000年到2001年，转基因种植区域发现生态环境出现异常获得更多证实，譬如，转基因玉米品种本身尚未发现异常，但其周围野生生态环境出现异常，而转基因甜菜等品种的野外试验显示其本身和环境都发现异常。为此，美国、加拿大、英国和欧盟国家的政府农业部门紧急成立农业生态环境保护工作组，对转基因种植区开始全天候的严密监控措施。

七、2004年，先正达研发的转基因Bt-176玉米爆发丑闻，德国黑森州北部农民从1997年开始试种Bt-176玉米,并用作奶牛的补充饲料,2000年当农民开始提高该玉米在饲料中的比例后,所有的牛都死了。2004年瑞士联邦技术研究院植物学研究所海尔比克教授发现,Bt-176中的用来毒杀欧洲玉米螟的Bt毒素,无法分解,最终毒死了奶牛。

八、2004年7月28日,美国国家科学院完成了特别专题研究并发布研究报告,指明:转基因食品可导致难以预见的主基因(Host DNA)破坏,而用现有的审核和监测系统,美国各政府机构不能发现这些破坏。美国国家科学院列举了审核转基因食品产品的时候所没发现的异常:

1. 食用了转基因玉米等转基因食物的老鼠,出现血细胞和肝脏细胞异常、肝脏比没食用的更重;

2. 食用了转基因玉米的猪,在美国中西部农场出现假孕或不育;

3. 食用了转基因玉米饲料的母牛,在德国实验农场非正常死亡;

4. 使用转基因饲料的鸡的死亡率比使用自然饲料的死亡率高出两倍;

5. 英国市场出现转基因大豆食品后,居民的过敏症上升了50%,巴西出现同样状况;

6. 被长期认为"安全"的转基因玉米,其效果并非如推广者说的那么理想,例如,菲律宾食用者出现了皮肤、小肠和呼吸系统的异常反应。

九、2005年5月22日,英国《独立报》又披露了知名生物技术公司"孟山都"的一份报告,以转基因食品喂养的老鼠出现器官变异和血液成分改变的现象。

十、2005年11月16日,澳大利亚联邦科学与工业研究组织(CSIRO)发表的一篇研究报告显示,一项持续4个星期的实验表明,被喂食了转基因豌豆的小白鼠的肺部产生了炎症,小白鼠发生过敏反应，并对其他过敏原更加敏感，并据此叫停了历时 10 年、耗资 300 万美元的转基因项目。

十一、2006 年，俄罗斯科学院高级神经活动和神经生理研究所科学家伊琳娜·艾尔马科娃博士研究发现，食用转基因大豆食物的老鼠，其幼鼠一半以上在出生后头三个星期死亡，是没有食用转基因大豆老鼠死亡率的 6 倍。

十二、2007 年，在奥地利政府的资助下，泽特克教授及其研究小组对孟都山公司研发的"转基因玉米 NK603（抗除草剂）和转基因玉米 MON810（Bt 抗虫）的杂交品种"进行了实验。在经过长达 20 周的观察之后，发现转基因产品影响了小鼠的生殖能力。

十三、2007 年 10 月和 11 月，美国《纽约时报》等媒体报道，经过长期周密跟踪观察，发现有两种转基因玉米种植导致伤害蝴蝶生存，对生态环境安全的威胁程度已经超出可接受水平。为此，欧盟已经作出了初步决定，禁止该转基因玉米的种子销售使用。

十四、2007 年，法国科学家证实，孟山都公司出产的一种转基因玉米对人体肝脏和肾脏具有毒性。

十五、2008 年意大利的科学家做了一个长期实验。他们用抗草甘膦转基因大豆喂养雌性小鼠长达 24 个月，结果发现食用 GM 大豆的雌性小鼠肝脏出现异常。

十六、2008 年，美国科学家也证实了长时间喂食转基因玉米，小白鼠的免疫系统会受到损害，该研究成果发表在同年《农业与食品化学》杂志上。

十七、2009 年 12 月 22 日，法国生物技术委员会最终宣布，转基因玉米"弊大于利"，这等于转基因作物种植在法国的永久废除。

十八、2009 年 12 月一期《生物科学国际期刊》上发表的研究结果表明，三种孟山都公司的转基因玉米能让老鼠的肝脏、肾脏和其他器官受损。三种转基因玉米品种，一种设计能抗广谱除草剂（即所谓的

Roundup-ready），另外两种含有细菌衍生蛋白质，具有杀虫剂特性。这项研究利用了孟山都自己的原始数据。（摘自百度百科）

看过这则资料，相信许多人都会感到一种沉重的压抑。甚至会产生人类文明即将毁于人类引以为荣的科技的感觉，并对转基因食品产生本能的抵触。客观地说，实事求是也是一种科学精神与科学工作者应该持有的心态，而从实事求是的角度出发，分析生物进化与目前的转基因食品危机，人们也许会发现更为严酷的推论。对于生物进化来说，其周期常常可以追溯到百万年级别，而转基因技术实质上忽略了时间因素，在短期内就可以完成生物进化方面的"目标或任务"。但其后果却常常难以评估，其安全性也没有丝毫保障。作一个不太恰当的比喻，转基因技术如同改变了一组功能稳定的电脑软件中的程序密码，其结果是必然会产生连琐效应，但谁也无法预料这种连琐效应会产生什么样的结果。并且，这种后果常常会跨越漫长的时间而后才发生作用。基因科学，在有限的时间内根本无法完成对转基因造成后果的评估。

这种情形恰如一部美国科幻影片描述的一种情形，这部影片就是改编自美国著名科幻作家雷·布拉德伯里的短篇科幻小说《时间狩猎》的《雷霆万钧》，导演彼得·海姆斯（Peter Hyams）以逼真的画面生动地描述了生物进化链一旦被截断所发生的可怕恶果。虽然影片是以科幻的手法来表现的，现实中并不存在这样的故事，但其讲述的道理却是极具启示意义的。

影片的故事情节是这样的——

公元 2055 年，科学家兰德博士发明了一种既可以改变世界，也能催毁世界的机器——智能时空穿梭机"塔米"，不过，这项发明却被商人查尔斯·霍顿买断了专利权。"塔米"可以让人回到过去的任何一个时代，不过，这并不是一种令人愉悦的旅行。因为，这种时光旅行非常可怕，旅行中的人如果扰乱了所去的那个时代的哪怕一点点生物进化状态，就足以造成改变当今世界所有生物包括人类的可怕结果。

更为令人担惊的是，这样一项重大科技发明却被商人查尔斯·霍顿用来进行以赢利为目的的商业性时光狩猎。在一次时光狩猎旅行过程中，狩猎旅行团队回到了白垩纪恐龙时代并射杀了一只恐龙，时光狩猎旅行结束之后的庆功派对上，时光狩猎旅行者们受到"塔米"的研发人索尼亚·兰德博士的强烈抗议。然而，却无法令这种危险的时光狩猎旅行活动停止。

时光狩猎旅行的领队雷亚博士是一位基因技术专家，他的目的并不在于狩猎而是在于寻找那些已经灭绝了的动物的基因以便让它们复活。又一次时光旅行即将开始了，两位富翁玩家被告知了旅行的规则：不准在哪儿留下任何东西；不许带任何东西回来；不可以改变任何东西；不能碰任何东西。然而，这次狩猎旅行并不顺利，由于配备的武器发生了故障，狩猎队险象环生，为了躲避恐龙的袭击一名队员不小心踩死了一只蝴蝶。于是，一场可怕的危机渐渐迫近——

先是全球性莫名其妙的高温，而后是密歇根湖前所未有地出现大批莫名其妙自杀在沙滩上的鱼类，雷亚家中的花开始枯萎，市区内出现穿透厚壁的无名植物……

当又一次时光狩猎旅行开始之时，灾难发生了，"塔米"登入白垩纪时代之时，比设定的时间慢了整整5分钟，时光狩猎团队没有按设计时间精确地出现在设定的地域，就在他们刚刚登陆之际，火山喷发了，时光狩猎旅行团队不得不狼狈地逃了回来。而政府派出的主管这个项目的密秘特工也不得不宣布关闭"塔米"。

但是，由此造成的灾难却没有停止，并正一波又一波呈现在人们的眼前。莫名的植物穿透城市建筑破坏了街道与住宅，甚至堵塞了电梯的升降空间。兰德博士的家也受到不明原始爬虫的入侵。兰德博士告诉雷亚，当生物进化的过去被改变之后，灾难会以波浪的形式一波波袭来，先是气候，然后是植物，再后是简单的原始生物，接着会是高级复杂的有机体，最后一波会是人类发生改变，而人类最后会变成什么样子则无法预知。

解除这场灾难的办法只有一个，就是再回到上次时光狩猎旅行的登入地，找到被改变的东西并让其复原。

计划最终获得通过，"塔米"重新开启，雷亚博士只身一人回到白垩纪，却恰巧赶上时间冲击波，雷亚不得不逃回当今世界，但当今世界也被时间冲击波破坏得面目全非，整个城市完全变了样子，到处都是不名植物，城市供电也完全中断，恐慌开始蔓延……

雷亚博士与兰德博士一群人苦苦寻找失误的环节，最终从体检记录中发现了问题——回来时的狩猎人群总重量比去时重了1.3克。也就是说，一定有什么东西被带了回来。而造成这个后果的原因则是老板查尔斯·霍顿为了节省电费开销而关掉了用电量颇大的生物过滤器的原因。那么，被带回来的究竟是什么呢？

时间在一点点过去，时间波在一次次攻击，破坏力越来越强，世界生物史上从来没有过的高级复杂的有机体动植物已出现在这个世界，而距离改变人类的最后一波时间冲击波也越来越近。

雷亚博士与兰德博士不得不冒着生命危险穿越那些怪诞的植物与极具攻击性的动物去寻找曾经的狩猎者，以期找到究竟是什么东西被带回了这个世界。在经历了极度恐怖与危险之后，他们终于发现狩猎者之一在时光狩猎旅行中踩死了一只蝴蝶，并将这只粘在鞋底的死蝴蝶带回了这个世界。影片交待，这不是一般的蝴蝶而是生物进化的关键一环。这一环的丢失将改变整个生物种群的基因构成，并导致生物以完全不同于现在的进化方式进行进化，不但会出现许多人类未知的生物，甚至连人类也会因此而改变。问题的结症终于找到了，剩下的问题是如何解决这个难题了。

此时的世界已是一片末日景象，老板查尔斯·霍顿与那个政府派驻的秘密特工都已在这场灾难中死去,而"塔米"试验中心也变得一片狼籍。雷亚博士与兰德博士迅速重新组装好"塔米"设备,兰德博士亲自操作,在最后一波时间冲击波到来之际将雷亚博士顺利送达白垩纪。最终,雷亚博士成功了,他挽救了那只生物进化链中至关重要的蝴蝶,世界又恢复了原样。

  客观地说,这是一部描写基因进化的科幻影片,其强调的一个核心问题就是基因进化过程中的蝴蝶效应。这种效应也可能在短期内没有什么明显的表现,但如果放大时间间隔,以百年、千年,甚至万年、百万年、千万年来衡量,这种效应就变得十分显著了。而转基因的反对者们反对转基因食品的理由之一也正是出于这种考虑。今天的转基因食品,就有可能成为生物进化链中被破坏掉的那只蝴蝶,所造成的恶果可能在百年,也可能在千年之后才能得以表现。而科学,不能短视,人类也不能短视,恰如中国的一句名言:人无远虑,必有近忧。在这方面,相信绝大多数人对自然进化的信赖要超过对基因科学的信赖。而从影片宣传的主旨思想的角度来看转基因食品的安全性,人们也会清楚地看到,转基因生物完全有可能危及生物链与生物进化,甚至危及人类自身生存与发展,这不能不说是影片给予受众的最有价值与意义的启示。

  当然,现实之中,意识到这一点的大有人在。而接连不断发生的转基因食品安全事件也让许多人从茫然到醒悟。据资料显示,转基因作物为祸主要集中在两个方面,一方面是食用安全,另一方面是生态安全,并且这两方面都曾在现实生活中发生过。

转基因食品食用安全争议事件

巴西坚果事件

  巴西坚果(Bertholletia excelsa)中有一种富含甲硫氨酸和半胱氨酸的蛋白质2S albumin。为提高大豆的营养品质,1994年1月,美国先锋

(Pioneer)种子公司的科研人员尝试了将巴西坚果中编码蛋白质2S albumin的基因转入大豆中（文章摘要发表于《细胞生物化学杂志》Journal of Cellular Biochemistry，1994，Suppl 18A：78）。

但是，他们意识到一些人对巴西坚果有过敏反应，随即对转入编码蛋白质2S albumin的基因的大豆进行了测试，发现对巴西坚果过敏的人同样会对这种大豆过敏，蛋白质2S albumin可能正是巴西坚果中的主要过敏原（研究结果发表于《新英格兰医学杂志》The New England Journal of Medicine，1996，334：688~692）。

于是先锋种子公司取消了这项研究计划。此事却被说成是"转基因大豆引起食物过敏"。"巴西坚果事件"也是迄今所发现的唯一因过敏而未被商业化的转基因食品案例。

其实，国际上已有关于产生过敏反应的食品及其有关基因的清单。在研究转基因作物时，研究人员首先不能采用这些过敏性食品的基因；对转基因作物制造的新蛋白质，需对其化学成分和结构与已知500多种过敏原作对比，如果具有相似性，也将会被放弃；另外，对外源基因形成的新蛋白质要进行消化速度检测，如果不能快速地被消化，也不能供食用。

普斯泰（Pusztai）事件

"普斯泰（Pusztai）"事件，被认为是引爆转基因农作物安全性激辩的舆论转折点。

1998年秋天，苏格兰Rowett研究所的科学家阿帕得·普斯泰（Arpad Pusztai）通过电视台发表讲话，称他在实验中用转雪花莲凝集素基因的马铃薯喂食大鼠，随后，大鼠"体重和器官重量严重减轻，免疫系统受到破坏"。此言一出，即引起国际轰动，在"绿色和平"等环保NGO的推动下，欧洲掀起反转基因食物热潮。

然而时隔不久，普斯泰的实验遭到了质疑。据称，他是在尚未完成实验，并且没有发表数据的情况下，就贸然通过媒体向公众传播其结论的。他研究的转基因土豆是由他自己构建的，在当时根本没有上市的可能，不存在宣传实验的任何紧迫性。

英国皇家学会对"普斯泰事件"高度重视，组织专家对该实验展开同行评审。1999年5月，评审报告指出普斯泰的实验包含6方面的失误和缺陷：不能确定转基因与非转基因马铃薯的化学成分有差异；对食用转基因马铃薯的大鼠，未补充蛋白质以防止饥饿；供实验用的动物数量少，饲喂几种不同的食物，且都不是大鼠的标准食物，欠缺统计学意义；实验设计差，未作双盲测定；统计方法不当；实验结果无一致性。

不久之后，Rowett研究所宣布普斯泰提前退休，并不再对其言论负责。

转基因玉米事件之一

法国分子内分泌学家Seralini及其同事在2009年第7期《国际生物科学学报》上发表文章，讨论给老鼠喂食三种孟山都（Monsanto）公司转基因玉米的实验和分析结论。文中指出，老鼠在食用转基因玉米三个月后，其肝脏、肾脏和心脏功能均受到一定程度的不良影响。

该文章发表后，很快便受到了一些同行科学家及监管机构的批评。最大的质疑在于，Seralini等人的实验结果并非建立在亲自对老鼠进行独立实验的基础之上，文中进行统计分析的数据，其实来源于孟山都公司之前的实验，他们仅仅是对数据选择了不合适的、不被同行使用的统计方法作了重新分析。

法国生物技术高级咨询委员会同时指出，该论文仅仅列出了数据的差异，并没有给予生物学或毒理学上的解释，而且这种差异只是反映在某些实验用老鼠和某个时间点上，因此不足以说明问题。

另外，澳大利亚新西兰食品标准局通过对Seralini等人论文数据的调查分析指出，此论文的统计结果与组织病理学、组织化学等方面的相关数据之间缺乏一致性,且没能给予合理解释。该机构同时认为,喂食转基因玉米后老鼠表现出的差异性是符合常态的。

其实早在2007年,Seralini及其同事就曾对孟山都公司转基因玉米的原始实验数据作过统计分析(文章发表于《环境污染与毒物学文献》Archives of Environmental Contamination and Toxicology,2007,52:596~602),得出过与2009年那篇论文类似的结论。

彼时,他们的工作就被一些科学家和监管机构认为存在着大量的错误和缺陷。来自美国、德国、英国和加拿大的6位毒理学及统计学专家组成同行评议组,对Seralini等人及孟山都公司的研究展开复审和评价,并在《食品与化学品毒理学》上发表评价结果。

专家评议组认为,Seralini等人对孟山都公司原始实验数据的重新分析,没有产生有意义的新数据来表明转基因玉米在三个月的老鼠喂食研究中导致了不良副作用。

转基因玉米事件之二

2007年,奥地利维也纳大学兽医学教授约尔根·泽特克(Juergen Zentek)领导的研究小组,对孟山都公司研发的抗除草剂转基因玉米NK603和转基因Bt抗虫玉米MON810的杂交品种进行了动物实验。在经过长达20周的观察之后,泽特克发现转基因玉米对老鼠的生殖能力存有潜在危险。

事实上,关于转基因玉米是否影响老鼠生殖的问题,共进行了三项研究,而仅有泽特克负责的其中一项发现了问题。该研究结论发布时,尚未经过同行科学家的评审,泽特克博士在报告时自己都表示,其研究结果很不一致,显得十分初级和粗糙。

两位被国际同行认可的专家(Drs. John DeSesso和James Lamb)事后专门审查及评议了泽特克博士的研究,并独立地发表申明,认定其中存在严重错误和缺陷,该研究并不能支持任何关于食用转基因玉米

MON810 和 NK603 可能对生殖产生不良影响的结论。孟山都公司的一名科学家在审查时也得出了相同的结论。

此外，欧洲食品安全部评价转基因安全性的专家组最近对泽特克的研究也发表了同行评议报告，认为根据其提供的数据不能得出科学的结论。

资料显示，泽特克教授研究中所涉及的两个转基因玉米品种被世界上 20 余家监管部门认定为是安全的。泽特克具有缺陷的研究造成了对转基因玉米安全性的判断失误，而其研究结果的迅速、广泛传播，则可能造成了公众对转基因作物的误解。

俄罗斯转基因食品事件

2010 年 4 月 16 日，俄罗斯广播电台俄罗斯之声以"俄罗斯宣称转基因食品是有害的"为题报道了一则新闻。该新闻称，由全国基因安全协会和生态与环境问题研究所联合进行的试验证明，转基因生物对哺乳动物是有害的。负责该试验的 Alexei Surov 博士介绍说，用转基因大豆喂养的仓鼠第二代成长和性成熟缓慢，第三代失去生育能力。俄罗斯之声还称"俄罗斯科学家的结果与法国、澳大利亚的科学家结果一致。当科学家证明转基因玉米是有害的，法国立即禁止了其生产和销售"。

通过目前掌握的资料了解到，Alexei Surov 博士所在的 Severtsov 生态与进化研究所并没有任何研究简报或新闻表明 Alexei Surov 博士曾写过这样的信息，俄罗斯之声报道的新闻事件也没有在任何学术期刊上发表过研究论文。此外，俄罗斯之声用的标题是"俄罗斯宣称转基因食品是有害的"，而其他新闻报纸则用的是"一个俄罗斯人宣称"。显然"俄罗斯宣称"与"一个俄罗斯人宣称"是有显著区别的。

至于新闻中提到法国禁止了转基因玉米的生产和销售，这与事实不符。法国政府并没有对转基因食品的生产和销售下禁令，而是恰好相反。欧盟已经于 2004 年 5 月 19 日决定允许进口转基因玉米在欧盟境内销售。

转基因作物生态安全争议事件

帝王蝶事件

1999年5月，康奈尔大学昆虫学教授洛希（Losey）在 *Nature* 杂志发表文章，称其用拌有转基因抗虫玉米花粉的马利筋杂草叶片饲喂帝王蝶幼虫，发现这些幼虫生长缓慢，并且死亡率高达44%。洛希认为这一结果表明抗虫转基因作物同样对非目标昆虫产生威胁。

然而，洛希的实验受到了同行多方面质疑。最重要的反对意见认为，这一实验是在实验室完成的，并不反映田间情况，且没有提供花粉量数据。

不久之后，美国环境保护局（EPA）组织昆虫专家对帝王蝶问题展开专题研究。结论认为转基因抗虫玉米花粉在田间对帝王蝶并无威胁，原因是：（1）玉米花粉大而重，因此扩散不远。在田间，距玉米田5米远的马利筋杂草上，每平方厘米草叶上只发现有一粒玉米花粉。（2）帝王蝶通常不吃玉米花粉，它们在玉米散粉之后才会大量产卵。（3）在所调查的美国中西部田间，转抗虫基因玉米地占总玉米地面积的25%，但田间帝王蝶数量却很大。

另外，美国环保局在一项报告中指出，评价转基因作物对非靶标昆虫的影响，应以野外实验为准，而不能仅仅依靠实验室数据。

墨西哥玉米事件

2001年11月，美国加州大学伯克利分校的微生物生态学家 David Chapela 和 David Quist 在 *Nature* 杂志发表文章，指出在墨西哥南部 Oaxaca 地区采集的6个玉米品种样本中，发现了一段可启动基因转录的 DNA 序列——花椰菜花叶病毒（CaMV）"35S启动子"，同时发现与诺华（Novartis）种子公司代号为"Bt11"的转基因抗虫玉米所含"adh1基因"相似的基因序列。

墨西哥作为世界玉米的起源中心和多样性中心，当时明文禁止种植转基因玉米，只是进口转基因玉米用作饲料。此消息一出，便引起了国际间的广泛关注，绿色和平组织甚至称墨西哥玉米已经受到了"基因污染"。

然而，David Chapela 和 David Quist 的文章发表后受到了很多科学家的批评，指其实验在方法学上有很多错误。经反复查证，文中所言测出的"CaMV35S 启动子"为假阳性，并不能启动基因转录。另外经比较发现，二人在墨西哥地方玉米品种中测出的"adh1 基因"是玉米中本来就存在的"adh1 – F 基因"，与转入"Bt 玉米"中的"adh1 – S 基因"序列并不相同。

对此，Nature 杂志于 2002 年 4 月 11 日刊文两篇，批评该论文结论是"对不可靠实验结果的错误解释"，并在同期申明"该文所提供的证据不足以发表"。

另外，墨西哥小麦玉米改良中心也发表声明指出，通过对其种子资源库和新近从田间收集的 152 份材料进行检测，并未在墨西哥任何地区发现"35S 启动子"。（《科学时报》2011 年 1 月 4 日，第三版）

抗虫棉事件

绿色和平组织发表了题为"转 Bt 基因抗虫棉环境影响研究综合报告"，在欧、美产生巨大反响，成为国际上争论转基因技术安全性的问题之一。报告的核心内容为：

1. 棉铃虫寄生性天敌——寄生蜂的种群数量大大减少；

2. 棉蚜、红蜘蛛、盲蝽象、甜菜夜蛾等次要害虫上升为主要害虫；

3. Bt 棉中的昆虫群落的稳定性低于普通棉田，某些害虫爆发的可能性更高；

4. 室内和田间观测，棉铃虫可以对 Bt 棉产生抗性；

5. Bt 棉在后期对棉铃虫抗性降低，还需喷 2~3 次农药；

6. 目前采取的措施不能消除棉铃虫对 Bt 棉产生的抗性。

第二章 食品危机谁之过

其实,这些问题已经引起了科学家的关注,科学家正在寻找和转化可以抗棉蚜、红蜘蛛、盲蝽象、甜菜夜蛾等次要害虫的基因,所以,这一问题可以在这些害虫形成大规模危害前得以解决。关于棉铃虫产生抗性问题,包括我国在内的科学家正在密切关注。

这些事件尽管有些仍未有定论,但总体来说,还不能断定与转基因技术没有关系,人们对转基因产品仍旧持犹豫或否定态度,特别是对以利益为目标的转基因产品的生产。有关方面专家还总结与罗列了转基因食品在安全方面的五大隐患。

资料

转基因食物的五大隐患

虽然转基因食品研究历史只有短短几十年,但其提高产量、增强自身抗病抗虫等优点较为明显;另一方面,其潜在的风险,如过敏性、毒性及对环境影响也令世人关注。

首先是毒性问题。一些研究学者认为,对于基因的人工提炼和添加,可能在达到某些人们想要达到的效果的同时,也增加和积聚了食物中原有的微量毒素。

其次是过敏反应问题。对于一种食物过敏的人有时还会对一种以前他们不过敏的食物产生过敏,比如:科学家将玉米的某一段基因加入到核桃、小麦和贝类动物的基因中,蛋白质也随基因加了进去,那么,以前吃玉米过敏的人就可能对这些核桃、小麦和贝类食品过敏。

第三是营养问题。科学家们认为外来基因会以一种人们目前还不甚了解的方式破坏食物中的营养成分。

第四是对抗生素的抵抗作用。当科学家把一个外来基因加入到植物或细菌中去,这个基因会与别的基因连接在一起。人们在食用了这种改良食物后,食物会在人体内将抗药性基因传给致病的细菌,使致病菌产生抗药性。

　　第五是对环境的威胁。在许多基因改良品种中包含有从杆菌中提取出来的细菌基因，这种基因会产生一种对昆虫和害虫有毒的蛋白质。在一次实验室研究中，一种蝴蝶的幼虫在吃了含杆菌基因的马利筋属植物的花粉之后，产生了死亡或不正常发育的现象，这引起了生态学家们的另一种担心，那些不在改良范围之内的其他物种有可能成为改良物种的受害者。

　　而基因科学工作者们的一些实验也支持这些说法——

　　2002年英国进行了转基因食品DNA的人体残留试验，有7名做过切除大肠组织手术的志愿者，吃了用转基因大豆做的汉堡包之后，在他们小肠肠道的细菌里面检测到了转基因DNA的残留物。（摘自：《英国在人小肠肠道的细菌里检测到了转基因DNA的残留物》）

　　对于转基因的侵害原理，美国环境医学科学研究院指出：插入到转基因大豆里的基因会转移到生活在我们肠道里的细菌的DNA里面去，并继续发挥作用。这意味着吃了之后，我们虽然不吃转基因食物，在我们体内仍然不断产生有潜在危害的基因蛋白质，"说透彻一点，吃转基因玉米，会把我们的肠道细菌转变成生活着的农药制造厂，可能直至我们死为止"。（摘自《美国环境医学科学研究院揭示转基因毒害人体的原理》）

　　把基因插入玉米或大豆。这个方法造出基因往往拆掉正常基因，这意味着外来基因的脱氧核糖核酸（DNA）最有可能替代你的肠道细菌，从而开始异类蛋白的生产。这是转基因产品一种非常严重的长期性威胁。它最威胁儿童，因为他们的肠道消化液是最未进化的，转基因的DNA可能存活更长时间，并转移到肠道细菌更容易进入的器官。因此，转基因产品对婴儿和儿童可能造成终生的健康问题。研究怀孕小鼠喂食试验显示DNA可以穿过胎盘和横跨血-脑屏障。（摘自《美国学者：转基因灭亡才是国际趋势》）

研究者称：用这三个品种玉米进行的实验中，他们在用每一种玉米喂养的老鼠的尿液和血液中都发现了浓度不寻常的荷尔蒙和其他化合物，这表明这三个品种的玉米都会损害肝脏及肾脏。"我们通过实验展示的很明显不是毒性的证据，而是老鼠们器官被毒化的迹象"，被喂养 NK603 型玉米的老鼠还表现出进一步的肝脏病变的迹象。

法国卡昂大学的吉尔斯。埃里克带领团队对此实验数据反复地推敲、分析及论证，也得出这样的结论：这些实验中用到的老鼠确实显现出明显的肝脏及肾脏中毒的迹象（摘自：《国际生物科学杂志》，第五册，706页，《毒性研究：转基因玉米或危害人体肾脏健康》）

加拿大科学家在喂食孟山都公司转基因油菜的"猪的一个肝脏、一个肾脏和猪的肠组织中，以及羊的肠组织中，检测到转基因的片段"。意大利科学家在喂食孟山都公司转基因玉米的"仔猪的血、肝脏、脾与肾脏中检测到转基因片段"。德国科学家"在喂食了大量转基因植物的牛的牛奶中也发现了转基因材料（来自转基因大豆与转基因玉米）"。（摘自《加意德英对转基因喂养牛奶、蛋和肉检测结果》陈一文泽）

这些言之凿凿的实验似乎为转基因作物判了死刑，也让人想起十年前轰动世界与转基因领域的一起重大事件，这个事件就是 828 位世界各地顶尖科学家联名致信各国政府，列举了十分充足的理由要求停止各种形式的转基因实验，以及转基因的商业化应用。

828 位科学家倡议封杀转基因作物

作为转基因食品发展史上的一次重大事件，人们永远不会忘记世界范围内 800 多位科学家联名致信各国政府建议封杀转基因作物的举动。尽管事情已过去十年了，但对于反转基因呼声越来越高的今天来说，重温当年科学家们列举的封杀转基因作物的理由仍旧具有十分重要的启示。

概　要

我们是签署这封公开信的科学家，我们呼吁立即暂停向环境释放一切转基因作物及产品，包括商业化种植和露天大田试验，至少暂停5年；我们呼吁撤销和禁止对生命过程、生物体、种子、细胞株系和基因颁发专利；对关系到一切人未来的农业和食品安全的问题，我们呼吁进行公众大讨论。人类必须禁止对生命形式和生命过程授予专利权，因为这些专利权威胁了食品安全，纵容了对原产地知识和生物遗传资源的偷窃行为，侵犯了基本人权，突破了人类尊严的底线，并且损害健康，妨碍医学和科学研究，同时有害于动物的福利。转基因农作物不论对农民还是消费者都没有任何益处。相反，现在已经看得很清楚，转基因作物会减低产量、提高除草剂用量，转基因作物长势不稳定，种转基因作物得不偿失。转基因作物还加强了粮食公司的垄断，结果是农民家庭贫困；转基因技术还阻止了朝向可持续农业的转变，而这才是世界各地获得食品安全和健康的保证。来自英国和美国政府内部消息源可以说明，关于转基因作物对生物多样性和人类及动物健康造成的严重危害性，现在已经没有任何疑问。水平方向的基因转移可能性造成了特别严重的后果，其中包括抗生素抗性标记基因的传播和蔓延，长此以往将使传染性疾病再也无药可治，随之还会出现新的致病病毒和细菌，并且可能导致有害的癌症突变。

在2000年1月蒙特利尔《卡塔赫纳生物安全议定书》的谈判会议上，130多个国家的政府宣布，它们将执行"预先防范"原则，并把生物安全的重要性，提高到超过世贸组织的贸易协定和金融协定的立法级别之上，不论在国内还是在国家间的各级的立法中，全部执行此一原则。

不论是在北半球国家还是在南半球国家里，可持续、低投入和有机耕作的农业，都有益于提高生产效率，有益于社会发展和保护环境。大量的连续研究的记录可以证明，要恢复被常规性的化学农业损伤而退化的农业土地，实践传统的耕作是唯一的途径，而且只有这样做才能帮助小规模农户摆脱贫困和饥饿。我们敦促美国国会：否决转基因作物，因为转基因作物不但危险，而且同农民的利益背道而驰。我们敦促美国国会：对研究和开发真正造福于全世界农民的可持续的农业生产方式给予支持。

由此，我们可以说，转基因产品并非一个完美的新生儿，而是具有不同程度缺憾的一项技术。世界各国科学家对转基因产品是持否定态度的，这些科学家倡导的是传统农业发展方式。那么，世界各国对公开信的反应如何呢？事实上，在这段时间前后，世界各国对转基因产品的态度也不完全相同。

《北京青年报》曾于数年前刊发了一篇有关世界对转基因食品态度的文章，对目前的转基因食品安全问题来说，仍具有现实的意义，再摘引如下：

新闻回顾

各国对转基因食品态度各异

除了美国人对转基因食品情有独钟外，世界各国似乎都对转基因食品心有疑虑，其中欧洲人对转基因食品的反对态度最为积极。虽然目前的确没有转基因作物对人类健康造成重大危害的事实，但是基于对人体健康和环境保护的想法，很多专业人员提出需要采取更加严厉的管理方法和法规。这当然遭到基因工程研究者和种植者的强烈反对，他们认为这会阻碍科学的发展。孰是孰非，一时难有定论，选择权就交给您了，吃不吃由您自己决定。

美国：严管也堵不住漏洞

虽然美国人目前能合法地吃上转基因作物食品，但其管理也算是比较严格的。这不仅反映了公众对转基因食物的担心，而且表明人们担心转基因对生态链可能产生不利影响。但是，最近的一些调查表明，转基因作物食品可能会以人们意想不到的方式摆上人们的餐桌，因为目前针对转基因作物的法规太容易突破了。想对这些规定打几个擦边球简直是轻而易举。

美国目前的法规是，转基因作物要在空间和时间上与其他农作物分开。比如，抗虫的转基因玉米必须种植在距离其他玉米400米远的地方，种植时间要与附近其他农作物错开2周，或早于或晚于2周。目的是保证它们不会在同一时间开花结果，引起基因漂移。这种规定也适用于其他一些转基因作物，如小麦、水稻、大麦、甘蔗等。如果违背上述规定，将面临25万美元罚款（对单位）和5年以上监禁（对个人）。

这种法规无论在专业人员还是一般人看来都感到比较严厉。但是不断出现的事实却表明，这些法规可能并不管用，转基因不仅可以进入环境，而且可以不知不觉地进入人们的饭碗。

首先，转基因作物与非转基因作物的间隔距离并不管用。比如，澳大利亚研究人员最近发现，野油菜花粉对周围环境的污染可以达到3公里之远，而且污染率并不随距离的增加而减弱，也就是说在这3公里范围内，花粉转移的概率是一样大的。对照美国转基因作物与非转基因作物只有400米的间隔，就能毫不费力地判断转基因作物是否会随花粉飘移而转移。而美国制定这个400米距离的背景是，假设基因污染的可能性降到0.1%。但是，澳大利亚的研究实际说明，基因污染风险不会因距离加大而减小。

另外，不知不觉的基因污染还有另一种现象。一些没有预料到的转基因可能进入人们的食物链。比如，美国得克萨斯州的Prodigene公司

申请种植一种含有鸡蛋蛋白质（实际上是一种抗生素蛋白）的玉米。这种抗生素蛋白可以杀死或抑制26种昆虫。由于申报种植这种作物的目的是生产出含有鸡蛋蛋白质的玉米，而不是为了杀死昆虫，因而在审批上就不会考虑这种转基因事实上具有抗生素的作用。

此外，这种蛋白质也并没有被划为一类药物，因此可以不受相关法规（关于药物化农作物的法规）的制约，审批者也不会考虑这种转基因作物可能对环境的影响，而且不会想到这种蛋白质吃进人体后会不会对人体有害，尽管它只是对昆虫有杀害作用。

这种情况说明，无论种植者有意还是无意，都可能找到目前转基因法规的漏洞，从而让许多意想不到的转基因出现在人们的食物中和生态环境中。

对这种情况做另一种证明的是，目前一些公司在申请转基因作物试验时的避实就虚。比如，有些公司会以对基因技术保密为由，给某种需要试验的转基因一个代号，并作出一种粗略的描述，如S基因编码人类的一种激素，它对无脊椎动物无害，等等。这样，在审批时就会让人摸不着虚实，而一旦批准，有谁会保证这样的基因不会扩散，不会影响人的健康和生态环境呢？

虽然目前的确没有转基因作物对人类健康造成重大危害的事实，但是基于对人体健康和环境保护的想法，很多专业人员提出了需要采取更加严厉的管理方法和法规。比如，绿色和平组织提议，凡是转基因作物就不能在空旷的田野中栽种，而只能在大棚或洞穴中栽培。此外，应该严格审批转基因药物，凡是吃的作物都不要用来培植转基因，只有那些不用于吃的作物可以用于转基因实验。

对于这些提议，当然遭到基因工程研究者和种植者的强烈反对，他们认为这会阻碍科学的发展，而且美国人已经吃了这么多年的转基因食物也没有事，农作物中即使是抗生素类的转基因也都是蛋白质，人们吃了后也会消化它们。因此，反对者如绿色和平组织所提出的问题岂非杞人忧天!

反对者的回应当然也是有理由的。如果是抗生素,人们吃了之后明显的副作用是产生耐药性,同时会对环境造成灾难,这难道不足以提醒我们当心转基因作物?

欧盟:严格控制

除了美国人对转基因食品情有独钟外,世界各国似乎都对转基因食品心有疑虑,其中欧洲人对转基因食品的反对态度最为积极。2002年下半年,欧盟又出台了更严格的限制转基因食品的新法规。

欧洲议会2002年7月3日通过了一项提案,在两年时间内必须在欧洲所有超市中对所有食物贴上清楚地标明食物成分是否包含转基因的标签。不过,这个决定有可能加剧尚未论证的转基因食品是否有害健康和环境的争论,并造成欧盟和美国之间进一步的贸易摩擦。而美国是强烈反对这一做法的。

欧洲议会支持的提案包括增加食品标签内容,支持更严格地测试和鉴定食物以及动物饲料,尤其是当后者在加工和运输过程中有可能被转基因材料污染。欧洲议会也支持要求企业追踪食品来源的管理规则,只是对很小部分的转基因饲料饲养的动物所生产的肉类、蛋类和乳类不强行要求贴标签。

而且欧洲议会对只要含有1%的转基因就确定为转基因食物的阈值标准削减到0.5%的含量。但是一些生物技术产业对此评价为"不现实"。一个叫做欧洲生物的工业集团说,欧洲议会的行为是对新技术的歧视,会减少消费者的选择,阻碍与第三世界国家的贸易,同时又对安全起不到丝毫作用。但是英国伦敦消费者协会却欢迎欧洲议会的这些决定。该组织的雷切尔·苏通说,理所当然地,随着测试技术的改善,贴上转基因标签的阈值水平应当逐渐降低。

非洲:挨饿也不吃

尽管去年8月南部非洲闹饥荒,但一些国家还是拒绝了美国援助的转基因玉米。乍一看非洲一些国家在饥饿之下拒绝转基因食品是有些匪夷所思,但实际上反映出人们对转基因食品的怀疑并没有解决。这种怀疑并非仅仅是对转基因食品对人和环境的潜在危害。

转基因食品是否是消除贫困和解决全球人口吃饭问题的适宜手段,支持者当然会竭尽全力让公众相信转基因食品的无害,特别是在欧洲这种说服会异常艰难。但是这一技术对全球现在和可以预见的未来影响正在日益增强。这便产生两种结果,在富裕国家可以使粮食更为丰富因而压低价格,而在最穷的国家则削弱其农业生产。

在撒哈拉以南,南非是唯一能适应市场的商业需求而培育和种植转基因作物的国家。其他国家目前只能被迫在紧急情况(如饥荒)下,有效地接受这一技术,但是对他们无法做到知情同意。

另一方面,美国的援助机构并不能防止这些转基因食物被送到黑市销售,而那些没有受灾地区的人也可能得到这些种子并在当地播种。因而这些转基因作物很可能在违约情况下进入当地的农田。

非洲当地对转基因作物蔓延后的贸易担心也是有理由的,因为欧洲消费者一直拒绝转基因食品,许多国家,如日本、德国等已经全面为转基因食品贴标签。因此一些非洲国家已被欧盟视为非转基因食品的出口来源。非洲人也认为他们赚钱的非转基因食品市场在欧洲,因此他们愿意保留自己的选择。

鉴于目前对转基因食品没有定论,最好的方式是让各国自主选择高新技术和市场,同时真正发展自己的经济。而对我们每一个消费者来说,选择权在您手上,吃不吃由您。(《北京青年报》张田勘)

亦在这段时期前后的世纪之交,许多国家开始把目光投向了众说纷纭的转基因食品,并纷纷制定了相关措施,这些措施的制定也表明了这些国家对转基因食品的态度。

资料

2000年3月，墨西哥上议院一致通过健康法例，要求转基因食物标明转基因成分，并印上"此食物经转基因"。日本从2001年4月1日起，规定所有转基因食物都必须经过安全检验；对转基因成分超过5%的食物，执行强制性标签制度；部分转基因成分被禁止，包括"星联"玉米等。韩国政府从2001年3月1日开始，实施转基因食物强制性标签制度。任何公司被发现标签上有错误信息，将被判入狱3年或罚款3000万韩元，没有贴上标签者亦被罚1000万韩元。菲律宾新任总统及农业部长视转基因食品标签制度为政府首要任务，将制定出相关制度细节。沙特阿拉伯政府禁止所有经由转基因生物制造的动物产品，转基因食物进口亦需要附上健康证明。斯里兰卡从2001年5月1日起，所有转基因食物都被禁止进口，政府亦禁止制造、运输、贮存、分发及销售任何转基因食物。挪威被视为全世界监管转基因最严格的国家，政府禁止数种含有耐抗生素标志基因的转基因作物及制品进口。瑞士包括添加剂在内的所有食物制品及动物饲料，只要含有转基因成分都一定要贴上"转基因生物"或"含有转基因生物"的标签。2000年1月，瑞士是第一个把含转基因物的药品纳入标签制度的国家。俄罗斯于2000年7月1日制定了转基因消费品法。欧盟正计划改善标签法例，其实质禁止了任何新的转基因食物。（原载于《科技之光》2002年7月30日）

针对转基因食品问题，近日，凤凰网财经频道曾专门举行了"中国应不应该大胆使用转基因技术"全民网络大讨论，讨论的双方自然分成了支持与反对两大阵营，支持的一方大都是基因专业领域或农业制种领域的科学家，反对的一方除了生态学家、三农问题专家外还有普通市民与农民。截至目前，反对的一方仍占据着绝对的优势，绝大多数普通消费者对转基因食品是持否定心态的，原因很简单，普通消费者不愿意充当转基因技术的实验品。

我们不能因此而指责拒绝转基因产品的民众,也不能责备开发了转基因品种的科学家。对于众说纷纭的转基因之争,一个最公正的裁判就是时间。时间可以验证转基因是否安全,时间也能转变人们的观念。

而对于食品安全来说,与此前本书记述的种种戕害人类健康的有害食品相比,转基因食品安全性亦是一种举足轻重的考量,问题之重大比之种种有害食品有过之而无不及。如果选择转基因是正确的,那么最先获益的是转基因企业经济效益的提升,人类粮食安全有了充分的保障。如果选择转基因是错误的,那么,造成的后果有可能是生态系统的崩溃,或者危及人类的生殖安全,并由此产生种族灭绝的可怕结局。而这一切,都需要时间来验证。至于这个时间要多长,没有人会给出准确的答案,也许一百年,也许上千年,也许时间更长一些。人类,面对转基因,绝对需要保持一种足够的冷静与长远的智慧!而对于目前来说,反对转基因产品走上餐桌也是一种立足长远的考量。

创新食品安全管理

一系列食品安全事件的集中暴发,一方面反映出食品安全职能部门的监管漏洞,一方面亦反映出利益驱驶下的企业道德的滑坡。俗话说,民以食为天,食品安全关系着人类的健康发展以及社会的和谐稳定,亦关系着人类的永续经营,在促进经济社会又好又快发展的同时,切不可忽视食品产业发展中的基础性建设。

2011年6月15日,国务院食品安全委员会办公室主任张勇撰文强调,食品安全问题日益成为社会管理领域的突出问题。据统计,2010年各级监管部门共查处13万起食品安全违法违规案件,今年以来各地公安机关侦破食品安全刑事案件1000余起。近年来还相继发生影响较大的"三鹿事件"、"瘦肉精事件"等，凸显了当前我国食品安全基础薄弱的状况，充分说明我国正处于食品安全风险高发期和问题多发期。

张勇强调，要从科学监管的角度出发，从监管与引导安全生产两个方面入手，推进与完善食品安全管理措施。

2011年6月30日，一篇来自民建上海市委属名付荣的文章从食品安全的角度深入探讨了创新管理问题。

文章摘引

从食品安全管理谈社会管理创新

食品安全管理是社会管理的一个方面，从近年发生的食品安全事件看，我国社会管理有创新之必要。

当发生食品安全问题时，现代社会的管理机制有二：一是行使公权力，即启动国家公共安全保障机制，由国家行政机关对食品生产交易市场进行行政干预，追究制售者的行政责任，吊销执照、罚款，等等，并同时由代表国家强制力的司法机关追究制售者及相关个人的刑事责任；二是行使私权利，即由受害人直接或通过诉讼的方式向有害食品制售者提出民事损害赔偿的请求。

在近年愈演愈烈的食品安全事件中，公权力的声音声势浩大，但生命权、健康权受到直接侵害的受害消费者的私权利主张却显得那么微弱和渺小。在"三鹿奶粉事件"中，或因证据，或因其他原因赔偿不尽人意，以至于赔偿基金的账目都难以公布。而地沟油、黑心米、瘦肉精、染色馒头等事件，料想定少有"受害人"主张赔偿。由此可见，目前我国食品安全的社会管理机制更偏重于行使公权力。所谓重拳出击，都是公权力重拳在出击。

不可否认，在短时间内偏重行使公权力会起到震慑的作用，但从长

第二章 食品危机谁之过

期来看,这种偏重和依赖行使公权力的社会管理模式有如下弊端:第一,助推政府机构无限扩张,费用开支有增无减,而赖以维持的税收或者垄断利润更无法减免。第二,助推公权力膨胀。例如在这次全国上下重拳出击中就有一种对食品经营实行严格的市场准入的观点。严格的食品市场准入制度效果会有,但也难排除为日后某些公权力寻租又拓展了一条新路径的可能。第三,难以长治久安。三聚氰胺奶粉事件距离现在并不遥远,便又出现染色馒头、瘦肉精事件就已说明问题。震慑从来就不是社会管理的有效方法。震慑是使人们心怀恐怖,而一旦震慑力稍有松懈,无良商人的伎俩便又死灰复燃。

当然,因食品安全问题行使私权利也存在一些难点,这些难点问题使原有的法律保护机制遇到了挑战。从目前的状况看,似乎陷入了有法律,但食品受害者的权利却难以保障的困局。与食品受害者行使私权利有关的法律不可谓少,从一般法的层面上看,有刚刚颁布的《侵权责任法》,其专章规定了产品责任,并在我国民事立法上第一次启动惩罚性赔偿机制。从特别法层面上看,有《消费者权益保护法》、《食品安全法》等。然而,尽管有如此多的与食品安全管理有关的法律法规,食品受害人的私权利行使并不通畅。除上述社会管理理念相对偏重于行使公权力外,其中一个很重要的原因是,这些法律没有充分反映食品受害人的私权利行使特点,私权利行使的针对性和可操作性不强,也就是说食品受害消费者的救济法律尚不健全,法律没有给予食品受害消费者行使私权利的有效通道。那么,食品受害消费者私权利行使有哪些不同于其他产品缺陷受害者私权利行使的特点?

首先,单次受害金额少。如染色馒头、瘦肉精等事件中均反映了这种特征。因此,以小额赔偿为目的的权利主张,一般会呈现两种极端。一种极端是不诉;一种极端是烂诉。而法律中并无针对小额诉求的特殊方法,这也使不法之徒制售有害食品的行为屡屡猖獗。如何在二者之间找到平衡点是应解决的问题。

其次，受害消费者众多，即消费者集体受害。如何疏通受害者集体行使私权利的途径，也是食品安全管理的课题所在。比如，代表受害者集体的团体能否完全非官方、非临时地存在，而法律为其合法存在提供依据。

再次，取证难是食品受害者行使权利的另一个特点。食品检验、鉴定的科学化、公开化，甚至检验、鉴定主体的公正地位和立场也需得到重视，而非如最近表现出的一个现象，某某专家在公开媒体上称"此添加剂无害"诸如此类的言论。对于这种宣誓，人们是持半信半疑态度的，因为所谓专家并未将其科学化的方法和结论通过法定的程序公开，尤其"专家"的公正地位没有法律的依据。

另外是防患于未然的问题，即食品消费者知情权行使途径。尽管《消费者权益保护法》第八条规定"消费者享有知悉其购买、使用的商品或者接受的服务的真实情况的权利。消费者有权根据商品或者服务的不同情况，要求经营者提供商品的价格、产地、生产者、用途、性能、规格、等级、主要成分、生产日期、有效期限、检验合格证明、使用方法说明书、售后服务，或者服务的内容、规格、费用等有关情况"。目前，市民食用的许多日常食品并不知上述"情况"的不在少数。那么，当生产者或销售者违反上述告知义务时，消费者如何行使权利保护其知情权，很茫然。这与前述"小额赔偿"的权利主张相比甚至没有了可量化的数字，因此其私权利行使更不易。甚至，其中消费者的知情或制售者告知的相关成分及标准，由谁定，定什么，都需要细化及新的思维方式。（作者付莱）

2011年6月29日下午，十一届全国人大常委会第二十一次会议分组审议全国人大常委会执法检查组关于检查食品安全法实施情况的报告。

资料

全国人大常委会委员吕薇在发言中说,现在食品安全问题是一个最大的民生问题,涉及所有的中国老百姓,民以食为天,穷人、富人都要吃饭,这不仅是和谐发展的问题,甚至影响到中华民族的人口素质问题。比如说,台湾这次出现的"塑化剂",多少年后发现问题了,对孩子的影响很大,是对几代人的影响,很多危害可能短期内看不出来。因此,食品安全要上升到社会管理创新的高度来抓。

吕薇说,"现在大家都讲少数生产经营者道德沦丧、唯利是图,我认为产生这种情况也是因为体制和机制导致的,有空可钻。在二三十年代,美国以及一些发达国家,他们也面临着食品安全问题,但是他们加强管理,加大惩罚力度。我想,不要怪商家唯利是图,企业都是逐利的,关键是我们的制度和机制,违规成本太低了,他们可以有恃无恐。"

吕薇在发言中还谈了三点建议:

第一,关于标准问题。作为食品涉及公共安全,公共安全标准应该是国家的强制性标准,它的制定一定要由国家的机构来主导。可能我们掌握的信息不太准确,这次讲我们的牛奶标准比国外低,但是,现在有些食品标准的制定是由一些大企业在主导。大企业可以参与标准制定,但是涉及公共安全的标准一定要由国家机构主导,绝不能由企业主导。另一方面,标准的制定一定要实事求是。刚才说有些标准是参考国外标准。现在为什么要用"瘦肉精",因为目前猪肉的标准要求瘦肉比例高,因此商家就能想方设法提高瘦肉比例。还有牛奶的蛋白标准,吃现在的饲料牛奶达不到。当然了,我们的生活水平提高了,可能要求也提高了,但是我们的标准一定要切合中国实际,一定要是科学可行的。

第二,检测问题。现在我们不能仅依靠国家政府机构去检测,应该充分发挥社会力量。如果检测全部由政府机构检测,那么得养多少人?

在国际上，一些国家比如日本，食品、药品的检测很多都是发挥社会力量。政府做什么？就是定标准，进行检测机构的资质认证。另外还做一些共性技术性的工作，比如检测仪器是否合格，研发检测技术，等等。现在还有一项工作需要政府去做，就是加强对添加剂等的安全性评估，这一点很缺乏，都是出了事才去检查。加三聚氰胺、"瘦肉精"，业内早都知道，但是没有人做安全性的评价，没有人去研究究竟会对人体产生什么影响。国家的科技投入上一定要加强对添加剂的安全性评估，只有经过安全评估的添加剂才可以添加，要不然就是违法。

第三，要扩大检测面。去年海南出现了"毒豆角"事件以后，对整个海南的蔬菜业影响很大，他们发挥了各方面力量，包括大学等等有检测能力的单位到田间地头去检测。发挥农业组织的作用，如果没有认证的产品是绝对不准离开海南的。现在是一家一户种植，检测起来很难，应发挥农业组织的作用，也可以在一些农贸市场建立检测点，所有到这里销售的商品都要进行抽查和检查。现在管理上确实存在一些问题，大企业好查，但是小企业难查；大超市好管，可是农贸市场就没有人管。应在哪些能够集中管理的地方进行检测。路甬祥副委员长提的很好，要建立一些快速检测点。应在超市、农贸市场等集中销售的地方建立检测点，加强食品检测。（中国人大网）

2011年7月1日，在中共建党90周年纪念日，《健康报》刊发了有关食品安全创新管理方面的文章。

新闻回顾

解决食品安全问题需要创新社会管理思维

本报讯（记者孟庆普）：6月29日下午，十一届全国人大常委会第二十一次会议分组审议全国人大常委会执法检查组关于检查食品安全法实施情况的报告。部分常委会组成人员认为，当前的社会管理方式已明显不适应食品安全工作的需要，解决食品安全问题需创新社会管理思维。

徐显明委员说，食品安全问题反映的是一个国家的制度是否可靠、是否有用、是否可信，保证食品安全是最典型的社会管理问题，政府应进一步提高对食品安全重要性的认识，把食品安全作为"国家安全"的组成部分。目前，解决食品安全是以政府为主的管理思维，是一个自上而下的监督思维，所以使用"监管"这个词。事实上，社会结构由三部分组成。第一部分来自于公共权力。第二部分被称作社会权力，即食品从业者所组成的相互监管、制约、自律的行业组织应发挥作用。现在在解决食品安全问题时，没有考虑社会权力的作用。而最重要的是第三部分，即公民权利。他认为，应该用公民的权利来解决食品安全问题，特别是要用好公民的诉讼权及索赔权。政府监管只能治标，行业制约只能治末，而用好公民权利则是治本。把司法的刑事惩处与民事赔偿两大功能同时发挥出来，才能实现公民的"食品安全权"。

吕薇委员说，应充分发挥行业组织、大学、研究机构的作用。以检测为例，应更多发挥社会力量，而政府需要做的是定标准、进行检测机构的资质认证等。(《健康报》2011年7月1日)

笔者认为食品安全问题既是公共安全问题，当然也是社会问题，保障食品安全，自然首先于社会管理入手。而一系列食品安全事件的暴发显然暴露出食品安全监管方面存在的问题，旧有的食品监管机制显然已不适应目前食品安全管理的需要，创新管理则势在必行。而对于复杂的食品监管来说，不但要在技术层面建立系统的创新标准，也要在管理方式与管理模式上进行深入探讨。此外，对食品企业进行必要的社会道德教育也是一条食品安全的有效途径。

第三章　房地产危机走远了吗

导读：与众所熟知的金融危机相比，房地产危机也许更能令普通百姓切实感受到危机的存在与威胁。从复杂的经济社会运行机制的角度来说，房地产危机显然是一个经济社会平稳运行的瓶颈问题，回顾历次世界性金融危机，房地产业都是始作俑者。而为什么房地产业总是成为金融危机的导火线则是一个耐人寻味的经济学问题！

金融危机与楼市泡沫

我国从计划经济转向市场经济过程中，作为公民生活基本保障的房产也向商品化转变，房产的商品属性得到了最大程度上的挖掘。接连不断的房改将房地产业完全推向了市场。尽管市场化后的居民住房不断得到改善，住房标准亦不断提高，但同时也推动着房价气球一般疯涨。同时，一个市场化以来最敏感的名词——炒房团出现了，这是一个专以炒房赚取利益的资本团体，在充分表现资本的逐利本能外，更为突出地表现出社会资本的严重两极分化。有资料显示，房价暴涨最严重的北京、上海、广州在十几年的时间内借助于炒房团的推波助澜作用，房价平均涨幅至少翻了 5~8 倍。从几千元每平米上涨到最贵的几万元每平米。

第三章　房地产危机走远了吗
fang di chan wei ji zou yuan le ma

而高档住宅每套则高达几百万、几千万，甚至上亿元。平民阶层只有望房兴叹的份，社会公民最基本的生活之需成了可以狂炒的对象，这不能不说是一种畸型发展的经济现象。可以说，地产经济完全背离了最基本的"住者有其屋"的社会精神，充满了商品化色彩，人本主义也在这场房地产拉力赛中蒙上了一层尘垢，同时，地产经济的非理性运行也给经济社会的健康运行带来了极为严重的负面影响与作用。

2006年3月，世界著名华文杂志《中外论坛》（注：所在地纽约）刊发了属名水镜的文章，详细分析了中国房地产泡沫的成因与危害，以及当时地产业泡沫形成的初级阶段。

报道回顾

中国房地产泡沫透视

2005年，是中国房地产业极不平静的年份，一边是拿着一角一元积攒起来的积蓄望楼兴叹的工薪一族，一边是一掷万金潇洒至极的炒房一族与财雄势大的开发商。工薪一族每天都在企盼房价的下调，开发商与炒房一族则使出浑身解数炒高房价。这是一场量级与力度都不对等的拉力赛，价格的天平毫无悬念地倾向于开发商与炒房一族，房价一路攀升，在上海、北京、广州、南京、温州等几个大中城市，房价与人均年收入比一度达到了国际公认合理水平5：1的近两倍与两倍以上，个别城市甚至达到4倍以上。这个数字意味着，如果维持这个比率不变，工薪阶层如果想拥有一套自己的房子，如果不是父辈或什么亲朋好友来支持一下的话，从走上工作岗位开始计算，不考虑青少年期的个人教育投入，不考虑失业，也不考虑正常生活开支，至少要到将要退休之时才能够如愿以偿拥有自己的独立产权住宅。本属于基本生活保障的房产成为了工薪阶层的财富终结者，工作一生，最终也只能拥有一套住房而已，房地产的泡沫成分由此可见。5月，国家七部委终于联合出台一系列政策，开始挤压房地产泡沫。上海房价应声而降，在几个月时间内房价降去了三成，各大城市也产生连锁反应，房价降声一片。一时间，房地产公司门前冷落鞍马稀。《北京晚报》有关调查文章披露，有近六成的自住房购房者采取了持币观望的心态，有近七成的投资购房者也选择了持币观望。过热的房市终于出现了降温的迹象。硝烟过后，我们不妨冷静地分析一下房地产泡沫的成因。众所周知，中国房地产的泡沫并非一下子形成的，透视房地产泡沫形成的过程与现状我们不难找到以下因素：

高额利润的驱动

房地产行业的高额利润是众所周知的事实，正是这种低风险高回报的利益驱使，让许多投资人在房地产热之初义无反顾地走进房地产业。拿北京近郊的一个房地产公司来说，原来这家公司仅仅是一家劳务输出公司，只负责为一些建筑企业提供劳务人员，后来，为房地产的高额回报所吸引，千方百计取得了相关资质，转而进军房地产业，并获得了丰厚的利益。在外省份，这种现象更为常见，有些匆忙上马的房地产公司，甚至根本不具备相关的资质，所开发的商品楼屡屡出现质量问题。这一点，由业主与建筑商之间屡见不鲜的质量纠纷即可见一斑。然而，高额利润却让此类企业宁肯在不断的质量纠纷、政府规范、舆论监督的多重压力下费尽心机谋求生存，也绝不放弃房地产开发。促使此类企业不惜代价跻身房地产业的动力只有一个，就是高额的利润回报。也正是这种高额利润为后来的房地产泡沫打下了伏笔。曾有人一针见血地说，房地产业三年不开张，开张即可吃三年。这句话多少描绘出了房地产热兴起之初的现状。

经济发展过热后遗症

改革之后的十几年是中国房地产业发展最迅速的十几年，也是城市建设发展最快的十几年，不但表现在大中城市的开发区雨后春笋般出现，也表现在房地产市场的持续升温。开发区的兴建与城市住宅的开发本来是一件值得肯定的好事，可是，一旦过度也会带来不少麻烦，有些城市本不具备兴建开发区的条件，硬着头皮上马，作为配套工程的商品楼开发也紧随其后，于是，开发热、炒房热接踵而至，并一直延续至今。盲目开发造成了许多商品楼建成后空置，不但浪费了城市资源也造成了直接的经济损失，目前，仅商品楼空置一项就让开发商与银行叫苦不迭。据建设部相关部门统计，截至 2004 年 4 月，全国商品住宅楼空置一年以上的建筑面积为 5529 万平方米，占三年来总建筑面积的 57.6%，所形成的房贷呆账坏账率高达总贷款额的 25%。然而，房地产市场却不像人们简单想象的那样，供过于求就会产生价格下调，相反，往往空置时间越久，附加费用也越多，价格也被迫上涨，泡沫成分也就越来越大。这些事实本来已为城市房地产业敲响了警钟，无奈被高额利润撑大了肚皮的开发商们却不可能一下子缩小胃口，而是继续寻找与挖掘高额利润的来源，并不惜代价动用各种手段炒高利润空间。用一句颇具讽刺意味的话来说，在他们的观念中，房价就像是孕妇的肚子，只能越来越大。于是，上万元一平米的贵族房价出现了，林林总总的贵族化住宅区出现了，开发商与炒房一族露出了迷人的微笑，工薪阶层却只有睁大渴望的眼睛看世界的份了。

区域经济发展的不平衡性反映

中国社会长期以来区域经济发展的不平衡性是产生城市房地产泡沫的又一个原因。城市经济是区域经济的发展核心，改革以后所带来的城市经济的飞速发展在客观上加大了区域间经济发展的不平衡性。这一点必然在房地产业发展中得到直观的反映。事实上，在全国存在较大房地产泡沫的 37 个城市中，房地产泡沫排名靠前的地区如：温州、上海、北京、杭州、南京、青岛、广州也正是经济发展增速最快的地区。从正常的经济发展角度来说，这些地区的经济发展如果对周边地区产生良好的辐射、扩散与带动作用的话，在客观上必然会抑制房地产泡沫的过度膨胀。然而，区域垄断、条块分割、各自为政等等机制与人为因素却严重阻碍了经济正常发展的路径。并导致相关产业与人口的过度集中，造成一种与周边地区经济发展不协调的繁荣。也带来了种种社会问题，诸如城市交通、城市污染、城市噪音、城市资源枯竭等等。可见，房地产泡沫不是单一的房地产业的问题，也是区域经济发展是否平衡的一个晴雨表。而解决区域经济发展平衡问题也是抑制房地产泡沫过度膨胀的一个根本途径。

投资方向与城市资源使用的非理性因素

对于中国来说，资本市场还是一个相对稚嫩的新生事物，以发达国家或地区为标准来衡量，中国投资市场的标志性建设——股市还是一个婴儿。改革之后，赚到第一桶金的市场开拓者，常常不认为投资股市是资本投资的最佳渠道。他们会像猎鹰一样寻找投入最少，回报最高，风险最低、最易于操作的行业。于是，中国房地产市场就成了他们理想的狩猎地。实力雄厚的首先考虑搞房地产开发，然后开动宣传机器大肆炒作，抬高房价从中获取超额回报。实力次之的，也会考虑炒楼花，既省心又省力，往往在很短的周期内即可获得翻番的回报。甚至，他们可以用他们聪明的头脑来钻政府和银行的漏洞，用银行的合法借贷，堂而皇之地炒，毫不忌讳，合理合法地炒。于是，楼价就像汽球一样越吹越大。CCTV《经济半小时》2005 年 6 月 2 日曾报道过这样一位炒房者，温州一位刘老板，三年前只身赴上海，只带 30 万元人民币，他的目的很明确，就是炒房。三年时间内，他的 30 万元翻了十倍，成了 300 万元。并且，手中还有七套现房，总价值上千万。在佩服他的精明的同时，我们不能不反思，作为保证城市居民能有安居之地的商品住宅是可以炒的吗？资本是用来合理合法占据自己根本不需要的城市资源然后再获取高额回报的吗？其实这种现象在许多发达城市都是司空见惯的现象，许多城市先富起来的一班人也在不合理地占用着城市资源，购买许多房产，美其名曰房地产投资，然后租给打工族。这种投资不会创造一分钱社会财富，只会是通过对资源的占有来换取别人的劳动所得。所反映的不仅是城市资源的不合理分配，也反映出这部分人的社会公众意识

第三章 房地产危机走远了吗

fang di chan wei ji zou yuan le ma

的缺乏。这些人俨然成为了某种意义上的"现代城市经营者",以不平等的户籍制度,不平等的就业环境为前提条件,合法地谋取打工一族的血汗钱来充实自己的银行账号。这也许就是他们不惜血本也要购买自己基本生活中根本不需要的房产的理由了。有了这样的"城市经营者",你有理由期望房地产不产生泡沫吗?

此外,安全高效的投资渠道相对贫乏也使商业银行存贷差加大,这种差额常常以数万亿来计算,这笔巨额资金也要寻找市场,在精明的银行家眼中,与其他行业相较,房地产仍然是一片低风险的投资热土。于是,他们宁肯放弃一些低回报但有建设性意义的项目投资,也要把资本投放于房地产业。这实质上也是房地产过度开发,房价居高不下的另一个主要因素。

截到2005年8月,有数字统计,巨额外资也在中国的房地产业内涌动,总数额高达600亿美元。这也是催生中国房地产泡沫产生的一个不可忽视的因素。截到2005年10月,房地产泡沫最为严重的温州市,商品房空置面积为11.66万平方米,比去年同期增长254.4%,其中商品住宅空置面积为30.6万平方米,比去年同期增长186.7%。有业内人士直言无忌地说,温州的房地产泡沫主要是此前"温州炒房团"疯狂炒房带来的严重"后遗症"。很显然,房地产泡沫并非在短期内可以消除,房地产市场走上健康发展的轨道尚需时日。

挤压房地产泡沫已是当务之急

至2005年初,房地产价格虚高现象引起了许多业内人士与社会人士的强烈关注,深圳万科掌门人王石曾就此发表看法说:"房地产泡沫不利于房地产业的优胜劣汰。"许多社会人士也曾指出城市高价住宅的过度开发与房地产泡沫是房地产业的一种不正常现象。事实上,一个最简单的道理,从城市发展的角度来说,中国目前房地产业的首要任务即是解决城市居民基本生活所需的住房问题,房地产业不应成为城市经济发展的主流。毕竟中国目前还没有富裕到绝大部分城市居民可以住高档住宅楼的程度。然而，中国城市发展的现状表明，作为基本生活所需的房地产业却往往成为城市经济发展的重头戏。这种现象不仅会造成城市资源的不合理利用与过度开发，也会影响城市经济的平稳发展，催生其他行业泡沫的产生，削弱资本在其他行业的投资力度，甚至影响人才的合理流动，并产生一系列副作用。种种迹象表明，挤压房地产泡沫已成维护城市经济良性发展的当务之急。

在人才市场，一位旅居海外准备回国的王先生在谈起回国首选城市时说，他回国的唯一目的就是要选择一个各方面条件都较优越的城市，把自己十几年的研究成果推向市场。可是，在他看好的几个城市中，安居的代价高到超过他的想象，相应的子女教育费，日常生活消费也高得离奇。所以，他对回国问题一直犹豫不决。据了解，像王先生这种情况的人还很多。

全球经济一体化带来的一个最直接的问题即是人才与技术的竞争，往往失去一个人才就意味着失去某行业的领先地位，也意味着丢掉相应的市场份额。尽管有些城市对引进城市所需人才已制定了种种优惠政策，可是，潜在的生活环境仍旧是一种无形的限制，这种限制往往不是几条优惠政策所能解决的问题。

综而言之，房地产泡沫问题不是单一的房地产泡沫问题，而是城市经济如何健康发展问题，也是区域经济如何协调发展的问题。房地产泡沫不仅拉动了相关行业物价的非理性上涨，对社会经济的均衡、平稳发展产生负面作用，也会对社会的和谐与稳定产生消极影响。（原载纽约《中外论坛》作者水镜）

如果说2005年中国地产业只是刚刚露出存在泡沫的苗头，那么，当时的美国房地产泡沫业已形成。而回顾文章描述的中国房地产泡沫形成的初期阶段，许多观点却不乏令人深思的内涵。诸如作为社会公民最基本生活保障的房地产是不是可以炒，地产业泡沫对区域经济的协调发展的负面影响有多大，对构建和谐社会有什么样的负面作用，银行业的房地产金融产品是否有悖经济社会运行原则,等等问题至今仍有值得深思的价值。而不久之后美国次贷危机突然爆发则证明作者的担心是多么有道理。

大家都知道,次贷危机是这次至今仍未消退的金融危机的导火索,发生在美国,影响的却是全世界。金融危机是什么?对于普通百姓来说,金融危机是一种经济灾难,也是一种赤裸裸的洗劫,造成的危害不仅仅是货币的贬值,也会让许许多多的房地产投资者一夜间财富大幅缩水。整个社会苦心孤旨构造的经济运行模式遭到巨大破坏。回顾近百年来世界性金融危机的爆发,几乎都与房地产泡沫的形成有关,而金融危机对地产业的直接影响则是楼市的崩盘。

2011年6月,房价高企地区之一苏州的《姑苏晚报》刊文回顾了一个世纪以来全球楼市三次崩盘的过程与金融危机的惨状。

新闻回顾

房地产泡沫引发金融危机　回顾全球三次楼市崩盘

20世纪是世界经济快速发展的100年,房地产业的兴盛无疑是刺激这100年间经济增长的重要因素。然而由于各种复杂的原因,在一些国家和地区曾出现过可怕的房地产泡沫,结果使无数投资者转瞬间一贫如洗,从而留下一幕幕悲剧。

美国房地产泡沫:7.5万人口城市出现2.5万名地产经纪人

上世纪20年代中期,美国经济出现了短暂的繁荣,建筑业日渐兴盛。在这种背景下,拥有特殊地理位置的佛罗里达州出现了前所未有的房地产泡沫。

佛罗里达州位于美国东南端,地理位置优越,冬季气候温暖而湿润。第一次世界大战结束后,这里迅速成为普通百姓的冬日度假胜地。由于佛罗里达的地价一直远低于美国其他州,因此该州成为了理想的投资地。许多美国人来到这里，迫不及待地购买房地产。随着需求的增加，佛罗里达的土地价格开始逐渐升值。尤其在1923年至1926年间，佛罗里达的地价出现了惊人的升幅。例如棕榈海滩上的一块土地，1923年值80万美元，1924年达150万美元，1925年则高达400万美元。一股炒卖房地产的狂潮越来越汹涌澎湃。据统计，到1925年，迈阿密市居然出现了2000多家地产公司，当时该市仅有7.5万人口，其中竟有2.5万名地产经纪人，平均每三位居民就有一位专做地产买卖。当时，地价每上升10%，炒家的利润几乎就会翻一倍。在那几年，人们的口头禅就是"今天不买，明天就买不到了"。在这种狂潮的催动下，一向保守冷静的银行界也纷纷加入炒房者行列。

然而好景不长，到1926年，佛罗里达房地产泡沫迅速破碎，许多破产的企业家、银行家或自杀，或发疯，有的则沦为乞丐。据说美国商界大名鼎鼎的"麦当劳教父"雷·克洛克，当年也因此一贫如洗，此后被迫做了17年的纸杯推销员。紧接着，这场泡沫又激化了美国的经济危机，结果引发了华尔街股市的崩溃，最终导致了20世纪30年代的世界经济大危机。

日本房地产泡沫：东京地价超过了美国全国地价总和

20世纪30年代以后的60年间，世界房地产领域基本上没有出现大的波澜，但进入90年代后，日本的房地产泡沫再度震惊了世界。

20世纪80年代后期，为刺激经济的发展，日本中央银行采取了非常宽松的金融政策，鼓励资金流入房地产以及股票市场，致使房地产价格暴涨。1985年9月，美国、（前）联邦德国、日本、法国、英国五国财长签订了"广场协议"，决定同意美元贬值。美元贬值后，大量国际资本进入日本的房地产业，更加刺激了房价的上涨。从1986年到1989年，日本的房价整整涨了两倍。

受房价骤涨的诱惑，许多日本人开始失去耐心。他们发现炒股票和炒房地产来钱更快，于是纷纷拿出积蓄进行投机。到1989年，日本的

第三章　房地产危机走远了吗
fang di chan wei ji zou yuan le ma

房地产价格已飙升到十分荒唐的程度。当时，国土面积相当于美国加利福尼亚州的日本，其地价市值总额竟相当于整个美国地价总额的4倍。到1990年，仅东京都的地价就相当于美国全国的总地价。一般工薪阶层即使花费毕生储蓄也无力在大城市买下一套住宅，能买得起住宅的只有亿万富翁和极少数大公司的高管。

所有泡沫总有破灭的时候。1991年后，随着国际资本获利后撤离，由外来资本推动的日本房地产泡沫迅速破灭，房地产价格随即暴跌。到1993年，日本房地产业全面崩溃，企业纷纷倒闭，遗留下来的坏账高达6000亿美元。

从后果上看，20世纪90年代破灭的日本房地产泡沫是历史上影响时间最长的一次。这次泡沫不但沉重打击了房地产业，还直接引发了严重的财政危机。受此影响，日本迎来历史上最为漫长的经济衰退，陷入了长达15年的萧条和低迷。即使到现在，日本经济也未能彻底走出阴影。无怪乎人们常称这次房地产泡沫是"二战后日本的又一次战败"，把20世纪90年代视为日本"失去的十年"。

东南亚、香港房地产泡沫：香港业主平均损失267万港元

继日本之后，泰国、马来西亚、印度尼西亚等东南亚国家的房地产泡沫也是一次惨痛的经历，而其中以泰国尤为突出。20世纪80年代中期，泰国政府把房地产作为优先投资的领域，并陆续出台了一系列刺激性政策，由此促进了房地产市场的繁荣。海湾战争结束后，大量开发商和投机者纷纷涌入了房地产市场，加上银行信贷政策的放任，促成了房地产泡沫的出现。与此同时，大量外国资本也进入东南亚其他国家的房地产市场进行投机性活动。遗憾的是，当时这些国家没有很好地进行调控，最终导致房地产市场供给大大超过需求，构成了巨大的泡沫。在金融危机爆发以前的1996年，泰国的房地产业已处于全面危险的境地，房屋空置率持续升高，其中办公楼空置率竟达50%。随着1997年东南亚金融危机的爆发，泰国等东南亚国家的房地产泡沫彻底破灭，并直接

导致各国经济严重衰退。

东南亚金融危机还直接导致了香港房地产泡沫的破灭。香港的房地产热最早可以追溯到上世纪70年代。当时，李嘉诚、包玉刚等商界巨子纷纷投资房地产领域，香港十大房地产公司也先后公开上市，而来自日本、东南亚和澳大利亚等地的资金也蜂拥而入。在各种因素的推动下，香港的房价和地价急剧上升。到1981年，香港已成为仅次于日本的全世界房价最高的地区。

1984年至1997年，香港房价年平均增长超过20%。中环、尖沙咀等中心区域每平方米房价高达十几万港元，一些黄金地段的写字楼甚至到了每平方米近20万港元的天价。受房价飞涨的刺激，香港的房地产投机迅速盛行起来，出现了一大批近乎疯狂的"炒楼族"。当时的香港，人们盲目地投资房地产，为了抓住机遇，许多人往往仅凭地产经纪人电话中的描述，就草草决定购买豪宅。

就在香港的房地产泡沫达到顶峰时，东南亚金融危机降临了。1998年~2004年，香港楼价大幅下跌，如著名的中产阶级居住社区"太古城"，楼价就从最高时的1.3万港元每平方英尺下跌到四五千元。据专家计算，从1997年到2002年的5年时间里，香港房地产和股市总市值共损失约8万亿港元，比同期香港的生产总值还多。而对于普通香港市民而言，房地产泡沫的破灭更是不堪回首。在这场泡沫中，香港平均每位业主损失267万港元，有十多万人由百万"富翁"一夜之间变成了百万"负翁"。

可以说，发生在上个世纪的3次房地产大泡沫，对当时和后来的世界经济发展造成了深远的影响。它们给世界经济造成了惨痛的损失，也留下了宝贵的经验教训。

从经济社会健康发展的角度来说，房价的暴涨暴跌让人不禁联想起"揠苗助长"这个寓言，炒房者也让人联想起这个寓言中那个"愚蠢"的农夫。当然，炒房带来的后果并不是人人都不懂，许多炒房者的心态

第三章 房地产危机走远了吗

fang di chan wei ji zou yuan le ma

则是明知山有虎,偏向虎山行,以获得私利而沾沾自喜。你可以说这是资本的逐利本性,更可以说炒房族社会责任感的缺失。进一步来说,当炒高房价,眼睁睁看着工薪族困于蜗居饱受生活煎熬之时,那些炒房族的心里是否有某种不安?是否有一丝欠疚?如果有,那说明你的良知尚未完全泯灭;如果没有,甚至还幸灾乐祸,那么,你的内心就完全没有社会这个概念,既没有对社会责任的认识,也没有一种高尚的人格。其品行与三聚氰胺的添加者,与瘦肉精的使用者同样应该唾弃。当然,经济社会的发展并不拒绝房价的上涨以造出高品质的住宅,而是应该拒绝纯粹的以谋利为出发点的人为炒作抬高房价的现象。因为,炒作常常是破坏行业正常运行机制的一种行为。从常识的角度出发,房价的炒作必然是经济运行出现问题的先兆,也必然会导致金融危机的到来以及一系列经济运行方面的问题。而这一点,美国的次贷危机以及目前的经济运行状况则为我们提供了十分充足的证明。

金融危机爆发后的美国楼市与欧债危机

2011年6月13日,《中国证券报》刊发的一篇分析性文章深入探讨了美国金融危机与楼市崩溃所造成的美国经济问题,以及由此引发的欧债危机和有可能再次来临的金融风暴。

新闻回顾

美国楼市面临永久性崩溃　银行业旧毒新债难翻身

一个月前在股东大会上,美国银行首席执行官莫伊尼汉对投资者这样表示:美国银行仍在竭力削减房地产不良贷款,并认为年内房价复苏将令该行避免在抵押贷款上出现新的损失。

如今看来，这一预期似乎过于乐观。基于近期公布的一系列疲弱数据，业内人士普遍认为，美国房地产市场短期内走出低谷的可能性很小，年内房价恐继续下跌超过10%。事实上，由于低估房价跌幅，美国银行在过去两个季度中已为此多支出30亿美元。

美国银行所处的窘境绝非个案。今年一季度，为应对房价"下滑压力"，美国第三大银行花旗集团就出售了11亿美元问题贷款。

在金融危机全面爆发三年后的今天，美国银行业在房贷及相关衍生品业务上的噩梦仍未终结。这不禁令人怀疑，美国房地产市场会否陷入"房价下跌——止赎量上升——房价进一步下跌"的怪圈；前次危机残留的巨额衍生品余毒"旧债"加上止赎潮"新愁"，会否成为引爆新危机的"火药桶"……这些问题成为笼罩在美国经济头顶上的阴云。

房地产复苏难望

与2006年、2007年房价峰值相比，迄今美国房价累计跌幅接近33%，衰退幅度超过上世纪30年代的"大萧条"时期。创建标普/凯斯——席勒美国房价指数的经济学家罗伯特·席勒悲观地表示，未来五年美国房价进一步下跌10%~25%，也"完全不会让人感到意外"。

罗素投资首席市场策略师史蒂芬·伍德在接受记者采访时甚至表示，美国房屋市场也许面临永久性崩溃，并对就业市场产生严重影响，预计失业率回到崩溃前水平的机会甚微。

房地产市场长期低迷的原因何在？从供给方面来看，美国房屋存量仍然大幅超出正常水平，"影子库存"大量存在成为压在房市身上的"大石"。目前有480万套美国住房处于止赎进程中，另据有关机构分析，如果美国房价回升10%，会有高达2000万套房屋被抛向市场。这不但给房价带来压力，也影响了建筑商的新建房屋开工计划。

从需求方面来看，美国经济复苏力度仍显不足，就业市场压力很难尽快缓解，抑制了消费者对住房的需求；房价持续下跌也令财富缩水的住房持有者捂紧钱包,不敢消费,削弱了美国经济复苏动力。两者相互作用,形成难以突破的"怪圈"。

这使得美国房地产市场陷入"房价下跌——止赎量上升——房价进一步下跌"的恶性循环中。据美联储最新报告,今年一季度末,美国业主持有的房屋净值占房屋价值比例已降至38%的二战以来最低水平。而在美国近4500万仍未还清房贷的房屋业主中,近四分之一业主拥有的房屋价值已低于贷款总额,另有5%的人即将步入这一行列。

这意味着,将有越来越多的"负资产"家庭不得不被迫加入房屋止赎大军。对于具有庞大衍生品分支的美国金融体系来说,居民消费能力下降造成房贷、车贷等衍生品附着的基础面临断供风险,成为美国金融体系巨大不稳定因素。

银行业噩梦未终

在次贷危机爆发前,美国新增房贷中有近七成贷款是可调息抵押贷款。通常来讲,此类贷款申请初期(通常为五年)实行比较低廉的固定利率,一定时间后其利率将参照一定的特定市场标准变动。

在美国媒体预计,可调息抵押贷款利率重置的最高潮将在2012年到来,并在此后一年内维持在高水平,也就是说,抵押贷款违约潮即将出现。罗素投资亚太房地产投资主管马丁·莱姆在接受记者采访时预计,从现在起到2014年,美国将有约1.4万亿美元抵押贷款到期,这可能引发相当大规模的银行止赎。分析人士认为,贷款违约潮爆发将进一步加剧止赎问题,导致美国银行业更多的资产减计,给金融系统带来风险。

衍生品余毒未清

巨额衍生品余毒未清的"旧债"也远未了结。今年5月,有"新兴市场教父"之称的邓普顿资产管理公司执行主席莫比乌斯发出警告称,由于导致前次危机爆发的问题并未得到解决,新一轮金融危机不可避免。

"衍生品受到监管了吗?没有。衍生品是否在继续增加?是的。"莫比乌斯指出,目前全球金融衍生品总额已经是全球 GDP 的十倍之多。如此大规模的"押注"将带来波动性,并有可能造成股市危机。

金融衍生品专家萨蒂亚吉特·达斯也表示,在刚刚过去的危机中,没有任何错误得到纠正,衍生品仍然具有"以光速传导危机"的风险,而"我们其实根本没有(给衍生品传导系统)装上断路机制。"一旦一家或数家牵涉衍生品业务的大型银行再次出现严重问题,将导致新一轮"雷曼式"灾难。

统计显示,在美国房地产和抵押贷款支持证券的泡沫破灭以前,证券化的债券及其衍生品总额占全球流动性的 80%,约为全球 GDP 的 5~6 倍,以美元计总额在 300 万亿到 400 万亿美元之间。而在危机爆发后,衍生品总额未降反升,目前总额已达 600 万亿美元,约为全球 GDP 的 10 倍。

中国宏观经济学会秘书长王建指出,如此庞大的金融资产,若仅发生 5% 的坏账就是 30 万亿美元,接近美国两年的 GDP 总和。

美债务危机暗伏

据 IMF 的报告,今年美国财政赤字占 GDP 比重将达 10.8%,居全球主要经济体之首。标普预计,在最乐观情况下,到 2013 年美国财政赤字占 GDP 比例将达 80%。

财政问题已成为悬在美国政府头上的达摩克利斯之剑。知名投资人吉姆·罗杰斯日前发出警告称,美国债务水平不断攀升,正接近爆发一场较 2008 年更严重的金融危机。

罗杰斯表示,过去三年美国政府花费大量资金,美联储不断印刷美元,但下次再出现问题时怎么办?"他们不能再令债务成倍地增长,也不能再印刷那么多美元。因此下次碰到的问题要严重得多。"

"制造另外一个泡沫给他们带来了解决经济问题的希望。"独立经

第三章 房地产危机走远了吗

济学家谢国忠对此表示。他预言,全球经济正朝着另一次危机迈进,其核心是政府债务危机。

事实上,对于美国爆发债务危机的担心已从"远虑"变为"近忧"。5月16日,美国联邦债务总额触及14.29万亿美元的法定上限,美国财政部从而进入"债务发行暂停期"。如果两党无法就提高债务上限的问题达成合意,美国政府将无法通过发行国债融资,这使得8月4日到期的300亿美元国债支付面临问题。而一旦美国倒债,其引发的市场恐慌将远超此前的欧元区债务问题。

中国现代国际关系研究院世界经济研究所所长陈凤英对记者表示,目前美国最大的问题是国库空虚,需要通过发行美元来解决问题,这将造成不负责任的危机转移。

无论是房地产市场还是劳动力市场,无论是抵押贷款支持的证券衍生品还是美国国债,其间任何一个因素的变化都有"牵一发动全身"的效果。可以说,美国经济面临的是"九连环"式的难题,拆解其中任何一环,都要有统筹全局的视野和足够的耐心,这绝非一日之功。(《中国证券报》2011年6月13日,杨博)

对于整个世界来说,美国经济的运行模式似乎是完美无缺并值得效仿与推广的,很少有经济学家对此进行置疑。而这次波及世界的金融危机却不能不令世界重新审视美国经济的健康程度,次贷不仅令银行业陷入窘境,也让楼市在一瞬间陷入崩溃,更为严重的是危机引发了一系列连锁反应,让全球金融业与地产业进入了一个寒风萧瑟的冬天。事实上,美国经济发展史上这样的危机并不是第一次,并且,每一次金融危机的爆发都会产生越来越大的负面作用,不过,仍旧有许多所谓的经济学家无法放弃这种给经济社会运行带来巨大伤害的机制与运行模式,世界范围内各高等学府仍旧在传授着西方经济学。由此而言,最大的危机并不在于经济,而是在于那些主导经济社会运行的所谓经济学理论与模式设计者。

客观地说,金融危机绝不是一个成熟的资本社会发展所不可避免的现象,而是经济泡沫破裂的一种必然。而过度的资本证券化亦不是一种安全的经济社会运行方式,它所带来的最终只会是金融灾难。而这种经济社会运行模式最终影响到的必然会是经济较为脆弱的国家或地区。

就本次金融危机而言,一个最直接的连锁反应就是欧债危机,即欧洲国家主权债务危机。具体来说是指在2008年金融危机发生后,希腊等欧盟国家所发生的债务危机。所谓主权债务是指一国以自己的主权为担保向外,不管是向国际货币基金组织还是向世界银行,还是向其他国家借来的债务,其性质属于国家行为。主权债务是金融危机中主权国家为了救市而产生的,并随着危机爆发程度的加重而加重。并在无法偿还债务之时,产生违约现象。这即是目前所说的欧债危机。传统的主权违约的解决方式主要是两种:一是违约国家向世界银行或者是国际货币基金组织等借款还债;二是与债权国就债务利率、还债时间和本金进行商讨以期减少偿还数额以减轻债务负担。

目前为止,存在主权债务危机的国家已由希腊、爱尔兰、葡萄牙等欧元区外围国家向核心国家蔓延,意大利和西班牙谁将是欧债危机下一个倒掉的"多米诺骨牌"成为世界瞩目的焦点。据报道,金融大鳄索罗斯将欧债危机的爆发归咎于德国的自私及不作为。他认为德国总理默克尔坚持自行维系本国金融体制安危,才埋下了今日欧债危机的祸患。意大利总理贝卢斯科尼则呼吁国会尽快通过紧缩方案。然而,据资料显示,意大利2011年第一季度经济增速为1.03%,这种缓慢的经济增长一旦遭遇财政紧缩,就可能陷入衰退。如果意大利向外界求助,就必须进行经济紧缩,因此可能陷入经济衰退和公共债务上升的双重困境。

鉴于意大利和西班牙庞大的外债规模,有分析认为,如果两国陷入债务危机无法从市场融资,那么欧盟其他国家将没有足够力量来援救意

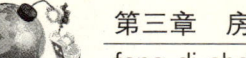

大利和西班牙，欧元区有可能因此分崩离析。从全球范围来看，如果欧洲主权债务危机波及核心国家，全球市场的投资方向将会逆转，资金撤出股市、商品市场，进入贵金属市场等寻求避险。这将导致资产价格明显波动，或许将引发新一轮的金融危机。

当然，从金融的角度来说，欧债危机所反应出的不仅仅是欧洲五国的主权债务问题，而是美元与欧元间发生的一场不见硝烟的货币主导权与债务资源的争夺战。美元与欧元间的较量事实上从欧元诞生之日起就开始了，首先，欧元削弱了美元在国际贸易中的结算货币地位。其次，欧元冲击了美元的储备货币地位，令美元占世界储备的比重在十几年间下降了近十个百分点，截至2010年已经滑落到62.1%。不过，欧元对美元的挑战还不止于此，对于同属于借款"依赖型"体制的欧盟诸国与美国，都需要一个稳定的债券资源。

说穿了，美国的这种债务依赖型经济发展模式需要的是其他国家出口商品来换取美元，商品出口国又用换取的美元通过购买美国债券投资于美国，于是美元回流至美国，为其债务进行融资。与美国的这种模式相近，欧洲国家也基本上属于这种经济运行模式。根据IMF的数据库，世界外债发行数量最多的前十个国家，包括了美国、7个欧洲国家、日本和澳大利亚，这10个国家对外发行的债券占全球的83.8%，而这其中欧元区各国债券市场加总后规模占到了全球的45%，已经超过了美国32%左右的份额，无疑这是对美国债务依赖体系的最大挑战。此外，金融危机以来，美国国债风险日趋提高，世界各国认购美国国债的信心大打折扣。美国只有打压欧洲国家的债券资源才有可能扭转自身的形象。

于是，近期美国评级机构不断调低希腊、爱尔兰、比利时的主权信用评级，轮番对欧债危机制造动荡，大举做空欧元，美元利用"避险属性"和阶段性强势，使资本大量回流美国本土，而美国则成了这场危机的赢家，包括美国国债、美股及其他机构债券在内的美元资产大受追捧。尽管当前美国国债已经突破债务上限，但10年期美国国债收益率和30年期美国国债收益率创下五个月低点，美国国债受到超额认购，债务融资得以顺利进行。

内外夹击之间，欧债危机不再是欧洲五国的危机，债务危机由边缘国家向核心国蔓延的风险正在进一步加大，等待欧洲的也许将是新一轮的债务风暴。

次贷危机——楼市崩溃——金融危机——欧债危机——欧元与美元的较量，这一系列重大经济危机最终将给世界带来什么尚未可定论。但唯一可以确认的就是楼市的崩溃常常是每一次世界性金融危机即将到来的征兆。《中国经济时报》刊发的一篇属名王德禄的文章指出，希腊等国家的这种困境并不是今天才存在的。

资料

全球化以来，随着全球产业链的重新分工，这些国家和地区的产业逐步被转移到成本更低的国家和地区，他们自己的实体经济日益空洞化。希腊等国家和当局为了维持局面，在不能够对货币进行贬值也不能够降低本国居民的待遇的前提下，开始了借债之路。而现代金融业的发展也为他们的借债提供了渠道和支持，使得他们越借越多，直到金融危机前超过了他们年度GDP的110%以上。这意味着他们整个国家不吃不喝一年也不能还清贷款。事实上，过度的举债其本质上就是一种违反常识的行为。这个世界上没有免费的午餐，人们不可能通过借债过上长远的好日子。用香港电影里的一句台词来说，就是"出来混，总是要还的。"

其实很多有识之士已经对欧元区这些违反常识的现象有了很深入的

观察。索罗斯从去年开始就不断撰文指出欧元区内部的问题是不可调和的，欧元也是难以为继的；谢国忠更是一针见血地指出，欧债危机其本质就是欧美高福利模式的终结。

事实上，三年前美国爆发的次债危机和金融危机，也是一次违反常识而导致的危机。很难想象美国房子的价格在翻了两番的基础上，众多的华尔街精英们的交易模型还建立在美国房价能够继续持续上涨的前提之上。要知道，美国是一个地广人稀的国家，土地的供应从来就不是一个问题。只要市场需要，房地产商们就能够造出足够多的房子，因此，房价也就不可能无止境上涨。

中国人的思维方式中，"适可而止"是一个核心的部分，其本质上就是对"度"、"量"、"衡"的平衡和把握。金融危机以后，我们更应该反思，中国人谨慎的消费总的来说是对的，中央政府鼓励内需的做法也是对的。但无论是消费还是借债，不管是老百姓还是地方政府，都要有"度"。过度的消费和过度的借债都是不可取的，这是美国金融危机和欧洲债务危机给我们最大的教训。（《中国经济时报》2010年7月15日，王德禄）

不过，令人欣喜的是，2011年7月22日，欧元体系已就希腊援助计划达成协议，不仅减少了希腊300亿美元的债务，还达成了继续输入千亿美元的救助行动，而欧债危机能否由此向好的方向转化也令世界拭目以待。

与许多积重难返，无法从根本上转变经济运行模式的国家或地区相比，我国在这方面的转变是相当明确的。从十七大开始，我国即已开始着手向生态文明与和谐社会构建方面转变。不过，居高不下的房价仍旧是经济社会运行中的一种不和谐因素。因而，房地产业的健康发展问题也是全面转型的一个标志性问题。

迪拜的警示与地产泡沫的症结

资 料

房产一旦完全市场化而成为商品,对于社会生活来说,房产即是社会公民最大宗的消费。这不能不令资本本能地对此产生浓厚兴趣,于是,中外房地产业开始接轨。拿地、炒房成了合理合法的市场经济行为,甚至得到银行业的大力支持与帮助。于是,拿地——贷款——建房——出售——还贷,成了国内地产业初期的最普遍发展模式。此风一开,地产业随即成为一个暴利行业。2005年前后,笔者曾算了一笔账,按当时的地价与建筑成本,每平米楼房的成本只在600~800元上下,即便在地价高昂的北京、上海、广州、深圳这几个重点城市,建筑成本也不会超过每平米千元上下。而商品房出售价格则翻了几番不止,联系其生产周期,地产业的利益回报率赫然超过所有行业而跃居第一位。从至今为止,来看国内排名靠前的富豪中,靠地产起家的仍占据着绝对多数,这亦是地产业暴利的一个证明。

在利益驱动下,种种内幕交易则不可遏制地产生了,从拿地、贷款到炒作出售,各个环节充满了浓重的商业味道。暗箱操作、行贿受贿则成了一个公开的秘密。社会公民赖以生存的住房基本生活保障则变成了有价并可以炒作的商品,高企的房价将许许多多工薪族拒之门外,即便能购得起房子的人也会倾其一生所有,社会精神被浓重的利益淹没了。地产业不但成了社会公民财富的终结者,也成了一个又一个利益集团激烈角逐的盛宴。住房也成了公民心目中新的三座大山之一。

第三章　房地产危机走远了吗
fang di chan wei ji zou yuan le ma

与许多社会改革广受公民推崇与支持不同，房地产业的市场化改革是一路伴随着批评走过来的。地产业在制造了一批新贵之时，也最大程度上剥夺了社会公民的财富，贫富悬殊的差距也由此大规模产生了。一个地产业总裁的年薪高达上千万，而农民的年均收入则不过几千元。这种差距，即便是一个弱智的孩童也会知道中国社会潜伏着什么样的危机。

此后，如果说2008年美国的次贷危机导致美国楼市崩溃仍旧未能让中国地产业警醒的话，此前在国人的记忆中少有人知的迪拜则为国内地产业敲响了警钟。

迪拜是阿拉伯半岛上一个只有3885平方公里的小国，其面积只相当于国内的一个县，但却是全球投资者最喜欢的地产投资地之一。全球许多名流均在迪拜世界旗下棕榈岛集团开发的棕榈岛上"画个圈，买块地"。据了解，过去的4年中，迪拜共融资了3000多亿美元，打造中东地区的物流、休闲和金融中心，但其政府和国有企业的债务也因此越积越多，至目前已高达800亿美元。有分析人士表示，目前的800亿美元并不是尾声。迪拜高速发展模式在去年金融危机后受到严重打击，金融资产缩水，建设工地停工，迪拜房价已经急降七成。有关分析指出，迪拜本身发展就是泡沫式发展，无限度的房地产投资建设，一旦爆发债务危机，投资者就是最后的受害者。（《东方早报》（上海），2009年12月1日）

可以说，迪拜模式的破产对国内地产业也是一个不小的震动。《经济参考报》随即刊文指出，过于倚重房地产的经济体必然走向崩溃。

新闻回顾

迪拜警示：过于倚重房地产的经济体必然走向崩溃

迪拜危机震惊了世界，它对中国的全部意义在于，以自己的现身说法警示中国：任何一个过于倚重房地产的经济体都必然走向崩溃。

中国房地产业与金融的捆绑，比迪拜更严重。根据央行发布的报告，截至今年 6 月末，商业性房地产贷款余额为 6.21 万亿元，如果算上房地产业的社会集资，数额更大。而庞大刺激经济计划所耗用的资金更为惊人。国内学者研究认为，2010 年，我国地方债务的总额将超过 10 万亿元，而国内的研究机构则认为可能超过 13 万亿元——这仅仅是地方政府的债务，还没有计算中央的债务。对照历史，这是一个令人毛骨悚然的数字。

回首上个世纪 90 年代，密集的基本建设投资后，留给了银行超过 3 万亿元的坏账，大型国有银行处于破产边缘——而那个时候的基建规模比现在要小得多。中国为了解决这 3 万亿元坏账，付出了巨大代价。先后通过发行特别国债补充资本金、成立四大资产管理公司剥离商业银行不良资产、外汇储备注资等方式，最终使这些大银行摆脱危机，并包装上市。令人痛心的是，贱卖资产，低价引入的海外战略投资者最终成为投机者——他们在赚取巨额利润之后溜之大吉，而中国不得不重新面对未来的危险。

中国现在最大的一个隐患是：严重依赖房地产，严重依赖民生行业的发展——推动 GDP 增长最快的力量居然来源于民生领域，而民生领域恰恰是政府应该做好公共产品和公共服务的！这正是 GDP 虽然快速增长而民众生活压力日益增大的根源所在。

要豪华的数字，还是要民生；要表面的奢华，还是要民众的幸福……这不是哈姆雷特要面临的问题。当中国的物价绝对水平超过欧美，以挤压民生为代价支撑起来的增长模式还有多少空间可施展？这种畸形的发展模式还能持续多久？

当财政部规定"企业按月按标准发放或支付的住房补贴、交通补贴或者车改补贴、通讯补贴，应当纳入职工工资总额"时，实际上开创了对福利征税的一个恶劣先例。当几元钱的饭补也成为征税的目标，实际

第三章 房地产危机走远了吗
fang di chan wei ji zou yuan le ma

上在预示着为了完成基建投资而对资金筹集的迫切和焦灼。

迪拜,以自己的惨痛给了中国一个警示,但中国未必买账。(新华网:《经济参考报》2009年12月1日)

不可否认,迪拜是一个警示,也不能否认,国内地产业在一片批评声中仍能前行的助动力量是地方政府的土地财政。

本文刊发一周后,全国人大财政经济委员会副主任委员、国家统计局原副局长贺铿做客人民网,以"中央经济工作会议与宏观经济形势"为题与网友进行在线交流。其主要观点就是:政府不能搞地,资本不能搞房。换句话来说就是政府不可以施行土地财政,资本不能炒作与民生密切相关的住房。

贺铿在回答网友提问时说:

我国的房地产业在今年4月份以来总体上是很不正常的,房价一路飙升肯定是不正常的。房地产泡沫的问题大家都很关注,中国的房地产泡沫不能一概而论,泡沫仅仅是存在一线城市,比如说北京、上海、杭州、广州、深圳等等。

中国房地产问题比较大的是一线城市,我认为应该有区别采取一些政策,限制一线城市房地产泡沫化。

如果要想下决心(遏制房价)办法很多,我曾经有两条建议:第一条是政府不能搞地,土地转让金应该由中央财政收缴;第二不能让资本来搞房,因为盖房子是给没有房子住的人,所以搞房要严格限制的,所以要采取征收个人所得税的办法来限制这个问题发生。

说到买房子、卖房子,他赚一百万,我高缴税,要收比较高的所得税,房子放在这里要征产业税、财产税,这样就会限制炒房,应该是有办法的。

房地产现在大家都很担心,当然我也很担心。因为世界各国的情况,近几十年来,出现比较严重的,比如说金融危机的都是由房地产泡沫的破裂而引起的,比如说有名的经济危机,巴西经济危机、泰国经济危机、香港经济危机、日本的经济危机，都是这样，都需要对房地产泡沫问题高度重视。

"迪拜"事件要引起我们的警惕，实际上也是因为房地产泡沫而使房子卖不出去，政府就还不了债了。当然这个问题不是对于整个世界经济影响的，因为迪拜很小，而且涉及的资金目前来看，还没有600亿美金，整个来讲，大概是一千亿美金左右，这个数字对世界来说是很小的量，但是要引起我们的高度重视。房地产泡沫会对金融、财政引起危机。（人民网，2009年12月7日，记者王静）

在贺铿做客人民网一周后，央视《面对面》节目主持人柴静专访贺铿，制作并播出《贺铿：信心与挑战》节目，现将节目内容摘引如下：

导语：2010年马上就要到了，明年中国的经济还会出现下滑吗？我们的收入会不会提高？房价会不会降下来？物价又会不会涨？所有这些问题，其实都写在这张纸里面，这是刚结束的中央经济工作会议的报告，你也许对数字和术语不感兴趣，但是它就决定了每一个包括你和我在内的普通国民的生活，所以今天的《面对面》，我们发问，我们观察，我们思考。

人物介绍：贺铿，67岁，第十一届全国人民代表大会财政经济委员会副主任委员，历任中南财经大学教授、西安统计学院院长，国家统计局副局长。

解说1：2009年是新世纪以来中国经济最困难的一年，当这句话在12月7日闭幕的中央经济工作会议上说出来的时候，在这一年中经历过恐惧和担忧的中国人都会产生共鸣，不过，现在人们似乎可以松一口气了，因为中央经济工作会议给出的结论是，我国已经有效地遏止了经济增长明显下滑的态势，率先实现了经济形势总体回升向好。那么，危机对我们来说真的过去了吗？

主持人：很多人会松一口气，金融危机是不是在中国已经结束了？

贺铿：中国没有发生金融危机。中国是经济下滑，下滑的原因是两个方面，一个方面是内因，是我们的结构失衡，一个是外因，世界金融危机对我们的外贸影响很大。现在世界金融危机，几个主要经济体，日本、美国、欧洲复苏的迹象都比较明显。应该说明年世界经济形势无疑比今年好。那么世界经济形势好，对于中国经济拉动的话，外贸的话，就会好一些。但是中国经济的结构性矛盾，那不是一蹴而就的事情，可能要较长的时间来调整。

解说2：随着房地产市场的不断升温，未来地产政策走向备受关注。在这次中央经济工作会议上，没有再提支柱产业的说法，只是说到要增加普通商品住房供给，支持居民自住和改善性购房需求。会议闭幕后不久，国家发改委主任张平就明确表态，要抑制投机性购房，舆论认为这是主管部门发出的抑制高房价的信号。

记者：我冒昧地问一句，您是副部级官员，以您的工资能买得起房吗？

贺铿：买不起。我说你买一套也挺难的。

记者：我反正买不起。

贺铿：你这样的收入，名主持人，我这样的干部级别都不能为自己买一套像样的住房，那更多的人就没有办法买了。

记者：所有人都很关心现在的房价正常吗？

贺铿：房地产现在的问题。一个是有泡沫，第二个是现在是在炒房，而不是真正有人买得起房子，不是使居者有其屋。

记者：您的观点很鲜明。

贺铿：我的观点一直是非常鲜明的，房地产部分城市有泡沫，原因是两个，一个是政府炒地，另外一个是社会资金炒房。

记者：政府炒地？

贺铿：我们的地王是怎么出现的？为什么会形成？地都是国有的，都是政府管的，这不是政府炒地是什么？

记者：地方政府说我是按土地挂牌拍卖的制度卖，有人愿意出高价就卖了，这怎么叫炒。

贺铿：我说把你的土地转让金由中央收了，你看地方政府的领导怎么说话。

记者：地方政府觉得我就靠这点土地出让金了。

贺铿：你能靠吗？土地不是国有的吗，是你地方的吗？

记者：现在分税制，大部分钱交给中央政府了，我发展城市其他的资金从哪儿来？从土地出让金来，这是现实。

贺铿：从你的财政用钱来讲，你就不从国家经济的安全性来想。既然土地是国有，中央财政收回来应该是合理合法。然后中央拿了这个钱，该转移给你的转移给你，该转移到更需要钱的地方，我转移到更需要钱的地方。

记者：同样是一个盘子里的钱为什么要按您建议的这种方式再流一遍呢？

贺铿：那我为什么让你把这个地价越炒越高，使房地产形成泡沫呢。北京有一位学者算了前不久出现的地王，在那儿盖房子的话，土地的价格使得能盖起来的房子已经超过两万一平方米。

解说3：按照贺铿副主任的分析，土地价格被炒得过高，直接推动了房价的上涨，加上社会资金的炒房行为，更加助长了房价的飙升，使得一些城市的房地产产生了泡沫。

贺铿：社会资金炒房，他买房不是为了住，而是为了再转手，再赚钱，所以有的有钱人一买不是一套两套，是十套二十套，他买到这里压根是不住的，等到有个好价钱我卖了。

记者：您这个判断的依据从哪儿来？

贺铿：许多都做过调查，北京好多买房房子一开盘的话，都是跑去买十套二十套不是稀奇事。房产业作为一个民生产业，应该是让更多的人买得起房才对。我说我们现在有一些商人，有一些理论家，我说得很刻薄，我说还不如一千多年前诗人杜甫的观点。诗人杜甫他把房地产的性质说得非常的清楚，"安得广厦千万间，大庇天下寒士俱欢颜"。盖房子给寒士们住的，要让大多数人买得起房子这才是正道。

解说4：也就是在中央经济工作会议闭幕之后的第三天，12月9日，国务院出台了"个人住房转让营业税征免时限由2年恢复到5年"的规定，业内人士认为，这将对短期的炒房投机形成抑制，因此这项新规也被看成是房地产政策微调的开始。

贺铿：对于房地产的调控办法，我一向说两点，把土地转让金，中央财政收了，限制遏制地方政府炒地。第二，卖一个房子，通过卖房子赚钱，我收你的，高高地收你个人所得税。比方说你买一套房子，两百万买的，你现在三百万卖出去的，你赚了一百万，我随便说一下，我收你80万的个人所得税，我看你还炒不炒。

记者：征高税这话出来肯定会有一些人骂。

贺铿：肯定有人骂，但是我相信十三亿当中有十二亿半是拥护的。

记者：这点从技术上来讲也不难实现，为什么我们说遏制房价这么多年没有实现？

贺铿：我认为很多地方政府的官员可能就希望房子维持一种泡沫化的状况，因为只有这样，他才会有钱用。他不考虑整个国民经济是不是健康发展的问题。

解说5：2009年11月，也就是在世界金融危机爆发一年之后，因房地产泡沫引发的迪拜债务危机再次向世界敲响了警钟。

记者：您觉得这个危机会对明年的地产市场有什么启示？

贺铿：应该说对明年的工作有什么启示，迪拜事件再次说明金融危机的引线是房地产，近二十年来的金融危机没有一起不是因为房地产市场的泡沫破裂而引起的。

记者：比如说？

贺铿：比如说巴西的房地产，比方说亚洲金融危机的泰国的房地产，比如说香港金融危机的房地产，日本的金融危机的房地产，乃至这次迪拜的债务危机的房地产，都是房地产引起的，无一例外。

记者：是因为房地产当中什么问题？

贺铿：形成泡沫，过热，价钱虚高，到了虚高总有个落下来的。

记者：都是一个模式吗？

贺铿：基本上一个模式。

记者：这是规律吗？

贺铿：是不是规律我不知道，这是现象。

记者：这种现象我们已经讨论了很多年了，在 2007 年的时候当时大家就在说房地产的拐点一定要来，但是金融危机一来，谁也不再谈这个话题了，大家现在又要依靠房地产业来向上拉动，还会来吗，这个拐点？

贺铿：我相信会来的。我认为一部分城市房地产有泡沫，迟早它要恢复到正常。

……

尾语：在采访贺铿副主任的时候，他一再强调，他这次更愿意以学者身份出现，能够更畅所欲言，包括自己的忧虑。其实也正像这次中央经济工作会议一样，对于积极的变化和不利的影响，都同时作出正视和思考，有了这样的信心和清醒，我们才能确信，2010 一切会更好。（中国经济网）

对于许多社会公民来说，其心中存在着一种根深蒂固的本能性认识，那就是政府的决策必定是正确的，从来不会有什么失误。对房地产泡沫的产生，面对没有能力购买的住房除了抱怨与忍耐几乎没有对政府的土地财政产生过一丝疑问。当然，并非所有人都不清楚土地财政的危害，但这些人宁肯做观赏皇帝新装的观众，也不愿点破这层窗户纸。由此而言，这些公民是世界最善良最可爱的公民。

而贺铿副主任的讲话，一针见血地道出了房地产泡沫的结症所在

第三章　房地产危机走远了吗
fang di chan wei ji zou yuan le ma

——政府在炒地，社会资本在炒房。准确地触及到了问题的根本，令那些利益集团颜色更变。地产新政也由此露出一丝充满希望的幼芽。

土地财政背离了民生

什么是土地财政？简单地说，土地财政就是指一些地方政府出让土地使用权获得资金并列入财政收支的现象，这种收入属于预算外收入，又叫第二财政。就目前而言，中国的"土地财政"主要是依靠增量土地创造财政收入，也就是说通过土地出让金来满足财政需求。这种情形在国内各大中城市都不同程度存在，甚至在一些发达地区的乡镇也存在土地使用权转让现象。

财政资金是一个国家社会资金的主导，其主体或称之为主要来源是税收收入和国营企业上缴的一部分税后利润。目前我国财政资金由国家预算资金和预算外资金两个部分组成。国家预算资金是指列入国家预算进行收支和管理的资金，它是财政资金的主体；预算外资金是指不列入国家预算，由各地区、各单位按照国家规定单独管理、自收自支的资金，它是国家预算资金的重要补充。通过国家财政各环节集中起来的财政资金，主要用于社会经济、文化、国防等建设事业和国家管理方面的经费开支，为巩固和发展社会主义生产关系，建设社会主义的物质文明和精神文明，提高人民的物质文化生活水平服务。

清楚了我国目前财政资金的来源与使用，人们就会清楚，所谓的"土地财政"即是国家预算外收入，是由地方政府管理与使用的一笔预算外资金。

由此，我们也会清楚全国人大财政经济委员会副主任委员贺铿所指出的"政府炒地、社会资金炒房"是一种什么样的内涵。也会清楚为什么在全国上下一致诟病开发商炒高楼价，工薪族无力买房之时，"地王"现象仍旧能够逆流而行成为媒体报道的焦点。究其原因，就是因为开发商的背后站着一个坚挺的地方政府。而一系列反腐败案件之中，绝大多数与房地产有关则成了开发商与政府相关职能部门的腐败分子沆瀣一气联手掘金的证明。客观地说，地产业发展至此，早已背离了民生的宗旨，而是滑向了纯粹的资本性逐利的极端。

2010年4月1日，本是西方节日中的"愚人节"，而这一天新华网刊载的一篇《"土地财政"还能持续多久》的文章却丝毫没有促狭的味道，而是一针见血地指出了土地财政的弊端。

新闻回顾

"土地财政"还能维持多久

新华网呼和浩特4月1日电（记者吴国清）：当不断上涨的高房价日益成为舆论焦点、百姓之痛时，人们越来越发现，除了享受暴利的开发商，高价出让土地的地方政府同样是大赢家。由此引发的"土地财政"问题，受到越来越多的人关注和质疑。

央企也好，民企也罢，疯狂拿地、推高地价房价的背后，总能看到一些地方政府的影子。今年两会上有代表委员透露，2009年全国土地出让收入约达14239亿元，一些城市年土地出让收益占到了财政收入的五六成之多。据记者了解，西部某城市年财政收入为200余亿元，而其年经营土地的收入竟超过了100亿元。

仅凭所谓"经营城市"的口号，通过"收储土地"和高价拍卖，转手就能获得巨额收益。更何况，与其他实体投资项目相比，房地产开发当年就能见效，对GDP的"贡献"显著。这就不难理解地方政府为何热衷于卖地。如此情况下，又如何寄希望于地方政府主动控制房价？

把出让土地作为地方的主要财源，在某种程度上是一种"一荣俱损"的短期行为。一方面，在滚滚而来的财政收益和"政绩"面前，百姓的买房承受能力、耕地保护红线都显得苍白无力；另一方面，一届政府把今后50年到70年的土地收益一次性收取，实际上是预支了未来若干年的土地收益总和。这种"透支"必然影响资本、资源的合理配置，损害地方经济协调发展。

高地价、高房价，最终都会增加消费者负担，加剧百姓住房难；地价过快上涨吹大房地产泡沫，为经济社会协调发展埋下隐患。

温家宝总理在两会《政府工作报告》中明确提出，要"大力整顿和规范房地产市场秩序，完善土地收入管理使用办法，抑制土地价格过快上涨"。要做到这一点，需要打破地方政府和房地产开发商的利益共享链条。

解决"土地财政"问题，当务之急是从制度安排上弱化地方"以地生财"的冲动。一方面，亟待完善土地收入管理使用办法，变寅吃卯粮式的一次性"透支卖地"为每年都有土地收入的平稳开发，并且严格管理和规范使用卖地资金，确保卖地收入更多地用于改善民生；另一方面，按照事权和财权相匹配的原则，给予地方更多的资金支持，使其能够有财力支撑地方经济社会各项事业的发展。（新华网，2010年4月1日）

地产业"皇帝的新装"一旦被戳破，随即而至的则是媒体发出的种种评论。最具权威性的党报——《人民日报》也刊出了相关文章。

新闻回顾

"土地财政"不可持续

核心提示：《人民日报》发文称，不少人认为，房价居高不下的重要原因在于有些地方为获取高额的土地出让金，采取种种措施，推高地价、推升房价。"土地财政"是不可持续的。一个城市的建设用地总量是有限的，一旦卖完，后续的财政开支就得不到保证。

阅读提示：

"土地财政"造就了"征地——卖地——收税收费——抵押——再征地"的模式，其中地方政府、开发商、银行成为最大的受益者。

对于城市发展而言，相比起土地出让所产生的利润，安居乐业的百姓和欣欣向荣的企业更为重要。

20605元/平方米，2009年12月16日，广州市楼面地价再度被刷新。"看来只有中彩票才能买得起房子了。"听到这个消息，在广州工作多年的王先生感叹。

当前，国内房地产市场运行面临复杂局面。一线城市房价高昂的头还没有低下，部分二、三线城市又出现上涨。不久前，南京、武汉、杭州等地也都出现高价地。为坚决落实调控措施，国土资源部12月19日发出通知，要求坚决抑制少数城市地价过快上涨趋势。

除了流动性过多、通胀预期增强等因素外，不少人认为，房价居高不下的重要原因在于有些地方为获取高额的土地出让金，采取种种措施，推高地价、推升房价。更有舆论称，"土地财政"是高房价的罪魁祸首，"土地财政"不除，房价下不来。

该怎样认识"土地财政"？梳理"土地财政"的来龙去脉，厘清利弊，寻求治本之策，不仅关系到房地产市场的长期健康发展，也关系如何防范地方财政和金融风险、如何转变经济发展方式等问题。

1. 土地出让金收入逐年增多

2009年，全国土地出让金收入相当于同期地方财政总收入的46%左右，截至目前，北京、上海今年土地出让金已破千亿元，比去年同期大幅增加。由于土地供应量约为过去两年的总和，今年全国土地出让金有望突破2万亿元。

近10年来，各地土地出让金收入迅速增长，在地方财政收入中比重不断提升。资料显示，2001年~2003年，全国土地出让金达9100多亿元,约相当于同期全国地方财政收入的35%;2004年,收入近6000亿元。2009年达到1.5万亿元,相当于同期全国地方财政总收入的46%左右。在有些县市,土地出让金占预算外财政收入比重已超过50%,有些甚至占80%以上。

"'土地财政'是个俗称,一般是指一些地方政府依靠出让土地使用权的收入来维持地方财政支出。"中国土地学会副会长黄小虎说。实际上,土地出让后,地方政府还能获取包括建筑业、房地产业等营业税为主的财政预算收入,这些收入全部归地方支配。仅此两项就占到地方税收的近四成。在一些地方,"土地财政"成了名副其实的"第二财政",有的甚至成了财政收入的主要来源。

附着在土地上的收入,还有名目繁多的费。土地从征用、出让到规划建设等环节,土地管理、房产、财政、水利、交通、人防等部门,都会收取不菲的费用。

"如果算上以土地作为抵押向银行贷款,地方政府的实际可支配收入会更多。"中国人民大学土地管理系主任叶剑平说。地方政府手中的土地和政府信用是金融机构看好的优质抵押品。近年来,特别是在城市基础设施投融资上,地方政府获得的抵押贷款增长较快。据银监会统计,截至2009年末,地方政府融资平台贷款余额为7.38万亿元。而卖地收入是还贷的主要来源。

拍卖槌一落,少则几亿元多则几十亿元甚至过百亿元的收入就来了,土地整理一下,就能到银行换取大量贷款,哪个地方能拒绝这种"快钱"的诱惑?而要加大投资力度,做大GDP,彰显政绩,恐怕没有比围绕着土地做文章更短的路径了。正是认识到土地的资本和资产功能,越来越多的地方开始走上了以"经营土地"来"经营城市"、"经营发展"的道路。

2. 过度"以地生财"害处多

在"土地财政"模式下,难免产生高价地进而产生高价房,有悖于国有土地为全民所有这一基本属性。

客观地说，十几年来，"土地财政"对缓解地方财力不足、公共品供给融资难，创造就业机会和提升城市化水平等都有很大促进作用，功不可没。

"土地财政"为人诟病，不在于地方政府由此获得了较为充分的财政收益，而是获得这一收益的过程不尽合理、公平，以及可能带来的一系列弊端。

"土地财政"所带来的利益联接机制，最为人诟病。"存在多年的'土地财政'，事实上造就了'征地——卖地——收税收费——抵押——再征地'的滚动模式，在这一过程中，地方政府、开发商、银行成为最大的受益者。"中国社科院农村发展研究所研究员王小映坦言。

要维持这一模式，并获取较高收益，就要压低补偿标准征地，再通过拍卖等方式高价出让。几万元一亩征地，几百万甚至上亿元卖给开发商，征地与卖地之间的巨额利润，让不少地方以各种形式规避上级的规划管制、计划控制和审批管理，违规违法用地时有发生，农民"被"上楼现象频频上演，权益得不到有效保护，耕地保护也面临空前压力。而房地产业是这一模式的下游出口，城市购房者最终为高房价"埋单"。

中国土地勘测规划院副总工程师邹晓云分析，在这种利益联结机制下，地方政府不但是征地的大买家、土地出让的大卖家，还是收支的大账房。当流动性充裕、房地产市场向好时，地方政府有动力、有能力推升地价和房价；而当楼市出现危机，土地交易冷清时，地方政府的财政平衡压力就会增大，也能通过构筑政策防护墙，扭转楼市下滑趋势。"2008年，各地纷纷出台缓交土地出让金等措施扶持开发商，'救市'风潮席卷南北就是例证。更令人担忧的是，这种机制像个失去控制的发动机一样，很难停下来。"他说。

国有土地毕竟是一种特殊的公共资源，如果将土地供应目标定位于

第三章 房地产危机走远了吗
fang di chan wei ji zou yuan le ma

地方财政的利益最大化，将有悖于其基本属性，也有悖于国有即为全民所有这一基本属性。在这种利益联结机制下，难免产生高价地进而产生高房价，房价不断上涨，就会导致住房不断向富裕家庭集中，大多数居民家庭获得住房的能力减弱、机会减少。"政府获取土地出让金及其相关收入的目的应是社会公共服务最大化，在缺少必要制度约束情况下，手段往往成了目的，损害了社会公平。"叶剑平说。

"土地财政"还造成资金过度流向房地产领域，不利于优化经济结构。从近几年情况看，房地产已成为"吸金场"，甚至一些生产服装、家电的大企业也纷纷转型做起了开发商。"这不是好现象，毕竟，土地的增值是虚拟的，没有哪个国家可以依靠房地产来实现国富民强。"叶剑平说。

地方政府土地抵押收入的增长，则加大了金融风险。审计署公布的情况表明，审计调查的18个省、16个市和36个县本级，截至2009年底，政府性债务余额合计2.79万亿元。从债务余额与当年可用财力的比率看，有7个省、10个市和14个县本级超过100%，最高的达364.77%。"这些贷款很大一部分依靠土地出让收入来偿还。当行情看涨、土地出手顺利时，政府可以通过丰厚的土地出让收入归还银行贷款，一旦房价大幅下行，土地价值必定下降，薄薄的抵押合同书力量究竟有限，银行、财政所承担的风险显而易见。"叶剑平说。

"土地财政"的收取和使用还严重透支未来收益。黄小虎说，各用途出让的土地达40年、70年不等，地方政府在出让土地时，按照年限累计的地租做了一次性收取并用于当期支出，虽然短时间增加了财政收入，但实质上透支了未来几十年的收益，势必损害子孙后代的利益，相当于"寅吃卯粮"。

"土地财政"也是不可持续的。一个城市的建设用地总量是有限的，一旦卖完，后续的财政开支就得不到保证。"城市化进程还有20年左右就会达到70%的平稳期，'土地财政'之路只能是短期选择，绝非长久之计。"邹晓云说。

3. "土地财政"怎么改

推动地方政府财权与事权相顺应，规范土地征收行为、用好土地出让金收入。

地方政府也有苦衷。一位沿海城市的官员告诉记者，城乡基础设施建设、保障房建设、农村土地整理等都需要保持一定的财政支出规模，钱从哪里来？现实情况是，仅靠税收远远不够。

"1994年的分税制改革，找到了困扰多年解决中央和地方财政关系的正确思路。但没能很好地解决省级以下各级财政的关系问题，更关键的是，在现实运行中，财权与事权相顺应的原则没能有效坚持。地方税体系没有成形。"财政部财政科学研究所所长贾康说。

统计数据显示，自1994年实施分税制后，地方政府的财政收入占整个财政收入的比重逐年下降，从1993年的78%下降到2004年的42.7%；但另一方面，地方政府的财政支出占整个财政支出的比重却没有相应变化，一直在70%上下波动。而1994年以来，省、市政府也在想方设法增加集中度，财力逐步向省、市集中。

"土地是地方政府拥有的最大资产，面对'钱少事多'的现实难题，'土地财政'逐步成为地方发展的一个重要手段。"王小映说。

"'十二五'期间，中央和地方政府在事权的税权分配会更加合理，搞建设项目、抬高地价增加土地出让收入等地方政府的短期行为将逐步消除，地方对'土地财政'的依赖将逐步减小。"贾康说，"这两年财政部代理地方发行债券来弥补地方预算收支差是个好办法。虽然每年仅2000亿元，但是可以置换和替代地方隐性负债，减少其以地生财的冲动。"

有专家指出，城市的土地属于国家所有，自然就应由政府来获得相应的土地收入，关键在于用好这笔钱，规范土地征收行为，减少整个过程中的不公平、不合理因素。

为加强土地出让金的管理，2006 年，国务院下发了《关于规范国有土地使用权出让收支管理的通知》，要求将土地出让收支纳入地方预算，但仍有许多地方政府没有严格执行这一政策。今年 4 月，审计署公布的情况表明，有 11 个市的 674.81 亿元土地出让收入管理不规范，未按规定纳入基金预算管理，占征收总额的 20.1%。

去年底，财政部、国土资源部等五个部委又联合下发通知，要求地方将土地出让收入全额缴入地方国库，支出则通过地方基金预算从土地出让收入中予以安排，实行彻底的"收支两条线"管理。

邹晓云说，在现行的制度框架内，房产税也是一个增加地方稳定财源的选择。不少国家也有"土地财政"，但不是靠卖地，而是靠征收不动产税来实现。在房屋持有环节征税，既能给政府带来稳定的财源，也能抑制住宅投机。

只要可以从农民手中低价征地，并向市场高价供地，地方政府就很难放弃对建设用地征用的垄断权。从制度层面上解决这个问题，还要加速推进征地制度改革。"缩小征地范围，提高征地补偿标准，规范政府征地行为是征地制度改革大方向。"叶剑平说，国家已提出，除公益事业以外，要减少征用农民土地，当前，要加快从法律上界定"公共利益"，同时还要打破政府垄断土地一级市场的格局，推动集体建设用地的流转，让地方政府逐步从土地经营者的角色中淡出，成为纯粹的管理者，而不是主导者。

在新的历史条件下，改变"土地财政"的过程，也是贯彻落实科学发展观的过程。谁能占领未来战略产业的制高点，谁就能在世界竞争格局中占据优势。如果我们还在纠结于房地产是不是支柱产业，还在算计着土地出让等相关收入所带来的"财务自由"，还在追求着眼前的 GDP 和显化的政绩，就有可能错过历史给予中华民族复兴的宝贵机遇。

土地永远是一种稀缺资源，对于一个城市发展而言，相比起土地出让所产生的种种"利润"，安居乐业的百姓和欣欣向荣的企业更为重

要。城市化的目的是什么？发展为了什么？应该好好想想这个问题了！（人民网：《人民日报》2010年12月27日）

事实很清楚，道理很简单。土地是全民所有，这是宪法规定的基本属性。而出让土地的受益者却只有开发商、地方政府与银行，这不能不说土地财政只是一种单纯的功利行为，违背了民生的根本宗旨。不论地方政府的理由如何充分，民生永远是一个绕不开的坎。而土地出让中许许多多恶劣事件，诸如强拆、承诺的补偿款不兑现、农村失去土地"被"上楼只好打工度日，甚至为此上访都表现出土地财政的严重弊端。而单纯从经济发展模式的角度来说，这种"征地——卖地——收税收费——抵押——再征地"模式也是一种不可持续的模式。诸多矛盾积累起来，由量到质，必然会爆发危机。换个角度来说，一旦经济形势发生剧变，"土地财政"必然会产生危机。全球性金融危机爆发的2008年，房地产业挺住了，但只是暂时现象；2009年，地产业艰难前行，社会各界控制房价的呼声不断；2010年，国家房地产调控政策出台，地产业露出衰退的迹象，紧崩着的房价开始露出下行的迹象；2011年，"土地财政"危机降临。北京、广州、上海地产业泡沫最严重的三大城市"土地财政"遇到了政策寒流。规范土地出让方式成了调控房价的根本性举措。

新闻回顾

"土地财政"危局

编者按："土地财政"正遭遇最严重的考验。

越来越严厉的房地产宏观调控政策，正在影响开发商对于一线城市住宅用地的价值判断。不少开发商纷纷转战二、三线城市。北京、上海、广州、深圳等城市的土地市场正丧失昔日的荣光，骤然转冷。北京甚至惊曝"土地财政"破产的消息，虽然其消息有夸大其辞的成分，但是北、上、广、深土地市场成交额的大幅下滑，却是无法回避的现实。

对于"土地财政"有着严重依赖性的地方政府正遭遇痛苦的煎熬，即便是税收丰厚、财政不菲的北京、广州、上海等城市也不例外。因而也就不奇怪，北京传出要放松对高端房地产市场的调控的消息，一如此前，大连和海口传出要放松"限购"政策的消息。虽然在国家坚持调控不放松的表态下，这些地方政府都在事后紧急辟谣。但不可否认的是，在目前的僵持局面下，调控进入攻坚期：开发商销量下滑、资金吃紧，但仍咬着牙不降价；同时地方政府不得不面对"土地财政"吃紧的局面。风水轮流转，甚至地方政府主动求援开发商，着急地询问开发商何时买地。

在这场博弈面前，是开发商降价，还是地方政府放松调控，一切都很难料，这使得接下来的房地产走势变得更加扑朔迷离。

北京：

土地出让金锐减 84%

北京住宅用地出让市场遭遇寒流侵袭。

据莫尼塔（上海）投资发展有限公司的监测数据显示，1～5月，北京土地出让金总收入为 250.61 亿元，同比下滑 56%，其中住宅出让金更是下滑 84%。这意味着 2009 年、2010 年北京市土地市场的"千亿蛋糕"将很难出炉。严厉的"限购"政策之下，开发商消极拿地，现在轮到地方政府向开发商求援。

北京正面临着一场艰难的抉择：如何"卖地还贷"，是召集开发商进行大规模的土地推介会，抑或是放松高端住宅限购，让开发商看好后市预期出手拿地，还是趁商业地块受市场追捧之际"逢高出货"？

平均溢价率不到 20%

越来越严厉的宏观调控政策，已经影响到了开发商在一线城市的拿地意愿。

6月21日，中建地产和中建国际联合体以总价11.01亿元摘得北京市顺义区仁和镇梅沟营村（北侧）住宅用地，折合楼面单价4526元/平方米。这块地，或许是今年上半年北京土地市场萧条景象的一个缩影。

资料显示，该地块位于北京顺义区仁和镇。土地面积154602平方米，其中建设用地面积97287平方米；建筑控制规模243218平方米。事实上，4月20日，该地块因投标企业不足3家而流标。此次该地块重新入市，当日现场略显冷清，仅有3家投标企业，刚好达标。在中建地产联合体报价11.01亿元后，其他企业放弃竞买，该地块未进入现场竞价环节。而4526元/平方米的楼面成交价，较1个多月前南侧地块楼面价下调2000元/平方米。

亚太城市发展研究会房地产分会会长陈宝存向《时代周报》记者表示："未来几年，北京70%的住宅用地将用于保障房建设，目前大多数住宅用地都配建了一部分保障性住房。开发商拿地的热情或受到影响。"

"受市场限购、开发商销售下滑资金链紧张等重重影响，北京土地市场持续低迷。"华业地产副总经理陈云锋向《时代周报》记者表示，2010年、2009年是北京土地市场异常火爆的两年，2011年的情况不能和其相比。近期土地市场成交情况确实不乐观，但流拍、底价成交现象还是没有2008年普遍。

根据北京市土地整理储备中心的数据统计，截至目前，北京1～5月通过招拍挂方式出让住宅用地87.4公顷，不足年度计划供应量（1225公顷）的一成。随之而来的，是土地收入锐减。1～5月，北京市通过招拍挂出让土地的总收入为250.61亿元，同比减少接近6成。

在溢价率方面，2010年同期北京土地成交溢价率在134%左右，而2011年1～5月成交的居住用地当中，平均溢价率不到20%。

北京土地市场低迷，涉及一级土地开发的开发商也尝到了其中的"苦果"。据了解，通州区将一块90万平方米的土地一级开发交给华业

第三章 房地产危机走远了吗

地产，华业地产从中获得的利润不足5%。

近期房屋成交量和房价滑落或是土地市场成交低迷的直接"诱因"。这一点，在郊区区域尤为突出。以通州市场为例，据21世纪不动产数据监测显示，早在2月，通州平均房价还位于20000元/平方米的水平上，5月房价便已回落至15000～16000元/平方米，跌幅达20%。进入6月，环比再降1000元/平方米，环比下跌7%。这些区域的土地市场随即受到影响，6月15日，北京三宗郊区住宅用地招标，房山区一幅地块流标，通州区两地块只有三家房企低价投标，而且都是国企来捧场。

"土地财政"接近破产

北京土地市场不景气，或将导致多米诺骨牌效应，北京财政或将面临严重压力。根据《北京市2010年预算执行情况和2011年预算草案报告》，北京市级政府性基金收入完成684.7亿元，增长56.5%，完成预算的314.6%。之所以超额完成预算，主要是国有土地使用权出让金收入超收较多。2010年全市国有土地使用权出让金收入557.7亿元，完成预算的460.5%。就此，资深财经评论员叶檀认为，地方政府的财政收入不能缺少土地收入，更直言，北京《土地财政》接近破产的边缘。

然而，北京联达四方房地产经纪公司董事总经理杨少锋却认为，北京财政对土地出让金的依赖不大："北京市的财政收入，主要来源于金融业、高科技产业、制造业的税收，对房地产行业依赖性不大。"

据相关人士透露，从2009年开始，北京市启动庞大的土地储备贷款计划，准备从2009年到2011年连续三年每年土地储备贷款达到1000亿元。2009年、2010年北京市完成土地储备投资分别达1165亿元、1300亿元。2011年1～5月，新增土地储备开发投资为300多亿元。上述资金中70%来源是银行贷款，30%来自政府财政注入资金。

"之前，北京市场每年新建商品房成交套数在15万套左右，未来几年，光每年的保障房就达20万套，土地需求随即增加，北京市政府加强土地储备，相应贷款增加也是正常现象。"杨少锋如是向《时代周报》记者表示。

陈宝存则认为，北京市上千亿元的土地储备贷款再正常不过了，从收购土地、拆迁到七通一平，实现拍卖，通常要3~5年时间，故其中很多土地尚未进入销售期。此外，这个贷款属于长期贷款，半年时间土地出让金下滑不会产生影响。

商业用地成"救星"？

总而言之，土地出让金作为北京市财政的重要来源之一、北京土地储备贷款还款的唯一金额，若土地市场持续低迷，负面效应将是难以避免的。土地出让面积和金额双双下挫，除了多年来供应节奏上的"前紧后松"的原因外，超低溢价成交、底价成交、流拍等现象频繁亮相于土地市场，相关部门还是有些着急了。

据了解，5月31日，北京相关单位召集80家开发商举行土地推介会，北京市国土局公布，下半年供应经营性用地1200公顷，其中轨道交通沿线500公顷。大部分土地供应都会来自郊区，大兴区成为了推介会的重点。

事实上，通州区、房山区、大兴区等郊区县，是北京市土地主要供应区域。据北京中原的统计，从2009年到今年的前5个月，房山、大兴、通州的土地供应量分别为560万平方米、557万平方米、350万平方米，占北京市最近三年来土地供应量的52.1%。

一些参加过5月31日推介会的开发商表示，当天展出了重点地块详细介绍资料，然后就是各出让土地单位的宣讲，非常热闹。甚至有开发商表示："以前是我们询问国土部门，如今是国土部门问我们有否买地的打算。"

推介会之外，有传言表示，北京房地产市场将放松对高端住宅的限购，以改变开发商对后市的预期，"曲线救市"土地市场。对此，北京市住建委负责人随即澄清，北京市坚决贯彻落实房地产市场调控政策，

第三章 房地产危机走远了吗
fang di chan wei ji zou yuan le ma

确保实现房价控制目标限购政策决不会放松，没有调整的安排，也不会按照房屋档次、价格区别对待。

放松限购一说被"否认"之后，面对持续低迷的土地市场，北京拿什么来"救市"？6月27日，北京市崇文门菜市场商业金融用地的挂牌成交，让业界看到一些转机。

据公开资料，北京市崇文门菜市场商业用地土地面积约0.6公顷，建筑规模约16425平方米，起始价为29600万元，折合楼面单价约18000元/平方米。由于该宗地地处东城区崇文门外大街，紧邻地铁2号线与地铁5号线换乘站，交通区位优势，同时周边有新世界、国瑞城等成熟的商业项目，商业繁华度高，是近年来公开出让的最靠近市中心的商业地块。最终广州市丰璟房地产开发有限公司以71000万元的价格竞得，折合楼面单价43226元/平方米，溢价140%。

如此火爆行情，立即让业内人士对将于7月6日出让的9幅光华路CBD核心地块充满了遐想。"住宅地产受到调控之后，房企纷纷加码商业地产，光华路此次即将出让的9幅地块，作为北京CBD最后的出让地块，必然会受到市场的追捧。"北京世联评估公司技术部估价师刘静表示。

有业内人士参考该区域2010年的成交价格，即2万元/平方米，估计这9幅地块合计成交额将超过200亿元，而1~5月北京土地出让金收入也仅为250亿元。如今，崇文门菜市场金融用地地块的地价都在4万元/平方米之上，光华路CBD地块的成交额甚至可能会超过250亿元。如此算来，北京市土地市场的收入将超过500亿元，与去年同期不相上下。(《时代周报》(广州)，2011年6月30日作者明鹏、姜燕、王小明)

同样，房地产业重点调控城市上海也面临着与北京相差无多的境遇。

上海：出让金下滑2成卖地收入或负增长
上海卖地收入或负增长

6月，上海土地市场推地凶猛。随着上半年最后一块宅地——青浦金泽镇急水港北侧住宅地块拍卖尘埃落定，前6个月的沪上土拍市场也正式收官，39%的溢价率尚未达到半年来宅地的平均溢价水平。

与此同时，部分土地信息披露后无开发商问津而延迟出让、土地竞拍中起始价较预申请报价调低的例子也不鲜见。

中国指数研究院提供给《时代周报》记者的数据显示，截至6月24日，1~6月上海出让的土地总金额492.7亿元，同比去年下滑22%，与去年全年土地出让总收入1513亿元相比，仅完成33%。而2010年上海全市地方财政收入2873.6亿元，土地出让总额已超过财政收入的一半。如果按照目前的推地速度，上海全年土地收入可能出现负增长，财政压力骤升。

土地溢价率大幅降低

6月9日，上海土地市场迎来了8连拍的盛宴，总出让面积共约38万平方米，总成交42.5亿元，创下了自今年1月30日以来单日推出土地数量、总出让土地面积的最高纪录。值得一提的是，当天成交的8幅地块中，4幅为纯住宅用地，1幅为商住用地，3幅为商业用地，其中5幅是以企业联合体的形式拿下。

在4幅住宅用地中，位于青浦区的华新镇8号地块被绿新投资、万龙投资联合体以近2亿元的价格摘得，楼板价7993元/平方米，溢价率达100%。一方面，青浦区属于大虹桥商务区交通枢纽的辐射范围，一方面该地块起拍价相对较低。近几年，青浦区不断拍出"地王"，万科、绿地、旭辉及仁恒等知名开发商云集于此。

有意思的是，其余三幅位于嘉定区的纯住宅地块中，有两幅地块的起始报价较之前的预申请报价调低了近3成。嘉定区德园路以东、金通路以北地块的预申请须知显示，该地块的起始报价为6.7481亿元，但出让文件显示，该地块的起始报价为4.93亿元，报价下调近1.8亿元，下调幅度为27%。嘉定区德园路以东、金迈路以北地块，预申请公告中起始报价为12.892亿元，随后挂牌价也降至9.4109亿元，下调

27%。尽管已经调低起始价,这3幅位于嘉定区的纯住宅地块溢价率仍未超过40%。

中国指数研究院副院长陈晟表示:"当前土地市场溢价率偏低主要原因,一方面是开发商对于未来的预期开始下降。另一方面,国土资源部对于所有超过50%溢价的土地需要上报也使得地方政府在土地出让时适当提高了起始价格,从而降低了土地的溢价率,一定程度上起到了对于土地市场的冷却作用。"

无独有偶,6月15日,备受瞩目的长风地区10号北地块推出,该商办地块被杭州绿城置业投资有限公司、上海华彬投资有限公司以24.3亿元总价联合竞得,一举成为板块商办土地总价地王,也是近期内又一幅被企业联合体竞得的地块。

该地块起拍价达22.5亿元,是今年已成交土地中起拍价最高者,比此前起拍价最高的杨行镇西城区北块G-2-1地块(A块)高出近6亿元,但其最终成交总价较G-2-1地块低了约7亿元。同时,该地块虽有45家企业领取竞买申请书,但最终实际提出竞买申请的仅2家。

尽管该地块成为总价地王,但溢价率仅8%。同时,10768元/平方米的楼板价与2009年8月被苏宁环球实业拍下的长风地区5B地块9851元/平方米的楼板价相差也不多。

此外,上海市规土局网站显示,6月21日,嘉定和松江的两幅地块,在提交竞买保证截止日期前,只收到了一份竞买申请,交易中心不得不将截止时间推迟。而今年部分政府有意出让的土地信息披露后,由于少有开发商问津,甚至没能进入出让流程。

直至6月22日,上半年推出的最后一块宅地——青浦区金泽镇急水港北侧地块推出,共有16家领取申请书,只有2家申请竞价。最终,该地块以总价5027万元被上海亿昌投资发展有限公司与上海启辉能源发展有限公司联合摘得,折合楼板价3214元/平方米,溢价率39%。

同策咨询研究总监张宏伟向《时代周报》记者表示,很多中高端项目受到限购影响,开发商资金链趋紧,联合拿地方式便于企业间分摊开发风险及成本。调控背景下,开发商不会冒险,除个别情况外,不再非理性推高地价,未来随着调控深入,抱团拿地的开发方式或被更广泛地采用。

"土地财政"压力骤升

对各个地方政府而言,除了财政收入外,很多支出要依靠政府性基金,尽管这个基金的组成包含城市基础设施配套费、地方教育附加费、彩票公益金等十几个项目,但真正担纲的还是土地出让金。政府性基金中的土地出让收入在刨除征地拆迁、土地储备开发等成本性支出后,必须专项用于土地、水利、城乡基础设施、保障性住房等建设。2010年,全国地方政府性基金收入3.578万亿元,其中土地出让收入为2.91万亿元,占比9成。

翻阅年初《关于上海市2010年预算执行情况和2011年预算草案的报告》及《上海市2011年市级部门预算(汇总)》等报告可以看出,2010年上海全市地方财政收入2873.6亿元,政府性基金收入2255亿元,全市刨去区县,上海市本级财政收入1393.2亿元,市本级政府性基金是750亿元。

而在市本级政府性基金收入中,与土地相关的基金共占633.1亿元。这意味着与土地相关的收入占本市级政府性基金收入高达84%,已接近上海市本级财政收入的一半。

中国指数研究院统计数据显示,今年1月1日~6月24日,上海土地出让总共310块,比去年同期增加106块,规划建筑总面积1732.5万平方米,同比增加29%;土地出让总金额492.7亿元,同比去年632亿元下降22%,仅完成去年全年的33%。

张宏伟表示,如果下半年推地进度加快,今年全年土地收入可能跟去年持平。如果按照目前推地进度,土地收入则可能出现负增长。"目前实行商品房和保障房双轨制，一方面要控制房价，一方面要建设保障房，土地收入的10%用于保障房建设，但目前收入远远不能满足保障房资金需求，这本身就是一个矛盾。如果焦点都集中在保障房，忽视了商品房推地，将影响未来3~5年的商品房供求关系。现在不调整土地供应节奏的话，未来供需紧张会导致调控面临更大压力。"

上海市年初的财政预算规划显示，2011年全市地方财政收入预算3103亿元，同比增长8%；市本级地方财政收入预算1519亿元，同比增长9%；上海全市地方财政支出预算3436亿元，全市本级地方财政支出预算1275亿元。如果按照目前土地出让金额来看，上海的财政压力可想而知，远不能满足收支平衡。

土地市场或继续恶化

开发商对于在上海等一线城市拿地开发趋于谨慎的状况如果持续下去，或将使上海等城市土地市场继续恶化。

龙湖自2007年进入上海以后，今年并未在上海土地市场有任何动作。龙湖一位负责人向《时代周报》记者表示，目前各个开发商对土地市场的谨慎从市场表现就能明显看出。开发商拿地第一要看大环境，第二要看资金状况，第三要根据集团策略，战略执行到某个层面，要把握节奏。

中国指数研究院数据显示，截至目前，前6个月，土地成交的楼面均价2844元/平方米，比去年同期的4682元/平方米下滑39%，平均溢价率由去年的66%降至今年的35%。

对此，中国指数研究院上海分院高级分析师肖云祥表示，虽然上半年土地出让数量和面积都比去年同期增加，但收入总额和整体溢价率降低，表明开发商逐步回归理性拿地。尽管6月份上海土地市场出现了一个小高峰，但是在后期的市场中，鉴于开发商对市场预期的判断，并不会出现太多的转机，很有可能延续上半年的趋势，且维持低溢价率的水平。

肖云祥指出："今年上半年上海商业办公用地成交 39 宗，成交建设用地面积 1154862 平方米，而在去年同期成交 21 宗，成交建设用地面积 603586 平方米，今年是去年同期的两倍。这表明在住宅市场预期降低的同时，部分企业在方向上也发生转变，尝试着进军商业地产，开发商在资金允许的情况下将会对商办用地投出更多的眼光。"

上半年，在上海土地市场同样未有斩获的金地集团华东区域地产公司市场营销部经理宋家泰向《时代周报》记者表示，今年上半年上海推出的地中，没几块适合金地的中高端策略，因此没有拿地。"下半年土地市场不会太乐观。一方面银行收紧开发贷，一方面，开发商销售速度大大放缓，种种数据表明，整体销售速度可能下滑 50%，即使开发商想借机拿地，也没有足够资金支持，只能望洋兴叹，这会导致政府出让土地的积极性更低。"

"开发商当然希望地价能降，但政府又不愿意吃亏。如果地价不降，土地市场可能会更恶化。一旦土地收入减少，只能全民'收税'，地方政府会找各个名目收费增加财政收入。比如，以前开发商开盘给客户送油卡、洗车卡之类的，现在都要交税。"宋家泰说。(《时代周报》(广州)，2011 年 6 月 30 日作者明鹏、姜燕、王小明)

广州，作为地产业泡沫重灾区之一，在政策调控下"土地财政"亦风光不再。

广州：全年卖地计划完成 6% 勾地制出手
广州全年卖地计划完成 6%

现时的广州土地市场，正失去昔日的荣光。

不断加码的宏观调控，如同一场寒流袭来，使得昔日"火爆"异常的广州土地市场骤然转冷。

中央下达的 8.5 万套保障房建设任务，需要上百亿元的资金来推动。这些都需要靠卖地来筹款。可现实情况是，今年前4个月，广州市土地成交总额仅为37.49亿元，完成年度计划（646.5亿元）的5.7%。

面对土地市场的低迷，广州市该如何应对？

广州的土地"账本"

6月25日，全国第21个土地日。当天，官方媒体刊载了国土部部长徐绍史的署名文章指出，"依靠'投资拉动、资源投入、规模扩张'的发展模式不可持续"，揭示了数年以来，各地方政府依赖"土地财政"模式谋求经济发展的本质。然而，对于早已尝到卖地甜头的地方政府而言，"土地财政"模式的转变显得极其的艰难。

根据广州国土局公布的"2011年广州经营性用地出让计划"，今年广州将计划出让土地12.72平方公里，其中包括约3.37平方公里的居住用地、2.2平方公里的商业服务用地，以及7.15平方公里的产业用地。

而广州市财政局年初公布的预算数据则称，预计今年广州土地出让金收入将达646.5亿元人民币，比2010年增收190.8亿元，其中，市本级土地出让金可征收入库预计达到425亿元。

为了完成这项庞大的供地计划，广州今年大幅度提高了储备用地的面积。广州国土局局长李俊夫此前透露，今年广州将以重点功能区为平台，实行集中连片土地储备。计划实物储备经营性用地11.7平方公里，是去年计划任务的1.8倍。

在6月底之前，广州也将完成琶洲——员村、奥体新城、白云湖、白鹅潭、广州南站、新中轴线南段地区、白云新城西延区等重点功能区的控制性详细规划，完成重点功能区内的"城中村"改造方案的编制工作，这都是广州下半年土地供应的重点区域。

而在财政投入上，广州今年预计的国有土地使用权出让金支出将达到589.8亿元，比2010年实际支出254亿元翻了一倍还多。

广州知名地产专家韩世同对《时代周报》记者表示，广州今年对土地储备投入的大幅度增长，一是源于保障性住房供地的压力，二是今年广州保障房建设资金需求，"要完成425亿元的土地出让金征收目标，没有足够的投入难以保证"。

卖地不可承受之重

在广州市政府不遗余力的推地背后，是建设8.5万套保障房的高压任务。根据《广州市2011年住房保障工作方案》要求，广州今年将要筹集保障性住房8.4959万套，占全省总量的1/4。

"完成这8.5万套保障房建设任务，大约需要118亿元的投资资金，这给广州市政府的压力很大。"广州地产人士谢逸枫对《时代周报》记者表示。

尽管如此，这100多亿元的保障房建设资金相对于8.5万套的保障房而言，仍然是杯水车薪。谢逸枫认为，即便按照13%的提取比例计算，今年广州市政府从土地出让净收益中提取的保障房建设资金也不会超过50亿元。

为此，广州市政府还积极筹建保障房投融资平台；允许符合条件的保障房投融资主体申请贷款或发行企业债券，专项用于公租房建设；同时，鼓励金融机构发放公租房建设和运营中长期贷款，重点支持公租房建设。

但在接受《时代周报》记者采访时，广州国土局副局长黄文波并未透露广州保障房投融资平台目前的进展。"保障房的投融资平台组建由广州住房保障办统一操作，但到目前为止，还没有听到很确切的消息。"一直对广州的保障房融资保持关注的广州社科院研究员彭澎对《时代周报》记者称。

与这些明显的支出账本相比，亚运之后的广州市政府承担的地方债务则显得更为隐晦，但却不容忽视。

尽管在2011年的广州"两会"上，广州财政局局长张杰明称，广州并没有因为办亚运而负债，现时很多政府债务是历史的原因造成。但事实上，截至今年3月，广州市政府承担的需要还本付息的债务已经达到884亿元，这还不包括政府需要担保和需要负救助责任的其他类别的债务。

"884亿只是一个保守的数字，我个人认为，广州承担的地方政府债务恐怕不会低于1000亿元。"谢逸枫称。

调控影响一线城市土地价值

与广州对土地出让金的渴求相比，土地市场的表现却十分低迷。2011年伊始，广州市土地拍卖第一拍的不给力，就给全年的土地市场蒙上了阴影。1月18日，广州杨箕村旧城改造项目因为只有富力地产一位竞买人报价，项目最终被富力地产以底价取得。成交价加上全部改造成本约18.8亿元，总计23.5265亿元。此后，广州鼎尚股份有限公司又以58458万元的底价拿下新港东路以北、琶洲大道以南、琶洲A区AH040229地块。据初步统计，今年前4个月，广州一共推出8宗地块，其中7宗都是以底价成交。

纵观全国，上半年以来，北京、上海、广州、深圳的土地市场普遍低迷，4个一线城市1~5月的土地出让金同比都出现了大幅度的下滑。现实的原因除了与各城市推地节奏相关外，开发商对于一线城市土地的价值判断也已经发生了变化。

"中海一直保持着对一、二线城市土地市场的关注，但在目前的市场环境下，中海还没在一线城市看到很明显的机会。"中海地产投资者关系部杨海松先生向《时代周报》记者表示。

据不完全统计，今年截至目前为止，中海已经在全国范围之内拿下了682万平方米土地，而其中大多数土地都分布于二、三线城市。万科董秘谭华杰在发布万科今年的一季度报告时也表示，万科今年以来新增的项目大多位于房价上涨较少、自住需求占主导地位的二、三线城市。韩世同认为，各大房企蜂拥而入二、三线城市与一线城市严厉的限购等调控政策不无关系。

放松调控可能性为零

在土地市场低迷的情况下，广州市政府将土地出让模式由"招拍挂"转型为"勾地"。2011年6月8日，广州举行了历史上最大规模的土地拍卖制度。在这场推介会上，广州一次性推出了54宗地块，总用地面积达2.2平方公里。供地重点区域包括琶洲、珠江新城、白云新城、大学城、新客站等。而包括琶洲——员村、珠江新城、白云新城、大学城、广州南站等重点功能区内的12宗商服用地，则以"勾地制"出让的形式在推介会上正式亮相。

"广州去年已经采取勾地的制度，但今年很明显开始扩大了勾地的范围，主要的目的就是为了吸引更多的房地产企业到广州来买地。"韩世同对《时代周报》记者表示，勾地制度能有效避免土地流拍，这在很大程度上保证了今年广州土地的实际出让率。

最终，通过"勾地"形式出让的这12宗商用地块被富力、保利、绿地等房企"看中"，现场成功签约，意向地价总金额达到64亿元。如此盛大的推地场景在广州的土地市场上并不多见。韩世同表示，广州此次如此高调推地，与今年广州数百亿的土地出让收入计划压力有关，下半年的广州或许将迎来推地高峰期。

韩世同向《时代周报》记者表示，尽管广州6月之后会加大土地市场的宣传，举办大规模的土地推介会，但至少到现在为止还没有看到实际的成果，"下半年一线城市的土地市场不确定性仍然在增加，前景难料"。

"按照往年的趋势，广州完成2011年住宅用地供地计划的可能性不大。"合富辉煌首席分析师黎文江认为。

第三章 房地产危机走远了吗
fang di chan wei ji zou yuan le ma

各种压力之下,市场人士认为,广州下半年的土地市场出让可能将出现一些新的变化。

"除了采取勾地制度避免流拍外,广州可能会采取降低土地起拍价格、取消土地拍卖限制条件或者好地块配劣地块搭配出让等多种途径促进土地成交。"谢逸枫表示,国土部门还可以对开发商拿地的门槛进行调整,比如商业和产业地块的出让,放宽支付地价的期限或者提供贷款等。

但显然,这样的调整只是治标不治本之策,并无法改变土地市场的大环境。有分析人士认为,如果一线城市整个调控的环境能够稍微放松,或许土地市场的成交就能够得到很大的改观,此前北京、大连已经相继传出有放宽限购令的风声。然而,这恐怕最终将是一厢情愿之举。多位住建部的官员也在不同场合透露出了房地产调控继续从严的信号。

在这样的形势下,谢逸枫认为,广州放松房地产调控的可能性也几乎为零,"只能寄希望于市场成交继续保持目前这样的态势,这样整个土地市场回暖的可能性就还比较大。"(《时代周报》(广州),2011年6月30日,作者明鹏、姜燕、王小明)

诚然,城市建设免不了要产生土地使用权的转让,如果这种转让是正常的,符合国家政策与社会精神,自然不会受到社会诟病。以上三篇来自北京、上海、广州的有关土地转让即"土地财政"方面的报道充分展示了国家房地产调控的力度、决心以及所产生的立竿见影式的效果。而广州的土地出让亦采取了更为透明的"勾地制",什么是勾地制呢?勾地制是国土资源部门,按照国家有关规定制定本年度的土地供应计划,该计划经审批通过后,用地者可以根据自己的需要选择合适的土地。供应信息的透明将让土地在更为公平的市场竞争环境下进行交易。同时,公开土地供应信息后,买家竞争更有利于土地优化利用。说白了,"勾地制"就是国土资源部门按城市建设规划制定土地使用方向,由商家按规划与自己的需要来承接建设任务，这样，就可以防止过度与不合理的住房开发，让城市建设有序进行。同时，保障房建设政策隆重登台，对房价炒作画上了阶段性休止符，既遏止了房地产泡沫化造成巨大的社会财富的浪费，也有效避免了中国地产业美国式悲剧。

房地产新政与管理创新

  如果说改革本身是一个摸着石头过河的过程，那么，房地产业的发展则最集中地表现了这句话的内涵。土地有偿使用本是市场经济运行中的一项尝试，与成熟的市场经济体（比如新加坡）不同，中国的市场经济许多方面有别于其他国家，从经济发展的系统性角度来看，单纯的房价上涨必然导致经济发展的失调。而以房地产业带动国民经济发展的模式必然是一种不可取的模式，房地产业也永远不可能成为经济健康发展的支柱产业，这是国家性质决定的也是经济健康发展的要求。而从传统文化或者我国的社会主义性质的角度来说，保障社会公民最基本生活需求的住房是不可以炒的，其价格更不可以脱离公民实际购买力水平，这是民生问题，不是单纯的经济问题而是政治问题。

  2010年春节后，国家领导层决定：提高二套房首付比例；提高贷款利率的优惠门槛；提高异地置业的投资门槛。目标直指房地产投资或投机。社会各界持续了数年对高房价的批评终于迎来了房地产新政，一连串的房地产调控政策随即公诸于世，房地产业的调控拉开了厚重的帷幕。

  房地产新政不仅是一次地产业的改革，也是一种创新管理。具体表现在：

  1. 物业税酝酿开征：物业税"空转"工作将推广至全国；

2. 二手房营业税优惠取消：从 2010 年 1 月 1 日起，个人住房转让营业税征免时限由两年恢复到五年；

3. 明确首次购房标准：从 2010 年开始，首次购房标准以户（夫妻带未成年子女）为单位认定；

4. 存款准备金率上调：2010 年 1 月和 2 月，央行连续两次上调了存款准备金率，其目的仍旧是房地产调控；

5. 严格二套房贷：2010 年 1 月 10 日下发了《关于促进房地产市场平稳健康发展的通知》；

6. "国五条" 2010 年 1 月 10 日国务院发出《关于促进房地产市场平稳健康发展的通知》，明确提出加强和改善房地产市场调控，稳定市场预期，促进房地产市场平稳健康发展的五条措施；

7. 七折利率优惠取消：中国银行 2010 年 2 月 3 日，记者证实，将首套房的优惠利率由 7 折升至 8.5 折；

8. 首套房契税优惠收紧：3 月 9 日，财政部、国家税务总局日前联合下发了《关于首次购买普通住房有关契税政策的通知》；

9. 2010 年 3 月 29 日，银监会加强房贷风险防控，对违规房企停止新增贷款。

10. 2010 年 4 月 17 日国务院为了坚决遏制部分城市房价过快上涨，发布《国务院关于坚决遏制部分城市房价过快上涨的通知》，共有十条内容，简称"国十条"；

11. 2011 年 2 月，国务院向各个省市、自治区印发了《国务院办公厅关于切实稳定住房价格的通知》，共有八条内容，简称"国八条"。

一连串的政策表明了中央政府严控房地产的决心。同时，也表明国家领导层对地产业的发展已有了明确的方针政策。而这个方针政策不仅含有经济发展的思考也有政治方面的考量。

综观房地产新政的实施内容，人们不难看出，其主要目的就是为了防止资本对城市资源的垄断，是对"土地财政"的纠偏，以及对民生的保护。当然，也是对金融产品的一个规范。毕竟靠金融产品堆积起来的虚假的地产业繁荣并不能够引导中国经济向健康发展的方向持久地前行。而这种不健康的发展模式如不加以遏止，其对经济社会整体健康发展造成的危害将是非常严重的。

房地产新政最直接的调控效果就是"土地财政"行将终结。客观地说，"土地财政"实施之初，的确为各地政府的GDP做出过突出贡献，不过，事实也证明，"土地财政"的确亦是不可持续发展的一种模式。

在"土地财政"即将敛退的今天，理性分析"土地财政"的利与弊既是对经验的总结亦是对管理创新的一种有益的思考。

"土地财政"的实质

"土地财政"的一般模式为：征地——卖地——收税收费——抵押——再征地。在这个循环中，源头是出让国有土地使用权。显然，要维持这个循环，就必须不断出让土地。而要不断出让土地，就要不断征收农民的集体土地。可见，"土地财政"是一种土地扩张与征占的机制。从理论上来说，土地出让金是若干年的土地使用权价格，实际上是政府向企业一次性收取若干年的地租。而地租是对企业当年利润的扣除，属于社会一次分配范畴。对企业而言，一次集中交纳若干年地租，意味着预支未来利润，属于负债经营。就房地产业而言，情况有些特殊。开发商在出售住房的同时，把对土地使用权的负债也转移出去了，甚至还可能从中大赚一笔，但接手这笔负债的不是企业，而是消费者。一般工薪阶层都要向银行贷款，才能支付房价，负债的性质也是一目了然。消费者要用今后数年乃至数十年的收入，才能偿还这笔负债。个人和家庭的消费能力、生活水平也会因此改变。期间，如果因变故而无力偿债，不仅是个人和家庭的不幸，同样也会增加银行的坏账，成为全社会的问题。

第三章 房地产危机走远了吗
fang di chan wei ji zou yuan le ma

由此可见，从整个社会的角度看，政府出让土地所获得的每一笔收入，都有一笔企业或个人的负债与之相对应。就是说，政府以土地出让金搞建设，是以透支用地企业或个人的未来收益为前提的。

由此不难作出如下判断：所谓"土地财政"，实质上是一种依靠透支社会的未来收益，谋取眼前的发展。形象地说，就是"寅吃卯粮"。

有专家指出，形成这种模式的原因就是中央和省级政府并不直接掌握任何土地，其主要职能是管理。而城市政府，不管是直辖市，还是省会城市，还是计划单列市，以至地、县级市的政府，都是直接掌管土地的，其职能是既有管理，又有经营。有经营就有利益，当经营与管理发生矛盾时，由于经营利益涉及地方发展，必然导致管理服从经营，而不是相反。所以，现行土地管理体制允许政府经营土地，是生成"土地财政"的主要内因。此外，虽然科学发展观提出多年了，但干部考核标准和选拔办法，仍未根本改变，这也是导致干部片面追求"土地财政"的重要内因。而单纯的以 GDP 主导的财政观就是"土地财政"形成的外部制度条件。

有专家指出，这种"土地财政"在客观上首先恶化了国民收入分配，抑制了民间投资，这主要表现在"土地财政"大都集中在城市，"土地财政"的实施不但没有缩小城乡差距，相反却加大了城乡差距。农民的收入相对滞后，不利于城乡一体化统筹发展。

其次，"土地财政"促使政府资金大量投入城市建设，加剧了与地产业相关产业的产能过剩，地产业的过度发展占用了大量社会资源，与中央加快转变发展方式的方针背道而驰。

此外，"土地财政"造成了资源、资金的严重浪费，产生了许多政绩工程，增加了"灰色收入"与腐败现象，令百姓深恶痛绝。最重要的是，"土地财政"让耕地以及农民的合法土地权益受到严重威胁，并由于"集体土地不能开发房地产"这条红线的存在促使开发商大肆抬高房价，广大中低收入市民的住房问题很难得到解决。往往是房子盖得越多，空置率越高，房价也往往越高。这种现象与供大于求就会降价的常识性市场经济规律背道而驰。

创新管理的出路何在

土地出租与使用权转让的改革事关国计民生，有许多成熟的经验是可以借鉴的，而借鉴并不等于照抄照搬。

有关专家指出，土地出租也出让使用权必须进行深入的改革，不但应当进一步扩大土地有偿使用的范围，更要建立一个完善的使用机制。首先要剥离政府经营土地的职能，形成集土地管理与经营于一体的体制性机构，并向国家财政上缴土地经营收益。这样既可以避免政府与民争利，也可以提高政府的公信力。其次，职能部门在经营管理上要杜绝"寅吃卯粮"的短视行为，以基金式管理为最终目标，强化公共管理职能，弱化直接抓经济建设的职能，并配套实施地方税改革，稳定地方财源，最终使地方政府的财力与权利相适应。此外，应该准许"集体建设用地依规则入市"，并在预先解决因征地由农民变为市民的农民的长久生计后，探索建立起土地城乡一体化统筹经营管理的有效模式，以化解社会矛盾与集体土地征用难的问题。增加土地的可供应范围，从源头上抑制土地财政的片面增长。并以税收政策来抑制有可能产生的房地产泡沫。当然，这些改革建议只是一种理论设想，许多与此相关的重大理论、法律、政策问题尚有待于深入研究与讨论。

客观地说，专家的观点不无道理，但笔者却认为，房地产新政不仅是一个新的机制确立这样简单，最关键的是政策制定的出发点与落脚点。一言以蔽之，房地产业改革的最根本宗旨也是如何发展的问题。有了一个正确的出发点，才会产生有益于健康发展的创新管理。

笔者认为，房地产业的发展要从社会精神角度出发，践行"居者有其屋"的社会精神与理念。从这一点出发，很容易就可以看清已往实施的"土地财政"的偏差。说穿了，既往的"土地财政"注重的是财，而非人。在简单追求 GDP 指标的同时，也充当了百姓财富终结者的角色，与百姓之渴求完全对立起来，这与以人为本的思想是背道而驰的。我们应该清醒地认识到，社会的发展最终是人的发展，人无法发展，而只是经济发展是毫无意义的一种行为。高房价不由自主将社会整体带入一种一切以经济为中心的误区，击穿了人们社会责任感、国家荣誉感、民族自豪感的底线，让仅存的一点集体主义思想消失殆尽，剩下的只有向钱看这种功利社会最明确的思维。不但让社会精神暗淡无光，也让社会公民的生活充满迷茫，产生生存危机感与不安全感。并让社会思维陷入一种狭隘的利益旋涡而不能自拔，这对经济社会健康发展是极为不利的。

此外，房地产业只是一种最基础的民生产业，重在稳而不再争先。既往的"土地财政"以房地产业为龙头带动经济上台阶一种冒险行为。熟悉经济建设的人们都知道，社会经济是一个复杂的系统，任何一个行业都与整体经济发展存在密切的关联度。往往一个行业的发烧，会引来其他行业的感冒。而一个健康的经济社会运行模式的特征就是各个行业、各个系统的均衡发展，产业提升与经济上台阶的主要特征不仅仅在于经济总量的提升，更在于经济发展质量的提升。而从财政收入的角度来说，税收的增加才是一种健康的经济发展的标志，除此而外，没什么可以说明经济发展的进步。作一个不太恰当的比喻，既往的土地财政如同一个赌红了眼的赌徒，在拿身家性命做赌注。为什么这么说呢？因为，房地产是百姓生活的基本保障，寄存着百姓对生活、对社会的热望。这不仅仅是一个经济方面的问题，也是一个政治与社会情绪方面的问题。轻百姓就是轻国家，轻国家就是玩火！所以，百姓赖以生存的房产是万万不能炒的！政府绝不能做有失民心的事。

基于以上理念，笔者认为，目前国家采取的保障房措施是十分明智的，但还远远不够，还要搞一定规模的国有廉租房以满足特困群众的需求，或者要建一定量的平价房以安定居无其所的被城市化或城市特困家庭的安居所需。笔者相信，出发点一旦确定，政策与制度的制定并不困难。而房地产新政正在向这个方向迈进。

2011年6月9日，社科院专家称，明年北京房价将回落50%。

新闻回顾

社科院专家称明年北京房价将回落50%

据中国经济网报道，"十几天前我还担心此次国务院的房地产新政无法推行下去，但现在看，新政能够推行下去。"在6日召开的北京改革和发展研究会成立大会暨2010北京房地产论坛上，社科院工业经济所研究员曹建海这样说。

曹建海认为，我国房屋严重过剩，我国经济发展前景需要把房价打压下来。"我国的房价90%由政府决定，10%由市场决定，既得利益集团必须作出让步。"曹建海甚至作出了到2012年北京房价要有50%左右回落的预测。

北京房价将回落势在必然。房价将回落理由有三：其一，高房价现在几乎已经成了老百姓不满情绪的众矢之的，这是民意；其二，政府紧锣密鼓的调控政策效应正在显现，这是政府的决心；再次，中国银行（行情，资讯）业的房地产贷款压力测试结果表明，房价将回落30%没问题。因此，北京房价没有理由不回落。但是，房价到底跌多少不好说。（《证券日报》2011年6月9日）

而《人民日报》的另一篇报道则表明了政府调控房地产业的决心。

新闻回顾

房价松动，调控不松

严格的限购令和连续加息，成为这场房地产调控中最凶猛的两拳，让高房价摇摇欲坠。

今年1月26日，国务院出台了新一轮调控政策"国八条"。半年间，各部委和地方政府积极跟进，出台了一系列细化的调控政策和配套政策。新调控政策最大的特点是要求各地严格执行住房限购政策，在限购令的强大压力下，"有钱也不让买"，市场成交量迅速下滑。

与此同时，面对通胀压力，央行今年以来连续6次提高存款准备金率，并3次加息，5年以上人民币贷款基准利率已经超过7%。连续加息大大增加了购房者的还贷压力，同样的一笔100万元的房贷，相比去年首次加息之前，总利息增加了十几万元。对许多资金捉襟见肘的刚性需求购房者而言，与其当房奴，不如暂时租房住更为理性，打压了这部分需求。

限购和连续的加息作用明显。今年以来，一线城市房地产市场成交量持续低迷，并未出现前几次调控时的先抑后扬。成交量长期低迷引发了价格松动，房价开始出现更大范围、更明显的下降。北京房协公布的数据显示，上半年新建普通住房成交均价为13948元，比去年降低6.1%，新建普通商品住房成交均价18297元，与去年持平。此外，上半年98.1%在售项目价格下降或持平，6月新建商品住房成交均价20664元，环比下降7%，下半年房价有望打破僵局。

楼市的低迷很快传导到土地市场上。受对未来预期不乐观以及信贷紧缩影响，房地产企业拿地速度有所放缓，主要房企上半年新增土地储备面积同比均有不同程度的下降。除了限购政策相对较松的二线城市，上半年多数城市土地成交明显放缓。

相比成交清淡的买卖市场，租赁市场则呈现出另一番景象。在限购政策下，大量购房需求转向租赁市场，推动了租赁市场量价齐涨。今年上半年各地租赁市场成交量同比增长普遍超过30%，租金涨幅普遍超过10%，租房比以前更贵了。

业内人士普遍认为，当前正是房价处于拐点、市场回归理性的关键时间点上。政策面上，近期有关部门主要负责人继续在各种场合强调，房地产调控绝不能放松。从上半年情况看，房地产投资增幅并未因调控而明显下降。全国房地产开发投资26250亿元，同比增长32.9%。其中，住宅投资18641亿元，增长36.1%，保障房投资的对冲，将进一步缓解坚持调控的后顾之忧。

当前市场出现的积极变化，还是限购政策下楼市表现出来的表象。表象背后，观望等待的刚性购房需求依然旺盛。由于缺乏投资渠道，投资投机性需求也随时可能重回楼市。调控政策一旦放松，就有可能面临报复性反弹。

而如果房价能延续当前的下跌势头，在房价逐渐回归合理价位的基础上，成交量有望逐步回暖，带动市场向更健康的方向发展。业界普遍预测，这种情况下，继续出台更严厉政策的可能性也比较小，关键是严格执行现有政策。

从供需关系上看，随着调控的持续以及效果进一步显现，购房者对价格下行的预期进一步增强，购房决策更为谨慎。限购令不松动的情况下，成交量将持续低迷。而下半年各地新房供应将集中放量，供求关系将进一步逆转。加上房地产企业资金链趋紧等影响，房价继续下降在所难免。（人民网：《人民日报》2011年7月18日，记者王炜）

客观地说，房地产业经过这一轮金融危机的预警以及国家相关房地产调探政策，已从发烧开始向回归理性发展之路启程。而地方政府则必然会受到"土地财政"危机的冲击，这是一种严肃的考验。而在民意舆论声中与中央政府的严格监控下，放松楼市调控几乎等于自寻死路。

设若真的存在胆大妄为之官员，置国家楼市调控政策于不顾，继续推行"土地财政"获得短暂的利益回报，必将造成更大的经济危机，由此堆积起来的资产泡沫，必将在未来的某一时刻瞬间坍塌，把整体经济拖入深渊。那才是真正的悲剧。

当然，笔者是充分相信地方政府亦不缺乏这种思维，需要的只是承

受阵痛的勇气。而阵痛过后，迎来的也必将是一片祥和的天空。

而从全球房地产业健康发展的角度来说，房地产业成为金融危机导火索的根本结症就是全完市场的经济运行模式，而这种模式早已被历次的金融危机所证明是一种不可持续的模式。放任市场产生非理性竞争，受损的不仅是社会底层公民，也会对社会整体经济产生严重危害。扭转这种局面的唯一出路就在于一切从人本主义出发，有效调控房地产业的不健康发展模式，打击炒作以及过度投资和地产资源的资本垄断，保证房地产资源的民生本质，造就一个健康的经济发展大环境。当今世界，经济发展已不可以独善其身，全球经济已成为相互影响，相互借鉴的紧密整体，局部的问题完全有可以演变成全球问题，这是众所周知的事实。创新管理，消除房地产业泡沫，促进房地产业健康发展才是全球经济健康发展的正确轨道。

第四章 环境交通呼唤低碳生活

导读： 环境危机是工业化时代人类生活所面临的最严酷危机，一旦自然生态系统发生不可逆转的失衡，也意味着人类将面临毁灭性灾难。目前全球生态环境问题的焦点即是全球碳排放，而解决这一问题的根本出路就是要正确处理人与自然环境的关系，节能减排，倡导低碳生活。

全球生态环境危机重重

人类进入 21 世纪以来，全球性生态环境问题日渐凸现，生态灾难亦在局部地区不断涌现。准确地说，生态灾难就是指特殊干扰事件引起的自然生态结构性损毁与功能丧失，进而造成对相关生命的伤害、冲击与灭亡等灾难。其原因可以大致归结为两个方面，一是过度开发与利用自然资源造成的生态环境破坏，二是城市化与工业化的无节制发展带来的环境污染。

一般来说，自然界的生态平衡是一种动态平衡，生态系统本身具有自我调节保持这种平衡的能力。人类的生产、生活、改造自然的种种活动都对这种平衡具有扰动作用。这种扰动一旦超出了生态系统自我调节能力而不能恢复到原来比较稳定的状态时，即意味着生态系统的结构和

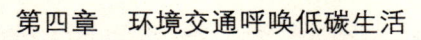

功能遭到破坏，物质循环和能量循环不能正常进行，即生态失衡。这种失衡的一个最常见的现象就是造成系统成分的缺失，也就是生物多样性的减少，或者产生生态系统结构性变化，诸如动物种群的突增或突减，以及食物链发生变化等。而这种物质与能量循环的中断或受阻，就是酿成生态灾难的根源所在。

大家都知道：从生物的角度来说，人类只是地球生物中的一分子，也是自然界物质与能量循环的一个环节。而承担人类与自然界间进行能量循环的主要物质就是人们熟知的绿色植物光合作用不可或缺的碳元素。所以，碳平衡也是自然生态平衡中最重要的基础平衡。保持与调节碳平衡则是保证生态平衡最重要的前提条件之一。

回顾人类社会进入工业化时代以来，大量使用化石能源诸如煤碳与石油，并排放出大量的温室气体二氧化碳，极大改变了地球的大气环境。促使地球气温在50年间持续上升，南极与北极的冰层开始融化并缩小，并由此引发了世界各国对全球性气候变化的严重关注。并于2009年末召开了迄今为止规模最大的全球性应对气候变化的哥本哈根峰会。客观地说，这次峰会既是一次人类的反思，也是一次节能减排的动员令。由此，保护生态环境问题已上升为拯救人类的高度。而许多生态灾难的发生过程则告诉人们，生态灾难不仅要事后恢复，更要事先预防。因为许多生态灾难都是渐进形成的，大部分生态灾难的形成都有人为的因素，所以具有预防的可能性。面对频繁发生数不胜数的生态灾难，用历史的目光来看，人类所剩的时间不会太多，必须尽快警醒拯救自我。

2010年7月18日，美国《外交政策》杂志列举了全球五大持续性生态灾难，中国煤火名列其中。

报道摘要

《环球时报》特约记者李雪报道：据美国《外交政策》杂志7月18日报道，美国墨西哥湾"深水地平线"号油井爆炸事故堪称美国历史上最严重的漏油事件，但是比起半个世纪以来一直深受漏油困扰的尼日利亚尼日尔三角洲来，墨西哥湾的漏油只能算小巫见大巫。BP日前宣称已经堵住了漏油，但现在庆祝还为时过早，世界上还有许多环境灾难依然在持续。

1. 尼日利亚漏油事件（1966年）

从50多年前，尼日尔三角洲开始采油至今，共有5.46亿加仑原油泄漏，相当于每年都发生一次"埃克森——瓦尔迪兹号"漏油事故。那里大约有2000多处漏油点，其中很多已经漏油几十年。石油公司谴责偷油贼和武装分子的破坏，而当地人士谴责采油公司设备老化、安全意识放松。随着采油活动的增加和当地地形所限，尼日尔三角洲未来数年内的漏油将会增加，像2008年那样的管道爆炸事件也会发生更多。

2. 中国煤火（1962年）

中国工业增长70%所需能源依赖于煤炭，但是20世纪60年代发生在内蒙古的地下煤火至今困扰着中国。覆盖4800公里长的区域，这场煤火每年估计需要消耗2000万吨煤炭，超过德国全年煤碳开采量。无独有偶，美国宾夕法尼亚州Centralia的地火，与中国的规模差不多，至今依然燃烧着。

3. 海地森林采伐（1492年）

当哥伦布第一次登上这个被称为Hispanola的地方时，四分之三的土地被树木覆盖着。可是今天，海地98%的森林已经消失，已经成为人类史上采伐森林最严重的例证之一。海地人最常用的燃料是木炭，每年需要烧掉3000万棵树。没有树木的防护，飓风、地震以及腐蚀几乎毁掉了海地的农业，进一步加剧了海地的贫困。

4. 乌兹别克斯坦和哈萨克斯坦之间咸海缩小（1960年代）

位于乌兹别克斯坦和哈萨克斯坦之间的咸海，曾是世界第四大内陆湖，里面生活着至少20种鱼类。20世纪60年代初期，前苏联政府建造了45座堤坝和30000多公里长的河渠，支持在乌兹别克斯坦沙漠平原建造棉花工业区。在随后三十年间，咸海缩小了五分之二，周围的渔村也都变成沙漠荒地。由于水中含盐量过高，鱼类全部灭绝。当地饮用水供应陷入危险水平，棉花田使用的杀虫剂也渗入地下水中。每年高达7500万吨的有毒浮尘和盐末被吹到中亚各地。由于哈萨克斯坦建造堤坝，咸海北部已经开始恢复，但南部依然处于环境恶化之中。

5. 东太平洋垃圾区（1997年）

位于加州和夏威夷之间的某处可能是世界上最大的垃圾堆，塑料和各种碎片垃圾的面积相当于一个半美国大，厚达30多米。这个垃圾区是北太平洋环流系统的产物，它将美国西海岸和亚洲东部的垃圾带到北太平洋。这些塑料碎片的数量是浮游动物的六倍，许多鱼类和鸟类误将它们当成食物，塑料中的化学物质也重新进入食物链中。联合国环境规划署统计，世界大洋每2.6平方公里含有4.6万片塑料，每年因此死亡的海鸟超过100万只，海洋哺乳动物为10万只。（大河网，编辑余晓峰）

客观地说，这五大至今仍在持续的生态灾难有四个属于人为灾难，并且这种灾难至今仍未能有效遏止。而在人类工业化进程中所发生的危及生态平衡的案例则更是数不胜数。生态安全关乎人类安危，绝不能漠然置之，而是必须唤起人们的警觉与危机感。人类必须认识到，生态环境是人类生存安全的第一保障，人类的一切生产与生活活动必须首先考虑生态环境的承载力，否则就是对人类整体安全的漠视与愚蠢的自私。而对于我国社会来说，2008年的冰雨与汶川大地震以及不久前刚刚发生的渤海采油井漏油事件，日本的核事故亦都在表明，生态危机距离我们并不遥远，如果不采取得力措施加以化解，接下来发生的就会是人类的生存安危大问题。

而从全球的角度来说，生态危机并非只是一个局部问题，而是一个全球性问题，在这个关乎人类前途的重大问题上，人类的责任是没有国界之分的。在许多科学家眼中，在生态与环境危机问题上，人类正在共同面对的生态环境危机至少有 10 个最重要的方面。即：温室效应、臭氧层破坏、土地退化和沙漠化、废物质污染及转移、森林面积减少、生物多样性减少、水资源枯竭、核污染、海洋污染、噪音污染。

资　料

温室效应是指二氧化碳、一氧化二氮、甲烷、氟里昂等高温室气体大量排向大气层，使全球气温升高的现象。目前，全球每年向大气中排放二氧化碳大约为 230 亿吨，比 20 世纪初增加 20%。至今仍以每年 0.5% 的速度递增，这必将导致全球气候变暖、生态系统破坏以及海平面的上升。据有关数据统计预测，到 2030 年全球海平面上升约 20cm，到本世纪末将上升 65cm，严重威胁到低洼的岛屿和沿海地带。设若这个推论成立，许多太平洋岛国将成为一片汪洋被海水吞噬。

臭氧层是高空大气中臭氧浓度较高的气层，它能阻止过多的太阳紫外线照射到地球表面，有效地保护地面一切生物的正常生长。臭氧层的破坏主要是现代生活大量使用的化学物质氟里昂进入平流层，在紫外线作用下分解产生的原子氯通过连锁反应而实现的。据资料统计分析，臭氧浓度降低 1%，皮肤癌增加 4%，白内障发生则增加 0.6%。到本世纪初，地球中部上空的臭氧层已减少了 5%～10%，使皮肤癌患者人数增加了 26%。由此而言，人类生命正在经受臭氧层被破坏带来的严重威胁。

土地退化和沙漠化是指由于人们过度的放牧、耕作、滥垦滥伐等人为因素和一系列自然因素的共同作用，使土地质量下降并逐步沙漠化的过程。全球土地面积的 15% 已因人类活动而遭到不同程度的退化。因土地退化和沙漠化，使全世界饥饿的难民由 4.6 亿增加到 5.5 亿。

废物质污染及转移是指工业生产和居民生活向自然界或向他国排放的废气、废液、固体废物等，严重污染空气、河流、湖泊、海洋和陆地环境，并危害人类健康的问题。据研究证实，一节一号电池能污染 60 升水，能使十平方米的土地失去使用价值，其污染可持续 20 年之久。当代"空中死神"——酸雨，其对森林土壤、湖泊及各种建筑物的影响和侵蚀已得到公认。有害废物的转移常常会演变成国际交往的政治事件。

森林被誉为"地球之肺"、"大自然的总调度室"，对环境具有重大的调节功能。因发达国家广泛进口木材和发展中国家开荒、采伐、放牧，使得森林面积大幅度减少。森林减少正在导致土壤流失、水灾频繁、全球变暖、物种消失等生态环境危机。

生物多样性减少是指包括动植物和微生物的所有生物物种，由于生态环境的丧失、对资源的过分开发、环境污染和引进外来物种等原因，使这些物种不断消失。据估计，地球上的物种约有 3000 万种。自 1600 年以来，已有 724 个物种灭绝，目前已有 3956 个物种濒临灭绝，3647 个物种为濒危物种，7240 个物种为稀有物种。多数专家认为，地球上生物的 1/4 可能在未来 20～30 年内处于灭绝的危险，1990～2020 年内，全世界 5%～15% 的物种可能灭绝，也就是每天消失 40～140 个物种。生物多样性的存在对进化和保护生物圈的生命维持系统具有不可替代的作用。生物种类的减少非惟是一种生态危机，亦是对人类的一个警示。

水是生命的源泉，水，似乎无所不在。然而饮用水短缺却威胁着人类的生存。目前，世界的年耗水量已达 7 万亿立方米，加之工业废水的排放，化学肥料的滥用，垃圾的任意倾倒，生活污水的剧增，使河流变成阴沟，湖泊变成污水地；滥垦滥伐造成大量水分蒸发和流失，可饮用的淡水资源在急剧减少。许多科学家预言：水在 21 世纪将成为人类最缺乏的资源。

核污染是指由于各种原因产生核泄漏甚至核爆炸而引起的放射性污染。其危害范围大，对周围生物破坏极为严重，持续时期长，事后处理危险复杂。如 1986 年 4 月，前苏联切尔诺贝利核电站发生核泄漏事故，13 万人被疏散，经济损失达 150 亿美元。而前不久的日本核泄漏也造成了巨大的经济损失与生态伤害。

海洋被誉为"国防的前线，贸易的通道、资源的宝库、云雨的故乡、生命的摇篮"。然而，她正受到严重的污染。海洋污染常见的主要有原油污染、漂浮物污染和有机化合物污染及其引起的赤潮、黑潮。海洋污染直接导致海洋环境的恶化、生物品种的减少。

工业机器、建筑机械、汽车飞机等交通运输工具产生的高强度噪音，给人类生存环境造成极大破坏，严重影响了人类身体的健康。（以上资料来源于互联网）

十种危机，个个触目惊心，而解决这些生态环境问题，实现人类的自救，一种最根本的心态就是要正确处理人与自然环境之间的关系，在维护好自然生态平衡的前提下，适度推进工业化进程。既满足当代人的需要，又不对后代人构成危害。将人类的发展、自然生态环境的承载力与保护环境的义务三个方面有机地统一起来，实现科学发展、和谐发展。

人类，绝不能倒在无限度地自我发展的路上，亦不能毁灭在人类自我开创的科技文明的手中，面对严重的生态危机，人类必须有足够的智慧、清醒的头脑，在危机中找到自救之路。

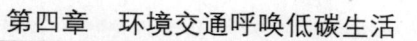

第四章 环境交通呼唤低碳生活
huan jing jiao tong hu huan di tan sheng huo

现代化交通工具——和平年代最隐蔽的杀手

汽车、飞机、铁路客车,以及客运轮船是人们习以为常的现代化交通工具,特别是在人口密集度较高的大中城市,拥有一辆小汽车本是一件很平常的事,而人们在日常生活中也越来越依赖这些能为出行带来极大便利的现代科技文明的产物。但是,这种难以摆脱的依赖也造成了无数悲剧,这些以化石能源为驱动力的钢铁制品则成了和平年代人类的最大杀手。就在笔者进入本节的写作之时,中国温州发生了一起罕见的铁路动车追尾事故,而这起特大事故发生的原因却扑朔迷离。《人民日报》随即刊发了一则颇为耐人寻味的报道。

新闻链接

"7·23"特别重大铁路交通事故究竟是如何发生的

核心提示:40人死亡,约200多人受伤——追尾!这一在汽车行驶中较为常见的事故,竟然发生在技术先进的两列动车上。

那么,"7·23"特别重大铁路交通事故究竟是如何发生的?人们衷心希望,事故原因能早日查明,引以为戒。

运行控制系统为何失效

列控系统可有效测定列车运行速度、运行间距和位置,以自动防止列车追尾、相撞。这一系统在这次事故中为什么没有发挥作用?

按设计标准,中国铁路装备了CTCS,即中国列车运行控制系统,简称列控系统。其运行原理为:铁轨上的"传感器"能将"前方有列车占用轨道"的信息传递给后车和调度中心,以保证两车之间的安全距离。

由于该系统可有效测定列车运行速度、运行间距和位置，以自动防止列车追尾、相撞，被称为动车组安全运行的第一层智能保护。可是，这样一个先进的控制系统，在这次事故中却失效了。

"这次追尾事故令我疑惑不解！"D301次动车乘客说。

7月23日早上8时10分许，打算去温州雁荡山游玩的她们一家五口从天津上了车。一路有雨，虽然列车行驶还算平稳，但却时常走走停停。

D301次动车在永嘉站本不停靠，但这趟列车却在此停留了几分钟。20时24分许，得到出发信号后，列车重新启动，车速明显快了不少。

此时此刻，D3115次动车正在前方不远处行驶，且车速明显慢于D301次。两车距离在缩短，但没有人意识到——无论是乘客，还是动车司机，乃至后方列车控制指挥中心……

列控系统为何在事故发生时失效了？此前有报道称，雷击导致了这套系统失效。如果事实果真如此，那么中国铁路目前运行的所有动车组是否都应在雷雨天气降速或停止运行？

"按照正常的情况，列车不应该发生这样的追尾，但它就是发生了……"铁道部新闻发言人王勇平说，"国务院已经组织事故调查组，将会认真地、严肃地、细致地把事故原因查清楚，铁道部会积极地配合事故调查。"

列车调度管理是否到位

D3115次动车遭遇雷击停车后，司机是否向调度中心作了汇报各级调度部门都做了什么？

在安全生产专家和铁路人士看来，列车追尾是很荒唐的事，其中人为、管理因素不容忽视。"即使列车信号失灵了，用电话总能沟通吧？咋能撞上呢？"不少乘客这样发问。

D3115次动车遭遇雷击停车后，司机是否向调度中心作了汇报？得到的指令是什么？D301 次动车是否接到调度指令减速停车，当时距离前车距离是多远，车速如何？——人们对这些问题充满了疑惑。

据两车乘客回忆，撞击时，前车 D3115 次动车时速大约 20 公里，而后车 D301 次动车时速则在 100 公里上下。如果调度正确，且两车驶出永嘉站时间相差约 10 分钟，后面车应有充分时间停车。

记者了解到，有关列车的运行情况，在地方火车站调度室、上海铁路局调度中心及铁道部调度中心都应实时监测，并在第一时间下达应急指令。

当 D3115 次动车停运后，各级调度部门都做了什么？监测系统是否显示了该车故障？如果没有显示，是否意味着全国动车调度系统需要全面重新检测？D3115 次动车停运后，调度中心何时接到该车的停车报告？调度何时给 D301 次动车下达指令停车？D301 次动车是否给予了回应？如没有回应，是否说明调度系统存在设计漏洞？

"管理责任不容懈怠，任何一起事故必定破坏了种种制约原则才导致而成。"清华大学教授、管理学家陈国权这样强调管理的重要性。

希望惨痛教训换来更多安全

事故暴露出的一些细节问题需要引起重视。恢复通车，是否仓促？对事故调查有参考意义的车头、车体，如何处置？

除了行车安全和调度方面，不少乘客还反映，这起事故暴露出的一些其他问题。比如，目前动车座位没有安全带，一些乘客碰撞导致外伤；事故发生后，动车包厢门打不开，玻璃敲不碎；车厢内也缺少救生锤；乘客逃离列车后，高架桥轨道两侧本可作为逃生通道，但失修严重，增加了逃离难度……

25 日清晨 6 时左右，甬温线恢复通车，且当日已开行约 70 趟列车。有人发出疑问：在事故报告尚未完成时，轨道、接触网、列车的故障隐患是否已排除，谁来检测？此时恢复通车，是否仓促？

据了解，事故列车的车载计算机，即"黑匣子"已经在 24 日找到，并移送国务院"7·23"甬温线特别重大铁路交通事故调查组深入分析。

那么，调查结果何时公布，是否有时间表？对事故调查有参考意义的车头、车体，如何处置？恢复通车后，可以用于鉴别事故原因的轨道痕迹等，如何保护？这些也是公众普遍关心的问题。

这是一起不该发生的事故，希望这样惨痛的教训能够换来铁路出行更多的安全。（人民网：《人民日报》2011 年 7 月 26 日）

细节翔实的报道表达着一个事实，高科技有时也是靠不住的，而这种靠不住令人付出的常常是生命代价。

"7·23"甬温线特别重大铁路交通事故发生后，新华社也以少有的严厉口吻以"三问温州动车追尾事故"为题刊发了报道，所提出的"行车安全系统为何失效"、"列车调度管理是否到位"、"平安能否不用鲜血来换"，不但直指安全管理责任者，也揭示出管理方面的重大隐患，同时也昭示着创新管理已成为社会管理方面极为现实的迫切需求。

与铁路列车这种爆发性事件不同，汽车车祸在日常生活中则是很常见的现象。随着居民收入的增加，私家车越来越成为人们出行的工具，而随之而来的车祸则接连不断，因车祸而失去生命的人数也大得惊人。据公安部交管局公布的 2010 年全国道路交通事故情况，全国共发生道路交通事故 238351 起，造成 67759 人死亡、275125 人受伤，直接财产损失 9.1 亿元，与 2009 年同期相比，分别下降 10.1%、7.8%、9.8% 和 10.7%。其中，发生一次死亡 10 人以上特大道路交通事故 24 起，同比减少 5 起。全国万车死亡率为 3.6，同比减少 0.7。而同期美国运输部公布的数据显示，2010 年，美国的交通事故死亡率为每百万英里（约合 160.9 万公里）1.09 人，为自 1949 年有记录以来的最低点，死亡人数为 32788 人。

第四章 环境交通呼唤低碳生活
huan jing jiao tong hu huan di tan sheng huo

而据世界卫生组织此前公布的第一份《全球道路安全状况报告》，全球每年有超过120万人死于道路交通事故，另有2000万~2500万人在事故中受重伤。其中，印度高居世界道路交通事故榜首，每天大约有300人死于车祸。这份报告是根据2006~2007年从178个国家收集的数据完成的，数据涵盖全球98%的人口。另据估测，自从世界上第一辆汽车诞生以来，已经有3000万人死于车祸，与第一次世界大战期间全球因战争而死亡的人数相差无几。不同的是，第一次世界大战早已结束，而夺人性命的车祸却远未停止，只要有机动车，车祸就不可避免。现代交通工具制造的车祸俨然成了一种不见硝烟的战争。而事故频发的道路安全交通问题也昭示着交通管理亟待创新。

据公安部交管局公布的数据，截至2010年10月，我国机动车保有量已达1.99亿辆，其中汽车8500多万辆，每年新增机动车2000多万辆；机动车驾驶人达2.05亿人，其中汽车驾驶人1.44亿人，每年新增驾驶人2200多万人。

这是一支庞大的队伍，也是一支令人不安的队伍，其对生命的威胁已与战争相若，而若想从现代社会运行机制中完全排除这支队伍带来的安全威胁则是难乎其难，人们能做的，也许只有管理创新以及最大程度上改变生活观念，摆脱对汽车的依赖，倡导低碳生活。

汽车尾气、城市大气污染与健康

客观地说，改革开放的30年，是中国经济发展增速最快的30年，也是中国汽车业发展最快的30年。大量的汽车走进社会、走进城市，也让汽车与环境危机联系在一起。与世界上许多发达国家不同，中国是人口大国，大中城市的人口密集度较高，加上经济发展迅速，许多大中城市在不知不觉中城市车辆已成倍增长，事实上，这些城市在这样短的改革时间内，根本来不及由传统城市向现代化工业城市转变，许多城市道路设计仍然是旧有的不够完善的设计。这首先让城市交通成了一个老大难问题，交通堵塞已成了尚未适应工业化改造城市的家常便饭，而汽车尾气造成的污染也最为严重。

新闻链接

专家称汽车尾气已成中国城市大气污染首要来源

清华大学交通研究所史其信教授6日在出席中法城市可持续发展论坛时表示，目前机动车排放的污染物对中国城市的多项大气污染指标的"贡献率"已达到60%以上，机动车尾气已经成为大气污染的首要污染源。为此，他建议大力发展"绿色交通"、智能交通等可持续发展的交通模式，鼓励民众"绿色出行"。

史其信说，改革开放三十多年，随着中国经济的持续高速发展，城市化与机动化的快速增长超过了发达国家历史同期水平。城市化水平自1980年以来，按每年一个百分点增长，目前达到50%左右，而机动车每年的增长速度达到14~18%。交通拥堵从北京、上海、广州等特大城市向国内大中城市蔓延，由其所产生的环境污染、能源消耗及城市生活质量面临严峻挑战。

"发展以公共交通为主的城市交通体系，将是解决大城市日益紧张的交通压力的有效手段和根本途径，也将是21世纪世界城市交通发展的必然趋势"，史其信表示，可喜的是，20多年来，中国"优先发展公共交通"经历了由理念、政策上升到战略高度的认识过程，并将其作为构建资源节约型、环境友好型社会，推动城市交通可持续发展的重要战略决策。

据统计，每百公里的人均能耗，公共汽车是小汽车的8.4%，电车为3.4%~4%，地铁为5%。公共交通在高峰小时每人每公里排放的一氧化碳、碳氢化合物、氮氧化物三项污染物，分别是小汽车的17.1%、6.1%、17.4%。如果采用个体小汽车出行的人有1%转乘公共交通，仅此一项中国每年节省燃油将达到0.8亿升。

与此同时，中国也应大力发展智能交通管理系统。发达国家的智能交通系统发展近30年的实践证明，它可充分利用道路资源，缓解交通拥堵，降低交通事故，减少空气污染，节省能源消耗，具有可持续性。

他建议，武汉城市圈作为"两型社会"（资源节约型与环境友好型）试点建设区，应大力发展"绿色交通"、智能交通等可持续发展的交通模式，鼓励民众"绿色出行"，进而对全国形成示范效应。（中国新闻网，2010年11月7日，记者徐金波）

与确认城市污染来自汽车尾气的观点相同，来自权威部门的负责人再一次确认了汽车尾气是城市大气污染的主因。

新闻链接

20%城市大气污染严重，汽车尾气成主因

环保部科技标准司副司长刘志全5日在"2010中国汽车产业国际发展论坛"指出，目前全国约20%的城市大气污染严重，113个重点城市中1/3以上空气质量达不到国家二级标准，机动车排放成为部分大中城市大气污染的主要来源。

据此前媒体报道，近年来，京津冀、长三角、珠三角等区域每年出现灰霾污染的天数达100天以上，广州、南京、杭州、深圳、东莞等城市灰霾污染更为严重。大气污染不仅发生在京津冀、长三角、珠三角等重点区域，在辽宁中部、山东半岛、武汉及其周边、长株潭、成渝、海峡西岸等区域也时有发生。

《南方日报》报道，刘志全介绍说，据估计和上世纪80年代相比，我国机动车保有量增加24倍，排放总量则增加12倍。一些城市由过去的煤烟型污染转成以机动车排放污染为主。国内一些区域出现灰霾现象，能见度明显下降。研究表明灰霾现象与机动车排放的氮氧化合物和碳氢化合物存在明显的关系。一些城市臭氧浓度逐步在增高，个别城市发生光化学污染的可能性在不断增加。臭氧浓度增高和机动车排放的氮氧化合物和碳氢化合物有密切的关系。

工信部装备工业司副司长王富昌则指出，预计到2020年中国汽车保有量将超过2亿辆，由此带来的能源安全和环境问题将更加突出。

据此，在当日的论坛上，科技部、发改委、工信部、商务部各主管部门纷纷传出大力推进传统汽车节能减排和新能源汽车产业化的消息，其中支持电动汽车产业发展成为重中之重。科技部部长万钢透露，目前已经制定了电动汽车科技发展"十二五"专项规划的草案。

国家统计局今年2月25日发布《2009年国民经济和社会发展统计公报》时指出，2009年年末全国民用汽车保有量7619万辆（包括三轮汽车和低速货车1331万辆）。

以"首堵"北京为例。北京机动车保有量达到近450万辆，2010年上半年北京市机动车增加近35万辆，平均每天净增1900辆机动车。按照这个速度，2015年北京机动车保有量将达到700万辆。而按照规划，北京市区内的道路设施即使达到最完善的状态，也只能容纳670万辆机动车。（《南方周末》2010年9月6日）

城市交通不仅是交通的问题，也是环境问题，汽车尾气造成的城市大气污染，对居民健康构成了严重威胁，早在2009年，《新民周刊》就用"霾"字来形容这种令人担忧的城市的天空。在城市中，我们肉眼所及的朦胧，十之八九都是灰霾！——一位气象科学家如是说。广东的

第四章 环境交通呼唤低碳生活
huan jing jiao tong hu huan di tan sheng huo

钟南山院士指出，灰霾天气致肺癌率猛于尼古丁！

灰霾是温柔的杀手。它的本质是"细粒子污染"，主要来自汽车尾气排放的气体污染物经过一系列光化学反应所形成的"二次污染物"，具备强烈毒性。

这种高浓度的大气污染可在数天之内吞噬很多人的生命，这并非危言耸听，而是早有先例。比如早在上世纪40年代发生的"洛杉矶光化学烟雾事件"。事件的整个过程是这样的——

洛杉矶位于美国西南海岸，西面临海，三面环山，本来是一个阳光明媚，气候温暖，风景宜人的地方。加上金矿、石油和运河的开发，使它很快成为了一个商业、旅游业都很发达的港口城市，人口密集度大幅度提高。据相关资料记载，洛杉矶在上世纪40年代就拥有250万辆汽车，每天大约消耗1100吨汽油，排出1000多吨碳氢（CH）化合物、300多吨氮氧（NOx）化合物、700多吨一氧化碳（CO）。另外，还有炼油厂、供油站等其他石油燃烧排放。于是大气污染不可避免地发生了。

从1943年开始，人们就发现这座城市一改以往的温柔，变得"疯狂"起来。每年从夏季至早秋，只要是晴朗的日子，城市上空就会出现一种弥漫天空的浅蓝色烟雾，使整座城市上空变得浑浊不清。这种烟雾使人眼睛发红、咽喉疼痛、呼吸憋闷、头昏、头痛。1943年以后，烟雾更加肆虐，以致远离城市100千米以外的海拔2000米高山上的大片松林也因此枯死，柑橘减产。仅1955年，因呼吸系统衰竭死亡的65岁以上的老人达400多人；1970年，约有75%以上的市民患上了红眼病。这就是最早出现的新型大气污染事件——洛杉矶光化学烟雾污染事件。

后经科学研究与测定，光化学烟雾是由于汽车尾气和工业废气排放造成的，一般发生在湿度低、气温在24~32℃度的夏季晴天的中午或午后。汽车尾气中的烯烃类碳氢化合物和二氧化氮（NO2）被排放到大气中后，在强烈的阳光紫外线照射下，会吸收太阳光所具有的能量。这些物质的分子在吸收了太阳光的能量后，会变得不稳定起来，原有的化学键遭到破坏，形成新的物质。这种化学反应被称为光化学反应，其产物为含剧毒的光化学烟雾。原本美丽的洛杉矶从此被大气污染所困扰。

（摘引自百度百科）

洛杉矶光化学烟雾事件是典型的汽车尾气或称之为石油产品燃烧造成的人为破坏大气环境的案例。而目前世界许多城市亦正面临着同样的危机。

2008年6月，由广东省环保局主办的"珠三角大气污染防治论坛"上，中国工程院院士、广州呼吸疾病研究所所长钟南山直言，他在接诊过程中发现，50岁以上的广州人哪怕没有肺部疾病，手术开出的肺都是黑黑的，"如果是红红嫩嫩的，那肯定不是广州人"。钟南山一语惊人。

"在灰霾天，呼吸科门诊量会增加一成半"，作为一名呼吸科医生，钟南山坦言，他最怕出现的是灰霾天气。在他看来，珠三角正面临着复合型大气污染的威胁，而复合型污染的直接后果，就是导致光化学污染与灰霾天增多，也对人体造成危害。

"现在肺癌已成为广州的常见病"，钟南山指出。在海南、广州、珠海、香港、澳门的对比研究中，广州发病率是最高的，上世纪90年代还是27.5例/10万人，现在已经增加了一倍；全国亦如此，肺癌占到恶性肿瘤的33.1%，已经代替肝癌成为我国首位恶性肿瘤死亡原因。

可见，现代化城市交通工具在为人们带来出行便利的同时，也带来了可怕的环境与健康问题。北京大学人民医院呼吸领域专家组成的项目指导小组在调查中也发现，2005年呼吸系统疾病（主要是慢性阻塞性肺病）在我国城市居民主要疾病死亡构成中占12.6%，排第4位；在农村居民主要疾病死亡构成中占23.5%，排第1位。在日常门诊中，经

第四章 环境交通呼唤低碳生活
huan jing jiao tong hu huan di tan sheng huo

常遇到患慢性咽炎、支气管炎等各种呼吸道疾病的交警和司机,他们有个共同点,长期高强度接触汽车尾气。据统计,59%以上的"的哥"患有不同程度的呼吸道疾病。

科学分析发现,汽车尾气中有上百种不同化合物,当中污染物有固体悬浮微粒、一氧化碳、碳氢化合物、氮氧化合物、铅及硫氧化合物等。如果长期吸入,会引起呼吸道感染和哮喘,使肺功能下降,严重的可引起肺气肿。

城市大气污染严重威胁着居民健康,危机近在眼前,解除危的唯一通道依然是节能减排,倡导低碳生活。

创新管理重在创新经济发展模式与社会生活方式

工业化带来的环境问题尽管已被世界广为关注,但想彻底扭转由发展带来的环境危机仍需走很长的路。而在解决生态环境危机中,最重要的创新管理就是"绿色新政"。

什么是绿色新政?绿色新政(Green New Deal)是由联合国秘书长潘基文在2008年12月11日的联合国气候变化大会上提出的一个新概念,是对环境友好型政策的统称,主要涉及环境保护、污染防治、节能减排、气候变化等与人和自然的可持续发展相关的重大问题。意在转变全球经济增长方式,修复支撑全球经济的自然生态系统。目前来说,绿色新政亦是国际社会的一个共识,欧、美、日等世界工业程度较高的发达国家都在向这个方向努力,由此而言,低碳经济将会成为未来全球经济发展的主要模式。所以,绿色新政也可以说是本世纪之初全球范围内在经济发展观念上所取得的一个重要成果。

世界在行动,中国亦在行动。具有中国经济社会发展风向标之称的

《人民日报》组织的"中国经济论坛"早在2008年就以"生态文明与和谐社会"为题成功举办了第八届中国经济论坛。紧接着于2009年末又成功举办了"生态文明与节能减排"第九届中国经济论坛,并诞生了世界范围内首个以节能减排为宗旨的第一个城市宣言——哈尔滨城市宣言。

此后不久,由联合国环境规划署、联合国开发计划署、联合国粮农组织指导,中国治理荒漠化基金会、中国市长协会、中国环境科学学会、中国扶贫开发协会联合主办的"第三届中国绿色发展高层论坛"于2010年末在昆明举行,并旗帜鲜明地呼吁"绿色新政与绿色责任",联合国秘书长潘基文专门为本次论坛发来贺电。他在贺电中表示,中国的变化影响着整个世界。中国当下所作的决定将影响到未来几代人的生活。中国是全世界增长速度最快的经济体,也是全世界最大的温室气体排放国,这其中一部分的原因是为了满足发达国家的消费习惯。由于环境恶化和气候变化给发展、人权、和平与安全带来重大影响,从而在国际社会的议程上占据了重要位置。正因为如此,绿色发展的重要性已经不容置疑。

潘基文呼吁,环境变化确实带来了严重的威胁,各国不光要推动全球谈判取进得进展,还要在国内采取措施抑制排放,提高环境修复能力。让我们消除污染享受清洁的空气,改善公共卫生状况创造新的绿色就业岗位,这样我们不仅能够在短期内推经济复苏,更能在未来数十年间实现可持续的发展。

2011年3月28日,工业和信息化部(下称"工信部")公布了"十二五"期间中国工业节能减排的四大约束性指标,明确提出,2015年中国单位工业增加值能耗、二氧化碳排放量和用水量分别要比"十一五"末降低18%、18%以上和30%,工业固体废物综合利用率要提高到72%左右。

第四章 环境交通呼唤低碳生活
huan jing jiao tong hu huan di tan sheng huo

在此前后，欧盟委员会也出台了低碳路线图，提出到2050年将欧盟温室气体排放量在1990年基础上减少80%到95%，到2020年实现减排25%。欧盟委员会提出，未来40年里，欧盟平均每年需增加2700亿欧元投资，这相当于欧盟成员国国内生产总值的1.5%。目前，欧盟用于发展低碳经济的投资每年约占成员国国内生产总值的19%。

工信部副部长苏波在一次电力行业的会议上特别指出，实现能源装备绿色发展，一是要大力发展高效洁净燃煤发电装备；二是发展先进输电技术装备，大力发展特高压；三是发展智能电网。

工业发展的绿色之路不仅成为目前解除生态环境危机的出路，也成为社会生活的风向标。

2011年5月5日，人民网刊出了湖北政协委员关于"大力推广使用环保交通工具"的建议与呼吁。文章指出，人类进步，社会发展，燃油类交通工具越来越普及，很多家庭都购买了摩托车和轿车，方便了人们的出行。由于机动车辆的增加，环境污染、交通拥挤、停车困难、交通事故等问题越来越严重，许多发达地区和城市的种种遭遇和经历向人们敲响了'警钟'，尽管各地方和各部门采取了多种措施，但因力度不大，而使范围受限，成效不佳。为防患未然，避免积重难返，湖北秭归政协委员建议：大力推广使用环保型交通工具，不断改善现行交通状况，保护生态环境，创造更好的人类宜居条件。

笔者认为，我国的环保法规不可谓不健全，环保标准不可谓不明确，截至目前，已颁布了6部环境保护法、9部资源法、120多部环境和资源保护行政法规、600多部地方性法规、30多项各部门性规章、400多项环境标准。如果这些法规都能得到很好的落实，我国的生态环境至少不会达到危机的程度。

事实上，在环保法规的执行上存在一个很大的误区，这个误区就是一个公众熟知的先污染后治理的不成文的潜规则。而缺少的则是一个功能完善的系统性预警机制。当然，这亦是一项前所未有的工作，也是未来发展中必不可少的一项工作。

笔者认为，这个预警机制的形成尚有赖科技方面对自然生态系统的碳平衡指标、大尺度空间、地球物理条件下气候变化规律，以及全球化石能源的消耗水平与生态环境间的数字关系等一系列科学探索的完成。

此外，维护城市大气洁净，保护城市环境的生态安全亦有赖于大力倡导并形成居民低碳生活的制度性机制，限制投放城市车辆，大力发展清洁能源车辆以及城市公共交通系统，既可以减少交通安全事故，亦可以减少汽车尾气排放量。这样，绿色新政才不会虎头蛇尾，才会真正形成低碳生活的社会氛围与习惯，收到改善生态环境的实效，提高人们的生活质量与生活品味。

第五章　文化教育危机与创新文化管理

导读：文化是什么？文化是人类的精神与灵魂，也是人类文明发展的精神财富，具有很强的民族性特征。在全球经济一体化背景下，物性经济本能地对文化起到了一种同化作用，但这一过程却让民族文化经受前所未有的考量，全球化与本土化成了一对较为尖锐的矛盾。不同文化之间的碰撞也昭示着文化教育所面临的全球性危机。

文化教育危机凸现

我国改革开放以来，经济发展取得的成就让人们对市场化改革充满信心。按市场经济原则，人们对文化与教育的市场化与产业化似乎没有丝毫疑虑，特别是在经济发展取得长足进步之时，人们本能地无暇顾及文化与教育市场化与产业化的利与弊即在经济改革取得成就后的一片乐观的倾向中将文化教育产业推向了市场，而市场化改革的文化产业随即在不断壮大中开始了艰难的旅程。比较而言，教育的产业化则更为艰难，在教育市场化产业化过程中所产生的社会矛盾也十分尖锐。特别是在将教育推向市场之初，曾引起过很大的社会反对的声音。而在教育走向市场化之后,高企的学费也让社会称教育为"新三座大山"之一。

总而言之,在一片与国际接轨的呼声中,我国的文化与教育都不可避免地走上了产业化发展之路,换句话来说,传承文化的教育,以及制造社会精神产品的文化产业都不可回避地被拴在资本的链条之上。然而,与经济领域的改革所取得的巨大成就不同,文化与教育产业在改革之初就蒙上了一层暗淡的前景。这主要表现在许多文化工作者在思想理念上尚未完全与经济发展模式相适应,亦无法在传统文化、社会文化以及集体主义思想中走出来。文化产品仍旧带有集体主义的色彩,这与市场经济所需要的个性化竞争产生了脱节现象。

与改革开放前中国社会普遍尊崇的顾大家舍小家、牺牲个人利益为国家富强而奋斗的精神相比,或者说与当时的全国上下学习雷峰精神的热潮相比,尽管我们仍然强调为中民族的复兴而努力,但事实上,社会文化已被市场经济发展模式所左右,社会价值观念发生了巨大变化,极端精英主义、个人主义和唯利是图改变了原有的集体主义价值观。文化核心与经济发展模式的不相匹配成了当今时代最大的文化危机。随之而来的则是信仰的缺乏、安全感的缺失,尽管社会物质生活有了长足的进步,但并没有让绝大多数人产生幸福感。

曾有人很形象地表述了这种现象,饿肚子时喊万岁,吃饱了放下饭碗却骂娘!物质生活的丰富,并不代表精神生活的健康。而表征文化发展状态的出版业此时也出现了明显的危机,出版业的危机首先表现在面对民营资本的竞争而险象环生,有些出版社仅仅依靠救济性政策而勉强自保。而为了经济利益,出版物的媚俗也成了无法根治的问题。此外,社会文化传播的重要阵地文艺团体也开始了市场化之路,许多原本仰赖财政拨款的地方文艺团体也失去了地方政府的财政支持,不得不把发展的出路投向产业资本的青睐,资本也由此堂而皇之地成为左右社会文艺发展的力量。

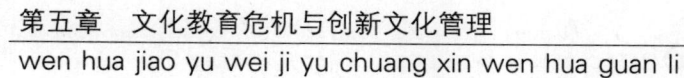

第五章　文化教育危机与创新文化管理
wen hua jiao yu wei ji yu chuang xin wen hua guan li

于是，听命于经济效益的文化与教育开始把目光投向市场，而不完全是社会精神的弘扬与知识的传承以及人格的塑造，文化危机渐行渐近。

教育产业的境遇则更为艰难，市场化之后的高学费问题，毕业生的就业难问题亦成为教育产业可持续发展的瓶颈问题。而在金融危机背景下，这种教育的危机就更为突出。在北京的人才市场，每逢招聘会，常常会人满为患，人头攒动中，大都是刚刚毕业的、迷茫的、年轻的面孔。高校毕业的就业难，失业率高成为教育危机的一个缩影。

也许会有人说，这只是改革带来的阵痛，只是一种暂时现象，随着社会的发展，一切都会好起来。当然，笔者也愿意作这样的企望。但是，事实上，随着全球经济一体化的进程，文化与教育的深层危机则随之而来。其重要程度不能不令人深入思考应对之道。

一位多年从事高等教育的在校教师在谈及教育危机之时一针见血地指出：

"当前中国大学教育的人文性遭到极大的伤害。教育行政主导和教育产业化市场化的畸形结合，理工型管理干部对人文价值缺乏理解和尊重，大学人文老师无法担当人文价值引导重任，是造成当前中国大学人文教育危机的重要因素。中国大学人文教育的危机，归根到底是中国社会体制和社会核心价值的危机。……我们的教育，如果仅仅满足于为人的吃喝睡拉撒的本能服务，满足于为人的生存竞争服务，那么这种教育仅仅是生物性的教育，停留于较低的层次；如果我们的教育，是全面培养人的活动，能够帮助人类开拓自身的自由创造潜能，能够帮助人类创造生活的价值和意义，能够使人类对宇宙人生更加自觉，能够推动人类文明的进步，这样的教育，才是人文性的教育，处于教育的高层次。从这个意义上说，要使教育成为真正的人的教育，就必须要使教育具有人文性。换言之，人类教育的本质，就在于其人文精神，所有的教育都应该成为人文教育。看似缺乏人文关怀的理工学科，也应该成为广义上的人文教育，或者说，理工类学科应该接受人文学科的价值和意义引导。然而在当前中国，由于种种原因，教育的人文性遭到极大的伤害，人文学科不但未能够成为教育的价值和意义引导，反而变得非常边缘化。(《当前中国大学人文教育的危机》作者潘老师)

笔者认为，这不仅是中国的问题，也是世界性问题。在人们的常识性判断中，美国是全球科技与经济最为发达的国家，国民是不会存在什么危机感的。但是，如果深入了解美国及西方许多发达国家的社会文化与思潮，人们就会得出一个完全相反的结论。美国人是世界上危机感最严重的国家之一。特别是在文化与教育产业，美国的危机更为严重。

特别是在金融危机爆发后所证明的目前西方工业化经济发展模式的不可持续性也让附着在经济体上的教育与文化产生了沉重的反思。

一位在北美从事教育科研工作的学者在《联合早报》撰文详细描绘了北美教育危机的根源与现状。

新闻回顾

美国的教育危机

毫无疑问，美国具有世界最先进的尖端科学研究和精英教育体制，诺贝尔奖几十年来一直由美国学者主导，是最好的例证。虽然近年来美国大学的科技博士生半数以上来自海外，在可见的将来，美国在尖端科研和精英教育上的优势不会动摇。

但是经济发展和竞争的另一个重要因素，是整个劳动力的教育水

第五章　文化教育危机与创新文化管理
wen hua jiao yu wei ji yu chuang xin wen hua guan li

平,这一关系在全球化大势下更加显著。在同样高工资的社会环境下,德国的制造业仍然蒸蒸日上,主要因素便是德国公共教育体制的成功,培养出大量高素质的技术工人。

在大洋彼岸,美国的公共教育在国际对比和历史比较之下都日渐落后。例如《纽约时报》最新报道:半个多世纪前有"犹太人哈佛"之称、培养出众多诺贝尔奖得主的纽约市立学院,如今扩展成"门户开放"的市立大学,招收的大一新生中竟然有77%根本不合格,先要"恶补"中学课程。

无怪奥巴马政府教育部长邓肯(Arne Duncan)新近在《外交事务》刊物上评论美国教育现状,封面标题便是"教育差距"。美国传媒前时热炒上海中学生在国际测试中的杰出成绩,以及新近的"虎妈"争议,都反映了美国社会对这种日益增大的"教育差距"的焦虑。

对于美国公共教育僵化和低效,坚决反对内部竞争的教师工会确有很大的责任。纽约市教育总监克莱恩(Joel Klein)新近宣称:"要开除一个不称职的教师,比判处一个罪犯死刑还难。"形象地说明教师工会的强大顽固。威斯康星新法案对教师工会的限制打击,引起保守派喝彩,认为可以因此推动举步维艰的教育改革。

"养不教"的严重社会问题

但是中国传统《三字经》有言:"养不教,父之过;教不严,师之惰。"美国的教育危机,不仅仅归于"师之惰"的师资质量,更还有一个"养不教"的严重社会问题。

在威斯康星立法争议后,《纽约时报》组织教育改革讨论,马上有专家指出这一师资之外的家庭环境和学生动力问题。美国的社会现实,是七成黑人和近半数拉美裔孩童来自单亲家庭,他们代表了教育体系中缺乏智力环境和学习动力的主要"后进"群体。低收入低文化的蓝领白人家庭,常常也是"养不教,父之过"的代表。

《纽约时报》举出近年引进多种教师竞争机制的南部各州，学生成绩依然落后。而在教师工会十分强大的东北部，特别是文化荟萃的麻州，学生成绩稳居美国前茅。这说明单单改革"教不严"，而无视"养不教"的社会家庭因素，仍然不能解决日益低下的教育质量问题。

美国的教育危机还有一个传统文化因素，这便是自从殖民地时代起，美国就缺乏"师道尊严"，学校教师不受到社会的尊崇。这与中国千百年来的"天地君亲师"、"一日为师，终身为父"的传统形成鲜明的文化差别。《纽约时报》大牌专栏作家纪思道因此指出：在这样的文化下，过去没有其他社会机会的美国优秀知识女性纷纷从教，推动了美国的教育质量。但是在全面竞争的今天，社会地位和收入相对低下的教职，只能吸引最差一等大学毕业生从业，因而每况愈下。

按照《华盛顿邮报》报道，美国中小学教师的平均最高年薪只有67000美元，还不到美国名牌大学毕业生的起薪。在资本主义社会竞争下，没有重赏，何来勇夫？由此可知美国教师队伍的平均素质。再加大锅饭的教师工会，"教不严，师之惰"，良有以也。

从这一角度，美国有识之士纷纷看到：威斯康星州最新立法代表的打击教师工会的保守浪潮，只会降低美国教师的经济报酬和社会地位，从而进一步减少这一职业对社会精英的吸引力，造成公共教育质量的恶性循环。（《联合早报网》2011年3月8日，作者于时语）

客观地说，全球一体化经济发展模式所带来的不仅仅是经济发展方面的变化，也会产生不同民族，不同区域间文化的剧烈碰撞，而这种碰撞也是产生文化与教育危机的一个源头。

从经济发展对教育的需求角度，美国教育界比较教育研究者前国际教育发展协会副主席菲利普·库姆斯（Coombs. P. H.）早在1990年即对世界教育危机作出过专业论述，其专著《世界教育危机》详细

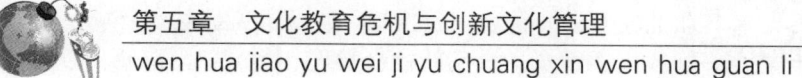

第五章 文化教育危机与创新文化管理
wen hua jiao yu wei ji yu chuang xin wen hua guan li

论述了世界普遍存在的学习需求的急剧增长、青年失业率的不断上升、日益严重的财政困难、国与国之间及各国内部大量存在的教育不平等现象，提出解决这些问题的措施和途径。通过回顾过去的教育发展趋势，结合各国不断变化与进展的经济、社会、文化与政治环境，比较了各个国家的不同体制与国情，展望了世界教育发展的前景，探讨影响未来教育的种种因素和力量，结合各国的具体条件研究符合正规教育和非正规教育的状况，这是迄今为止论述全球性教育危机最早最全面的一部专著。

总体来说，全球经济一体化发展模式也让全球性文化与教育危机浮出水面，在此背景下，世界所有的文化体系难免要经受全球化的挑战。这种危机说到底就是人类应该确立什么样的价值观、以什么样的模式生存与发展、如何维护人性的健康等一系列根本性问题。而解决危机的最根本努力就是世界在尊重文化差别的基础上，大力促进世界性文化交流，建构一座汇集各国家与民族共识的文化之桥，形成人类共同的普世价值观。

文化危机的现实危害——人性的退化与畸变

对于我国来说，改革开放即意味着放下主义之争，转向经济建设。而从现实看来，全民经商在增加了社会财富的同时，并没有让中国社会的精神生活长足进步，在通胀及巨大的贫富差距下，民众不得不为生存而一刻不停地拼搏。所有的生活观念，社会价值观念完全让位于谋取财富以增加生存安全感。在这类人眼中，文化已沦落成了一种可有可无的概念，只是茶余饭后的谈资与闲暇时光的消闲品，而许多文化产品生产与创造者则在生活中举步维艰不得不放下高雅的文化追求而转向经济效益。换句话来说，这种生活竞争的终点无疑于是为生存而生存的生物本能竞争，而这种生存竞争带来的就是人性的退化与畸变，说穿了，这种现状也是一种人性的危机。

从社会的角度来说，商业欺诈的普遍存在，社会诚信危机以及荣辱感的错位则最能证明这种人性的倒退。诚然，没有经济的发展不能称之为社会进步，而一切向钱看亦不能不说是一种发展的误区。

许许多多社会丑恶现象在无声地表明，物质与精神的不协调发展造成的文化危机越来越显露出其巨大的危害性。而在全球文化的大碰撞中，本土文化的孱弱则更为令人忧心忡忡。

从历史的角度来说，自1840年以来，中国传统文化即承受着西方文化暴风雨般的洗礼，教育教学的主要目标已不是以培养人格为主的"四书五经"与"仁义礼智信"，教育思想已不是修身、齐家、治国、平天下，穷则独善其身，达则兼济天下，而是变为用以改造自然与索取自然的现代科技技能。儒学倡导的做人的标准——君子亦成了一种迂腐的代名词，中华根基文化儒、释、道文化也由此开始了边缘化。从那个时候算起到一百多年后的今天，传统文化几乎销声匿迹。即便近年来儒学的价值越来越为世界所重视，而几近失传的传统文化亦很难出现真正的"大师"，就算中国最权威的传媒央视开辟的百家讲坛中的名家，亦难以阐述出传统文化的真谛。而由文化危机引发的中医危机也于近年上演了一出不小的风波，中西医之争所涵蕴的文化之争更为明显。在医学上，如果不是西医束手无策，则很少有患者求助于中医。比较而言，由中华人文始祖黄帝始发的中医亦面临着被保护才能持续的危局。

由此而言，经济对文化的割裂已将中国的社会文化完全引向了与丛林规则相去不远的利益之争，中华文化正在发生质变，中国社会已近于完全功利化。人性的阴暗面则得到了最大的发展空间。社会不以君子为荣，人民不以奸诈为耻，社会急功近利，精神生活滑向无休止的利益深渊。

而教育所面临的困境则更为凸现，比如素质教育与应试教育、专业教育与通才教育、统一规范与灵活掌握的冲突，教育资源的畸形分布，以及语文教学和不少非自然科学学科教学中的伪科学现象，这些现象产生的根源，大都可以归结为民族传统教育方式和内容的消亡所带来的恶果。

而中华传统文化节日中，目前只是象征性地保留了春节、端午节、中秋节尚有法定假日，其余的林林总总的节日则大部分西化了。而这种现象是一种文化进步还是一种文化灭绝尚有待于后人评说。

而从总体上来说，经济全球化导致了世界性文化大碰撞，由此而凸显出的文化危机不是局部或区域性的，而是全球性的，而文化危机的背后隐藏着的则是人类的精神危机与道德危机，关乎着人性的健康发展与人类的前途。

因此，我们有必要冷静地坐下来思考哲人汤因比的警告："我们正在接近一个道德上的分岔点，它与2000万或2500百万年前人类和类人猿道路上的生物学分岔一样具有决定性的意义。这两种选择将两次成为两个极端。"第一个分岔点诞生了人类，第二个分岔点又意味着什么呢？汤因比充满信心地说："人类已使他的物质力量增长到足以威胁生物圈生存的地步；但是他精神文明的潜能却未能随之增长。结果是两者之间的鸿沟在不断扩大。这种不断扩大的裂隙使人忧心忡忡，因为人类精神潜能的提高，是目前能够挽救生物圈的生物圈构成要素中唯一可以依赖的变化。"

汤因比的话一言以蔽之就是拯救人类前途的只能是人类自己，决定人类发展方向的只有人类的精神文化取向。进一步来说，人类的永续经营有赖于人性的健康发展，符合人性健康发展的文化才是人类的正确选择。

从人性健康出发构建和谐文化

　　人类生活的文明尺度，不是在于"生活标准"即物质占有量的不断提高，而在于"生活质量"即物质的充分利用和精神生活的完善。通俗一下，这就是你能看到一个快乐的乞丐，也能看到一个忧郁的富翁的原因。尽管在现实生活中，快乐的乞丐十分少见，但忧郁的富翁却并不稀少，这不能不说是社会文化建设的缺失。

　　人们本能地鄙视人性低劣的人，但却很难从人性裂变的旋涡中独善其身。如同一个烟瘾很重的人明知吸烟是一种恶习，但想戒掉却是很难的，非得痛下决心甚至忍耐肌体的强烈渴求才能达到戒除的目的。

　　从这个常识出发，促进人性健康发展并非仅仅规定或明确了人性健康标准就可以达到目的，而是必须具备符合人性健康成长的理论认识，以及一系列有效的社会机制性措施才能收到理想的功效。而这些，即是文化所需承担的重任。

　　进一步来说，文化的重要功能就是指导社会发展取向，不具备完备的文化建设，经济发展亦必然会产生问题。而对于世界性文化危机来说，我们想倡导的就是和谐文化——一种有益于人类身心健康，有益于人性进步，有益于人类文明延续与发展的文化。

　　在中华传统文化中，和谐是一个核心的内涵，和谐文化是在中华传统文化基础上的发展与创新，其本质含义就是以人为本，兼收并蓄，以和谐理念统领意识形态的相关认识，诸如真理、价值、发展、审美、道德、理想等文化元素一经和谐的统一，则会焕发出勃勃生机。如同一架钢琴，要有不同的琴键与不同的声音才能奏出一曲美妙的音乐。

胡锦涛主席说："我们所要建设的社会主义和谐社会，应该是民主法治、公平正义、诚信友爱、充满活力、安定有序、人与自然和谐相处的社会。"这一论述不仅涵盖着政治、经济、社会、文化和生态等各个领域的和谐，更在于指出社会主义和谐社会的基本特征。这就是说，我们所要构建的社会主义和谐社会，是在经济、政治、社会、文化不断发展基础上实现的全面和谐，具有基础性、普遍性、可持续性。从总体上说，这是一种广义的文化和谐。建设和谐文化，需要进一步形成全社会共同的理想信念和道德规范，构建和谐世界亦需要在世界范围内形成共同的和谐理念。

进一步来说，无论是经济社会的协调发展、人与自然的和谐相处，还是人与人的团结和睦，乃至人自身的心理和谐，都离不开和谐文化的支撑，没有和谐文化，就没有社会和谐的思想根基，也不可能有建设和谐社会的实践追求，更不可能诞生和谐世界的思想与实践。

以此言之，和谐文化堪称当今世界最先进的思想文化，只有在和谐文化的引导下，才能创造出和谐的政治与和谐的经济，只有用和谐文化培养出来的人，才能自觉地去创建和谐社会与和谐世界。

而在和谐理念下，不同民族，不同地域，不同国家的文化差异也将由文化冲突而走向和谐；价值观念也必将由狭隘走向包容与共生。由此而言，和谐思想才是超越意识形态，超越政治体制，消解世界性文化危机的正确出路，因此，和谐思想也具备人类最为宝贵的普世价值。

创新文化与文化管理

从根本上说，人类的种种危机都是由发展带来的危机，而经济社会的发展模式则源于发展理念即文化的作用。所以，一切危机之源皆可归结为文化危机。从此出发，我们就可以清楚地看到，经济危机、生态危机、食品危机、思想道德危机、教育危机以及种种社会危机都可以找到文化危机这个根源。而懂得了这个道理只是拯救危机的一个开端，找到解决危机的办法才是世人企盼的结果。

在世人心中，本能地希望经济的发展不再危及生态与人类安全；本能地希望社会名人成为引领社会风尚的标兵，而不再充当破坏社会风尚的弄潮儿；本能地希望这个星、那个星们都具备良好的和谐思想与高尚的品行；本能地希望这个家、那个家们不再成为社会财富的掠夺者，而是成为社会财富的创造者；本能地希望民族之间、国家之间不再发生利益之争，并由有损人性的竞争走向和谐；本能地希望科技带来的不是毁灭而是人类文明的辉煌……

而达此目的，不仅需要和谐文化的宝贵思想，更需要和谐文化的普及，以及和谐文化的全民共建、全社会共建，乃至全球共建……

文化是活的有灵魂的历史，人类文化的演变标志着人类文明的历史轨迹，文化不仅承载着过去，亦展现着现实及预示着未来。比较而言，文化才是经济社会未来的决定因素，在和谐理念下的各种文化的碰撞、交融与整合，亦必将创造出一个世界共同认同的统一文化与多元性民族文化共存的新的人类文化体系。这个新的文化体系，亦必将产生影响世界经济社运行模式的重大影响力与决定力，并为人类社会的健康运行，以及人类心灵建造一个共同的家园。

笔者坚信，不论人类文明的发展之路如何曲折，历史总是前进的，人类的智慧总是越来越高的，对人类整体发展的认知也是越来越清楚的；对于与人类衣食住行密切相关的经济发展，亦会产生越来越理性的认识，并从理性出发，反思经济社会运行模式的重大人类前途问题。

和谐文化是一种创新文化，也是一种以人性健康发展为基本前提条件的文化，和谐文化的繁荣需要的是与此相匹配的经济社会运行模式，以及从和谐文化角度出发的社会创新管理即文化管理。

具体来说，文化管理是管理领域的一个创新，其本质要求就是从文化的高度来设计经济社会的管理模式，强调人格的完善，与人格的独立，并以激发人的主观能动作用为基本准则，强调团队精神和情感管理，管理的重点在于人的思想和观念。

可以说，文化管理是人本主义的集中体现与实践，并以人的全面发展为目标通过共同价值观念的培育来营造和谐的文化氛围，形成强烈的情绪共融状态，变被动的管理为自我约束，在实现团体系统价值最大化的同时，实现个人价值的最大化。

在此状态下，社会组织与结构会产生重大的功能性变化，每个社会人不再是社会各系统束缚下的机器，而是成为依靠各社会系统培养人性，提高素质，实现自我价值的主动性生命。

而和谐思想与和谐机制也会成为自由、平等、民主思想最为肥沃的土壤，生命的价值与人性的健康亦会得到最充分的表现与尊重。

笔者认为，要达到这种文化管理的新境界，和谐思想的社会教育与普及将是一个关键环节，而在这方面，许多国家与地区尚属空白。和谐文化的力量尚未得到充分的发掘与展示，巨大的文化力量尚有待于在经济社会的全面转型中绽放出鲜艳的花朵。

笔者甚至认为，目前在世界范围内弘扬和谐思想的时机已渐趋成熟，拯救人类危机的宏愿充满希望。人类应有足够的理性摆脱意识形态方面的差别，携手开创人类的美好未来。

其理由有以下几个方面：一是无法杜绝的金融危已多次证明美式资本主义发展模式是行不通的；二是全球经济一体化不但让全球经济发展形成紧密联合体，也让这个系统产生了更为强健的自愈功能；三是越来越多的人认识到竞争并不能给更广泛的人群带来利益，和谐才是人类文明发展的正确通道。

据《环球时报》2009年11月11日报道，BBC在柏林墙倒塌20年之际公布的一项民调显示，全球半数以上被调查者不满自由市场经济的资本主义制度，相反，社会主义思想愈来愈受欢迎。这次民意调查询问了全球27个国家2.9万人的意见。51%的受访者认为自由市场经济的资本主义系统需要规范和改革。只有美国和巴基斯坦有超过20%的人认为资本主义运行良好。

调查结果还显示，中国人对意识形态和社会运行机制持开放的态度，58%的受调查者认为资本主义需要改革，只有18%的人彻底否定资本主义。对资本主义认同感最强的国家还是美国，而最悲观的是法国人，有43%的人表示对资本主义经济制度完全失去信心，认为需要彻底抛弃。紧随其后的是墨西哥和巴西。在被西方标榜为民主典范的印度，每3个人中，就有一个认为资本主义存在致命弱点，需要用一种新的制度来代替它。

清华大学高级研究员周世俭由此对记者表示，这项调查显示，改革开放以来，中国人看到了市场经济的好处，因此与过去相比更能用一种宽容、开放的心态看待资本主义制度。而反观资本主义国家，在冷战时期与社会主义竞争，虽然胜利了，但将双方的体制都逼向了极端，同时也让自己掉入意识形态的旋涡中不能自拔。

美国全球最具影响力的《时代周刊》网站2009年11月17日发表

文章称：欧洲不再推崇美式资本主义。理由是法国总统萨科齐在过去一年中一再提及，不可过度采用美式资本主义。9月，欧盟委员会主席巴罗佐曾宣称，工人权利和"社会团结"是欧洲大陆最优先考虑的两件事。而意大利资深的经济部长朱利奥·特雷蒙蒂上月一反常态，称赞终身岗位制对公众有极大益处。这三位对自由市场指指点点的人士，曾一度被认为是资本主义的忠实信徒。通常，在反对左派政治人士的公开的意识形态战争中，萨科齐和特雷蒙蒂这类人一贯坚称，在竞争越来越激烈的全球化经济中，自由市场改革是创造更具活力的欧洲的唯一出路。

笔者认为，这些事实也许在表明，欧美国家已在金融危机之中开始思考经济社会运行模式的重大问题，而借鉴东方智慧，考量和谐思想也许是一种选择。

在本书杀青之际，笔者重申，拯救人类面临的种种危机，关键要拯救文化；创新社会管理的首要原则就是人性健康发展的原则；社会运行机制的创新，即是文化管理的创新！